D1722759

Bibliotheken als Orte kuratorischer Praxis

Bibliotheks- und Informationspraxis

Herausgegeben von Klaus Gantert
und Ulrike Junger

Band 67

Bibliotheken als Orte kuratorischer Praxis

Herausgegeben von Klaus Ulrich Werner

DE GRUYTER
SAUR

Vorbemerkung des Herausgebers zur Rechtschreibung:
Einige Verf. möchten in ihren Texten sprachliche Genderneutralität dadurch betonen, dass sie mehrere Genera und auch Substantivierungen von Adjektiv- und Partizipialformen verwenden. – Insgesamt suchte der Hrsg. dieses Bandes einen Kompromiss zu finden zwischen den individuellen Versuchen der Verf. einer „gendergerechten Sprache" und seiner Intention, der deutschen Rechtschreibung nach Duden zu folgen, die – und das ist kein Widerspruch zu den Empfehlungen des Rates für die deutsche Rechtschreibung zu einer experimentierfreudigen, offenen gesellschaftlichen Debatte – weiterhin verbindlich ist und in einer wissenschaftlich fundierten Publikation erwartet wird. Andererseits konnte sich der Hrsg. nicht zu einer Radikallösung entschließen, alle Beiträge in einer jeweils individuellen, eigenen Rechtschreibung zu belassen. – Generell gilt: wird das generische Maskulinum (Genus, grammatisches Geschlecht) verwendet, geschieht dies aus Gründen der besseren Lesbarkeit und damit ist i. d. R. kein spezifisches biologisches Geschlecht (Sexus) gemeint oder aber es sind sämtliche Geschlechter (m/d/w) gleichermaßen gemeint. In jedem Falle beruht die Wahl der grammatischen Genera nicht auf Diskriminierung anderer, nicht genannter Geschlechter.

ISBN 978-3-11-067358-6
e-ISBN (PDF) 978-3-11-067372-2
e-ISBN (EPUB) 978-3-11-067381-4
ISSN 2191-3387

Library of Congress control Number: 2020944769

Bibliografische Information der Deutschen Nationalbibliothek
Die Deutsche Nationalbibliothek verzeichnet diese Publikation in der Deutschen Nationalbibliografie; detaillierte bibliografische Daten sind im Internet über http://dnb.dnb.de abrufbar.

© 2021 Walter de Gruyter GmbH, Berlin/Boston
Kapitel „Open Citizen Science: Leitbild für kuratorische Praktiken in Wissenschaftlichen Bibliotheken" © Jens Bemme & Martin Munke
Typesetting: bsix information exchange GmbH, Braunschweig
Druck und Bindung: CPI books GmbH, Leck

www.degruyter.com

Inhalt

Teil III: **Data Curating / Content Curating**

Teil IV: **Bürgerwissenschaften in Bibliotheken**

Teil V: **Räume kuratieren**

Anhang

Zur Einführung

„Heute schon kuratiert?" fragte Joachim Güntner im Feuilleton der Neuen Zürcher Zeitung[1], als vor einigen Jahren der Hype um das Kuratieren in allen Lebensbereichen begann, im selben Jahr als das Manifest „Kuratieren!" von Hans Ulrich Obrist[2] erschien, der dieses gesamtgesellschaftliche Phänomen nicht nur aus Sicht des Kurators als einer der ersten ausführlich beschrieben hat. Ein erweiterter Begriff des Kuratierens findet heute Anwendung auf Praktiken in Wirtschaft und Gesellschaft, im Einzelhandel (Concept Stores, Curated Shopping), beim Medienkonsum (Playlists), im Bereich IT (Data Curating) und in vielen Sparten des Kulturbetriebs. Das Individuum als Kurator scheint geradezu ein Megatrend zu sein und Instagram ist heute die von jedem leicht zu kuratierende Wunderkammer. Seitdem wird der Blick von der traditionellen Kunstausstellung auf das kreative, innovative Potenzial jeglicher kuratierender Praktiken gerichtet – eine Herausforderung für Museen und Archive, aber auch für Bibliotheken. Aber um die klassische Ausstellungsarbeit, hier die in Bibliotheken, soll es in der vorliegenden Sammlung von Beiträgen gerade nicht gehen, sondern um andere Felder einer Praxis des Kuratierens und dies größtenteils orientiert an unterschiedlichen Beispielen verschiedener Bibliothekstypen. Die rein auf IT-bezogene Verwendung des Begriffs und Software-Themen der sog. Kuratierungstechnologien[3] werden hier ebenfalls nicht in den Blick genommen.

Als Bibliothekare wollen wir uns sicher nicht mit den klassischen Kuratoren vergleichen, man würde uns auch nicht, wie den Kurator aus der Kunst, als „the most emblematic worker of the cognitive age"[4] bezeichnen, wenn auch deren kuratorische Praxis viele Vergleichsmöglichkeiten zur heutigen Bibliotheksarbeit bietet. Kuratieren als „sich kümmern", oder in der Bedeutung des Kuratierens von Kunst als Bewahren, Auswählen, Erschließen, Vermitteln und Verknüpfen – das lässt sich durchaus übertragen auf die bibliothekarische Praxis, soweit die Ausgangshypothese des vorliegenden Bandes.

---

1 NZZ vom 18.11.2014. https://www.nzz.ch/feuilleton/heute-schon-kuratiert-1.18426711 (27.08.2020).
2 Hans Ulrich Obrist (2014). Ways of Curating. New York: Faber & Faber. Dt. Übers.: Kuratieren! München: C. H. Beck 2015.
3 Neudecker, Clemens & Rehm, Georg (2016). Digitale Kuratierungstechnologien für Bibliotheken. Zeitschrift für Bibliothekskultur 4(2), 104–116. https://0277.ch/ojs/index.php/cdrs_0277/article/view/158/356 (22.06.2020).
4 Die ehemalige documenta-Leiterin Carolyn Christov-Barkagiev in einem Gespräch mit David Balzer. In: Balzer, David (2014). Curationism. How curating took over the art world and everything else. London: Pluto Press, S. 3.

https://doi.org/10.1515/9783110673722-001

Das Einbeziehen der Nutzer, der Bürger, der Gesellschaft, der sog. Schwarm-intelligenz ist nur allzu folgerichtig: So können Bibliotheksnutzer als *Content Creators* zu Kuratoren in der Bibliothek werden, sie gestalten das Sammlungs-profil mit (z. B. mittels Patron-Driven-Aquisition), erschließen Medien, schaffen kreative Zusammenhänge im Bestand, erarbeiten Präsentationen, konzeptionie-ren Services, gestalten als Ko-Kuratoren Programme und Bibliotheksräume als ihren Dritten Ort mit. Dies führt über die bisher im Bibliotheksalltag bereits viel-fältig praktizierten partizipativen Ansätze weit hinaus und macht Nutzer zu Ak-teuren, zu Gestaltern und zu Partnern.[5] Dabei erweisen sich die Möglichkeiten des Digitalen als gar nicht zu überschätzender Impuls für die Entwicklung des Kuratierens als Methode der Wissensproduktion.

Die vorliegende Aufsatzsammlung soll ein erster Versuch sein, dieses neue Paradigma mit bereits realisierten Projekten und Verfahren zu illustrieren und in den Fachdiskurs einführen. Doch zunächst gilt es, im Sinne einer gründlichen theoretischen Hinführung den thematischen Horizont aufzureißen: Jan-Till-mann Rierl liefert in seinem Beitrag „Erweiterter Kuratierungsbegriff und biblio-thekarische Praxis" eine gründliche, soziologisch fundierte Hinführung, gefolgt von Antworten der Berliner Kunstwissenschaftlerin und freien Kuratorin Friede-rike Hauffe auf Fragen nach der Sichtweise der ursprünglichen Fachdisziplin.

Ein Kapitel „Fallstudien" versammelt die unterschiedlichsten Praktiken aus dem In- und Ausland. Roland Früh erläutert den einzigartigen Weg der Kunstbi-bliothek *Sitterwerk* im schweizerischen Sankt Gallen, mit innovativer Anwen-dung von RFID-Technologie die Kreativität ihrer Bibliotheksnutzer für die Sammlung nachhaltig fruchtbar zu machen: mehr als nur „Let the patron deci-de"[6] in der Aufstellungssystematik. In der Museumsbibliothek der Leipziger *Ga-lerie für Zeitgenössische Kunst* wurde mit dem programmatischen Titel „Hit the shelf" ein spezielles Einbeziehen kuratorischer Museumspraxis in die Biblio-theksstrategie und -wahrnehmung entwickelt, davon berichten Nicole Döll und Vera Lauf. Ein Werkstattbericht aus der Münchner Stadtbibliothek von Katrin Schuster stellt die vielfältigen Dimensionen digitalen Kuratierens im Rahmen der dortigen Social-Media-Strategie dar. Es folgt, ebenfalls aus München, Anke Buettner mit einem beispielhaft praxisnahen Projekt, das die Potenziale nutzt, die in der Mitwirkung einer GLAM-Institution in einem digitalen Kuratierungs-projekt wie „Coding Da Vinci" stecken. Ebenfalls zum Thema des „Kuratierens

---

5 Werner, Klaus Ulrich (2018). User-Curators transform the library. Proceedings of the IFLA Library and Information Congress 2018 Kuala Lumpur. http://library.ifla.org/2160/1/162-werner-en.pdf (22.06.2020).
6 Bowen Ayre, Lori (2016): Where does this book belong? Let the patron decide. Collaborative Librarianship 8(3), 115–117.

im digitalen Raum" gestattet Johannes Neuer einen Blick in die Strategien und Erfahrungen der *New York Public Library* bei neuen Wegen bezüglich Kuratieren und Marketing im Bereich Leseförderung. Das außergewöhnliche (künstlerische) Projekt des kuratierten „Salons für Kunstbuch" steht im Mittelpunkt eines Gespräches mit dem Wiener Multimedia-Künstler und Kurator Bernhard Cella.

Drei Themenblöcke folgen: das Content Curating, die Bürgerwissenschaften in Bibliotheken und das Kuratieren von Räumen. Simone Waidmann sowie Manuel Hora widmen sich jeweils aus unterschiedlichen Perspektiven und mit verschiedenen Beispielen der Erschließung von Bibliotheksbeständen als kuratorische Praktiken, Waidmann den Einsatzmöglichkeiten von Crowdsourcing und Hora der Formal- und Inhaltserschließung. Den sich sehr dynamisch entwickelnden Einsatzbereichen von Citizen Science in Bibliotheken sind gleich zwei Beiträge gewidmet: Eva Bunge steckt unter dem Titel „Kontrolle oder Beteiligung?" dazu die Handlungsfelder ab, Jens Bemme und Martin Munke stellen gemeinsam an beispielhaften Aktivitäten der *SLUB Dresden* die Nutzbarmachung offener Kulturdaten in offenen digitalen Räumen durch den kuratierenden Bürger dar. Die vielbeachtete Programmatik der Sonntagsöffnung der *Zentral- und Landesbibliothek Berlin* mit dem partizipatorischen Ansatz des kuratierenden Kooperationspartners *sonntagsbureau* erläutert Tim Leik. Abschließend versucht der Herausgeber in einem eigenen Beitrag, das Kuratieren von Räumen anhand einer Typologie des Coworking Space in Hinblick auf die Schnittmengen und Unterschiede zu den Bibliotheksformaten des Lernortes zu entwickeln: Coworking Spaces, diese sich global rasch verbreitende Arbeitsumgebung, deren konstitutive Module wertvolle Anregungen für die Weiterentwicklung der Bibliothek als „place to be" bereithalten. Angesichts der Einschränkungen während der Corona-Pandemie erscheinen die Formate des gemeinsamen Lernens und Arbeitens an solchen Orten umso wertvoller!

Mein Dank geht an alle Autorinnen und Autoren für ihre Beiträge: Es ist stets eine kaum zu ermessene, bewundernswerte Leistung, neben der täglichen praktischen Arbeit im Berufsalltag Zeit für das Schreiben zu finden; nicht minder gilt der Dank für die investierte Zeit den beiden freiberuflich tätigen Gesprächspartnern der hier verschriftlichten Dialoge, Friederike Hauffe und Bernhard Cella. Ganz besonderen Dank schulde ich Jan-Tillmann Rierl für die überaus anregenden Gespräche im Vorfeld und ebenso auch Jan Simane, Leiter der Bibliothek des Kunsthistorischen Instituts Florenz, für die Ermutigung zum Thema dieses Buches. Andrea Kaufmann danke ich sehr für ihre bewundernswert umsichtige und präzise Lektoratsarbeit, Claudia Heyer für ihre Betreuung im Verlag De Gruyter/Saur. Den beiden Herausgebern Ulrike Junger und Klaus Gantert bin ich sehr dankbar für die Aufnahme des Sammelbandes in ihre Reihe Bibliotheks- und Informationspraxis.

Klaus Ulrich Werner
Berlin, im Juni 2020

Teil I: **Theorie und Praxis des Kuratierens**

Jan-Tillmann Rierl
Erweiterter Kuratierungsbegriff und bibliothekarische Praxis

Seit einigen Jahren wird der Begriff des Kuratierens von der Kunstwelt entlehnt und findet nunmehr in vielerlei Zusammenhängen Anwendung, wenn eine durchdachte oder geschmackssichere Auswahl vor dem Hintergrund eines überbordenden Gesamtangebotes betont werden soll. Nachdem dies zunächst etwa Playlists bei Streaming-Anbietern oder das exklusive Warenangebot in *concept stores* betraf, findet der Begriff zunehmend auch in bibliothekarischen Fachdiskursen Verwendung. Zudem entwickeln Bibliotheken Services, die sich als Form von Kuratierung im weiteren Sinne begreifen lassen: sie stellen Handapparate zu Ausstellungen zusammen, sie empfehlen besondere Bücher aus ihrem Bestand oder ermöglichen es ihren Nutzerinnen und Nutzern, Büchersammlungen für sich und andere zu gruppieren. Die Beiträge im vorliegenden Band spüren daher folgerichtig der Frage nach, wie dieser Modebegriff im Kontext des Bibliothekswesens fruchtbar gemacht werden kann und wo sich bereits Momente des Kuratierungsgedankens in der bibliothekarischen Praxis niederschlagen.

Dieser Beitrag will in einem ersten theoretischen Aufschlag fragen, was „Kuratieren" heute grundsätzlich und im Kontext des Bibliothekswesens bedeuten kann. Im Folgenden soll daher dieser neue, erweiterte Kuratierungsbegriff und seine Anwendung auf vielfältige Gegenstandsbereiche untersucht und zum ursprünglichen Kuratieren, dem Ausstellungsmachen im Feld der Kunst, zurückverfolgt werden. Zudem sollen Merkmale des erweiterten Kuratierungsbegriffes herausgearbeitet und das Phänomen gesellschaftstheoretisch verortet werden, um schließlich zu untersuchen, ob es sinnvoll und wünschenswert ist, bibliothekarische Praktiken wie die Bestandsentwicklung als Form des Kuratierens zu fassen.

Der vorliegende Text konzentriert sich dabei explizit auf das neue, erweiterte Kuratieren in Bibliothek und Gesellschaft. Dass in Bibliotheken auch im ursprünglichen Sinne kuratiert wird, dass also Ausstellungen konzipiert und durchgeführt werden, wird als bekannt und umfänglich erforscht angesehen. Ebenfalls nicht behandelt wird *digital curation*, ein etabliertes Feld bibliothekarischer Forschung und Praxis, das im deutschen Bibliothekswesen nicht selten mit digitaler Langzeitarchivierung in eins gesetzt wird. Daher ist *digital curation* ebenfalls nicht dem Begriff erweiterten Kuratierens zuzuordnen, wie er in diesem Text entwickelt wird.

https://doi.org/10.1515/9783110673722-002

1 Die Erweiterung des Kuratierungsbegriffs

Die Begriffe des Kurators und insbesondere des Kuratierens haben in den vergangenen Jahren wachsende Popularität zunächst in der Kunstwelt und dann in der Gesellschaft insgesamt erlangt. Der quantitative Zuwachs auch in der publizierten Nutzung des Begriffes „Kuratieren" gründet in seiner qualitativen, semantischen Erweiterung. Der Begriff findet nunmehr in den unterschiedlichsten Zusammenhängen Anwendung. Der Kunstwissenschaftler und Philosoph Daniel Tyradellis bemerkt: „Es werden nicht nur Ausstellungen kuratiert, sondern auch Festivals und Tagungen, Landschaften und Schuhgeschäfte"[1]. Wenn heute bekannte Musiker oder Musikerinnen Playlists bei Streaming-Anbietern zusammenstellen, wird diese Tätigkeit „Kuratieren" genannt.[2] Selbst die bewusste Auswahl von Lebensmitteln für den eigenen Verzehr wird zuweilen als Kuratierung begriffen[3] und ein Berliner Stadtmagazin schreibt über den Besitzer eines Käsegeschäfts, dass dieser „die Käseauswahl sehr guter Hauptstadtrestaurants"[4] kuratiert. Musikfestivals werden von Künstlerinnen und Künstlern kuratiert oder, analog zu partizipativen Ansätzen im Museumsbereich, durch das Publikum selbst.[5] Das Startup-Unternehmen [reads] kuratierte laut Selbstbeschreibung jeden Monat zwei besondere Bücher, welche als Abonnement per Post verschickt wurden.[6] Inzwischen wurde dieses Abo-Modell eingestellt. Als weiteren Service stellt [reads] unter dem Motto „Rethinking the modern library experience" kuratierte Bibliotheken für Start-ups, Design Studios, Privatkunden und Hotels zusammen.[7] Ob seiner Omnipräsenz könnten an dieser Stelle mühelos eine Vielzahl weiterer Beispiele für die Ausdehnung des Kuratierungsgedankens aufgeführt werden.[8]

Die Allgegenwärtigkeit des Kuratierungsbegriffes führte immer wieder zur Reflexion des Phänomens im Feuilleton. So widmete sich Alex Williams bereits 2009 in der *New York Times* der Tatsache, dass nunmehr Konzertveranstalter und Einzelhändler ihre Berufspraxis als Kuratieren fassen.[9] Im deutschsprachi-

---

1 Tyradellis 2014, S. 212.
2 Brodsky 2018.
3 Klimek 2016.
4 TIP Redaktion 2015.
5 Minsker 2016.
6 reads 2020a.
7 reads 2020b.
8 Auch Kurator Hans-Ulrich Obrist ist diese Entwicklung nicht entgangen. Er listet in *Kuratieren!* eine Vielzahl von Beispielen, vom Kuratieren von Hotelausstattung bis zum Kuratieren von Street Food Trucks auf der New Yorker High Line (vgl. Obrist 2015, S. 34–35).
9 Williams 2009.

gen Raum hat die Beschäftigung mit der Ausweitung des Begriffs nicht selten eine kritische bis kulturpessimistische Stoßrichtung. *Die Welt* titelte 2011 „Und dann kuratieren wir noch Hosen" und konstatierte, dass mittlerweile auch Oberbekleidung, Nahrung und Internetinformationen kuratiert werden.[10] Der Literaturwissenschaftler Hans Ulrich Gumbrecht kritisierte in seinem Beitrag „Was am ‚Kuratieren' nervt", dass nunmehr die Aufmerksamkeit zu sehr der Konzeption von Ausstellungen denn den gezeigten Werken selbst zukommt und erkennt hier Parallelen zum Umgang mit Mode oder Lebensmitteln.[11] Joachim Güntner stellte in der *Neuen Zürcher Zeitung* fest, dass heute „die terminologische Öffnung kein Halten mehr" kenne und äußerte den Verdacht, es dabei mit „rhetorischem Quark" zu tun zu haben.[12]

Eine bewusst nicht (kunst-)wissenschaftliche Bestandsaufnahme und Kritik des erweiterten Kuratierens, welches hier angelehnt an den Begriff des Kreationismus mit der Wortschöpfung „Curationism" benannt wird, legte der Kunstkritiker David Balzer mit *Curationism – How curating took over the art world and everything else* vor.[13] Darüber hinaus wurde insbesondere auf dem angloamerikanischen Buchmarkt Ratgeberliteratur rund um das Thema Kuratieren an der Schwelle von Betriebswirtschaft und Lebenshilfe veröffentlicht.[14] In Wirtschaft und Wirtschaftswissenschaft wurde in den vergangenen Jahren vermehrt der Ansatz des *curated shopping* beziehungsweise *curated retail* thematisiert.[15] Die Kuratierung besteht hier in der (geschmackssicheren) Vorauswahl der angebotenen Waren, die für die Kunden und Kundinnen einen Mehrwert gegenüber dem umfassenden Warenangebot der großen Generalisten darstellen soll. Mitunter negativ konnotiert ist der Kuratierungsbegriff hingegen bei der *content curation* von aggregierenden Internetportalen, welche nicht eigenen Content kreieren, sondern fremde Inhalte zusammenstellen und so monetarisieren. Diese Praxis wurde von den Unternehmen selbst positiv als Kuratierung beschrieben.[16]

Die semantische Erweiterung des Begriffes erreichte schließlich auch das Bibliothekswesen. So wurde für den 104. Deutschen Bibliothekartag ein Themenkreis „Kuratieren, Sammeln und Erhalten: Fokus kulturelles Erbe"[17] benannt. Und auch im Call for Papers für den 7. Bibliothekskongress mit dem Motto „Bi-

---

10 Heynen 2011.
11 Gumbrecht 2012.
12 Güntner 2014.
13 Balzer 2014.
14 Vgl. Rosenbaum 2011; Bhaskar 2016.
15 Vgl. etwa Koch 2016; Wallace 2016; wissenschaftlicher: Gyllensvärd et al. 2013; Möhlenbruch et al. 2014; Möhlenbruch et al. 2016.
16 Weissman 2015.
17 Brintzinger & Marschall 2014.

bliotheken verändern" wird der Themenkreis „Content kuratieren"[18] aufgeführt. Eine Recherche auf dem Opus-Publikationsserver des Berufsverbandes Information Bibliothek e. V. (BIB) belegt, dass regelmäßig in Bibliotheken kuratiert und davon auf Bibliothekartagen berichtet wird. So beschäftigt sich der Fachinformationsdienst Pharmazie mit der „Analyse und Kuration des Wirkstoffnetzwerkes"[19], während an der TH Wildau bei der Präsentation der Eigenpublikationen „Metadaten [...] seitens der Bibliothek kuratiert"[20] werden. Für die Gestaltung des Bibliotheksraumes wurde bereits 2015 ein „Kuratierendes Handeln" empfohlen.[21] Die Autorinnen und Autoren der Initiative *Open Library Badge*, welche ein Anreizsystem für mehr Offenheit in Bibliotheken vorschlagen, regen auf ihrem Poster zum 106. Bibliothekartag an, Open-Access-Semesterapparate einzurichten, indem an den Hochschulen relevante Open-Access-Quellen eines Faches kuratiert werden.[22] In der Präsentation zum Suchportal *adlr.link* des Fachinformationsdienstes für Medien-, Kommunikations- und Filmwissenschaft wird die „fachwissenschaftliche Kuration der Auswahl"[23] hervorgehoben. Neben diesen Beiträgen, welche eine Kuratierung im Kontext von Bibliotheken explizit behaupten oder empfehlen, wurde auch stets zu bibliothekarischen Projekten und *best practices* publiziert, welche kuratierenden Charakter haben, ohne diesen zwingend als solchen auszuweisen.[24]

Neben der Verhandlung des erweiterten Kuratierens hörte die Beschäftigung mit dem Kuratieren von Kunst natürlich nicht auf. Die Veröffentlichungen hierzu sind umfangreich und ausdifferenziert, an dieser Stelle sollen daher nur exemplarisch einige von ihnen genannt werden, um eine grobe Orientierung zu ermöglichen. Erstens sind Beiträge zu nennen, die die Rolle der Kuratoren und Kuratorinnen im Feld der Kunst diskutieren, so in *Texte zur Kunst* im Themenheft „The Curators", in der etwa Dieter Roelstraete die Konkurrenz von Kuratoren und Kuratorinnen zu Künstlern und Künstlerinnen problematisierte.[25] Ausgehend von Stefan Heidenreichs in der *Zeit* veröffentlichtem Appell, die als undemokratisch verstandenen Kuratoren und Kuratorinnen abzuschaffen,[26] ergab

---

18 Bibliothek und Information Deutschland 2018.
19 Wulle 2018.
20 Keidel 2018.
21 Siems 2015.
22 Fahrenkrog 2017.
23 Rösch 2018.
24 Vgl. etwa Binz et al. 2015; Schade 2016; Döll 2017.
25 Roelstraete 2012.
26 Heidenreich 2017.

sich ein kurze Debatte, in welcher Sebastian Frenzel in *Monopol* diese Kritik an kuratierend Tätigen als populistisches „Eliten-Bashing" zurückwies[27].

Zweitens sind Texte zu nennen, die die Arbeit und das Selbstverständnis der Kuratorinnen und Kuratoren im Hinblick auf ihre kuratorische Praxis reflektieren. So kritisiert der Kurator und Philosoph Daniel Tyradellis die derzeitige Museumspraxis und beschreibt das Kuratieren als „Denken im Raum"[28]. Der wohl bekannteste zeitgenössische Kurator Hans-Ulrich Obrist reflektiert in *Kuratieren!* die Tätigkeit des Kuratierens vor dem Hintergrund seiner beruflichen Biografie und der Geschichte des Ausstellungsmachens insgesamt.[29] Wachsende Popularität hat in den vergangenen Jahren auch das partizipative Kuratieren im Museum gefunden, bei dem Besucher und Besucherinnen in das Ausstellungsmachen einbezogen werden.[30]

Drittens sind Publikationen zu nennen, welche der Museologie und den noch jungen *curatorial studies* zugehörig sind. Mit dem Entstehen verschiedener akademischer Ausbildungsgänge für Kuratorinnen und Kuratoren[31] fand auch eine verstärkte Theoriebildung zum Kuratieren statt. Die Konferenzschrift *Cultures of the curatorial* liefert einen guten Einstieg in das ausdifferenzierte Feld der interdisziplinären *curatorial studies*, in welchem sich Kunsthistoriker/-innen, Künstler/-innen und Theoretiker/-innen mit dem Kuratieren in Kunst und Gesellschaft beschäftigen.[32]

2 Beliebigkeit als Bedingung von Vielfalt

Das Panorama der Praktiken, die ein Moment von Kuratierung für sich reklamieren, zeigt die Beliebigkeit und Unbestimmtheit des Begriffes. Daniel Tyradellis stellt in Bezug auf die Figur des Kurators in der Kunstwelt fest: „Tatsächlich ist der Begriff diffus und umschreibt keine eindeutig zu bezeichnende Funktion oder Position"[33]. Bei näherer Betrachtung des erweiterten Kuratierungsbegriffes zeigt sich, dass dieser noch deutlich unspezifischer ist, als der ursprüngliche Begriff in der Kunst. Die Linguistin Krista Kennedy bemerkt: „The problem with this increasing ubiquity of the term is that along the way, we have

---

27 Frenzel 2018.
28 Tyradellis 2014, S. 134.
29 Obrist 2015.
30 Gesser et al. 2017; Piontek 2017; Ziese 2010.
31 Vgl. hierzu Schwerdfeger 2015.
32 Bismarck et al. 2012.
33 Tyradellis 2014, S. 213.

robbed it of its meaning"[34]. Dieser Mangel ist dabei aber auch notwendige Bedingung seiner Omnipräsenz und Agilität: Nur weil der Begriff so unbestimmt ist, lässt er sich auf so unterschiedliche Tätigkeiten wie das Konzipieren einer Ausstellung im Museum, die Auswahl von Musikgruppen und Essensständen eines Musikfestivals durch Fans oder das Zusammenstellen eines Soundtracks für einen Spielfilm[35] anwenden. Doch welche „ursprünglichen" Bedeutungsebenen hat Kuratieren und sind diese für den heutigen erweiterten Begriff von Kuratieren relevant?

3 Ursprüngliche Funktionen von Kuratoren und Kuratorinnen und der erweiterte Kuratierungsbegriff

Der Kurator Hans-Ulrich Obrist unterscheidet vier Funktionen, um die die Rolle des Kurators kreist: 1. das Bewahren von Kunstwerken als nationales Erbe, 2. die Auswahl neuer Werke für die Museumssammlung, 3. die wissenschaftliche Erforschung der Werke, um einen Beitrag zur Kunstgeschichte zu leisten, sowie schließlich 4. das Ausstellungsmachen, also das Zeigen und Arrangieren von Kunst.[36] Letztere Aufgabe ist es, welche nach Obrist das Bild der Kuratorinnen und Kuratoren heute in erster Linie bestimmt, während der Aspekt des Bewahrens zunehmend verblasst:

> Das [Ausstellungsmachen; JTR] ist die Aufgabe geworden, welche die zeitgenössische Praxis überwiegend bestimmt; man könnte sogar behaupten, dass ein neues Wort gebraucht wird, so komplett hat sich der Kurator-als-Ausstellungsmacher von der traditionellen Rolle des Sorge-Tragenden entfernt.[37]

Vor dem Aufkommen der Figur des zeitgenössischen Kurators waren die Praxis des Ausstellungsmachens und das Bild des Kurators ein anderes. David Balzer beschreibt, wie einst im British Museum die Artefakte chronologisch angeordnet wurden und bemerkt zur Rolle der damaligen Kuratoren und Kuratorinnen: „the curator was akin to a librarian or academic"[38]. Vielfach wird auf die etymologische Bedeutung (das lateinische Wort „curare" lässt sich mit „sorgen" überset-

---

34 Kennedy 2016, S. 5.
35 Vgl. hierzu Saponara 2018.
36 Obrist 2015, S. 38.
37 Obrist 2015, S. 38.
38 Balzer 2014, S. 30–31.

zen) von Kuratieren verwiesen, um diese ursprünglichen Aufgabengebiete der Kuratoren und Kuratorinnen, das „Sammeln, Ordnen, Bewahren und Vermitteln von Objekten, die sich in der Obhut einer Kunstinstitution befinden"[39] herzuleiten.

Im Wesentlichen mit Obrist übereinstimmend definiert Jonathan Harris in seinem Begriffslexikon zur Kunstgeschichte Kuratierung wie folgt: „Term for the selection, collection, care, exhibition and interpretation of artefacts – a practice usually carried out in institutions such as museums and galleries"[40]. Dass Harris im Jahr 2006 noch ohne die Priorisierung des Ausstellungsmachens als die bestimmende Komponente des Begriffs auskommt und die Institution des Museums als Ort der Kuratierung nennt, scheint noch informiert durch vergangene Rahmenbedingungen im Feld der Kunst und vor der Bedeutungsverschiebung und Öffnung des Kuratierungsbegriffes. Bestimmend für das Bild des Kuratierens heute sind jedoch freie Kuratorinnen und Kuratoren, welche auch unabhängig von der Institution des Museums Ausstellungen erarbeiten. So sind es insbesondere die thematischen Ausstellungen und Biennalen, welche eine starke kuratorische Handschrift erkennen lassen, für die die zeitgenössischen Kuratoren und Kuratorinnen stehen und mitunter kritisiert werden. Das Bewahren von Kunst im Rahmen musealer Sammlungsarbeit oder die Forschung werden jenseits der Fachöffentlichkeit nur selten mit dem Berufsbild des heutigen Kurators in Verbindung gebracht.[41] Und so ist es naheliegend, dass Begriff und Praxis des erweiterten Kuratierens sich eher aus der Bedeutungsebene des Ausstellungsmachens denn der Sammlungsarbeit herleitet.[42]

Beatrice von Bismarck sieht Harald Szeemann als „Prototypen und Musterbeispiel dieser neuen Berufsgruppe" der freien Kuratoren.[43] Szeemann wurde 1969 bekannt mit der Ausstellung *When Attitudes Become Form* und der *documenta 5*. Mit letzterer, welche Szeemann erstmals thematisch ausrichtete, erhielt das Kuratieren einer Ausstellung eine Schaffenshöhe, welche eine kreative Autorschaft des Kuratierens begründet: „Die Ausstellung wurde – vergleichbar der Rauminszenierung Marcel Duchamps für die Surrealisten – zum Werk, der Kura-

---

39 Bismarck 2004, S. 108.
40 Harris 2006, S. 87.
41 Die Agentur für Arbeit erwähnt diese Aufgaben in ihrer sehr umfangreichen Tätigkeitsbeschreibung von Kuratoren und Kuratorinnen, welche in dieser Breite jedoch eher die Museumsarbeit insgesamt darstellt (vgl. Bundesagentur für Arbeit 2018).
42 Hierfür spricht auch das an späterer Stelle behandelte Merkmal der *Auswahl weniger Entitäten aus einer großen Ausgangsmenge*, das eine Entsprechung in der sorgfältigen Auswahl von Werken beim Kuratieren-als-Ausstellungsmachen findet.
43 Bismarck 2004, S. 108.

tor zum Impresario, zum ‚Auteur' im Sinne des französischen Autorenfilms"[44]. Diese Autorschaft, welche das Auswählen und Arrangieren kultureller Entitäten als kreativen Akt postuliert, wird auch beim erweiterten Kuratieren, etwa einer Playlist durch namentlich genannte Musiker oder Musikerinnen, behauptet. Die Betonung der Autorschaft durch Nennung der Kuratierenden ist ein mögliches Merkmal erweiterten Kuratierens.

Dass die heutige Vorstellung vom Kuratieren, und damit mittelbar auch der erweiterte Begriff vom Kuratieren, nicht durch das Bewahren von Kunst, die Arbeit für die museale Sammlung oder die Forschung bestimmt ist, sondern im Sinne des Ausstellungsmachens, zeigt sich auch an den Debatten der vergangenen Jahre rund um die Kuratoren und Kuratorinnen. So zielt die Kritik an ihnen, denen vorgeworfen wird, „sie würden unangemessen als Meta- oder Super-KünstlerInnen auftreten" und sie „benützten Werke als bildnerisches Material für ihre Konzeption und Inszenierungen so wie DJs aus Schallplatten den dramaturgischen Verlauf ihres Sets aufbauen"[45], klar auf ihre Rolle als Ausstellungsmacher/-innen. Gleichermaßen gründet Anton Vidokles Sorge um die Souveränität der Künstler und Künstlerinnen angesichts der Dominanz und des wachsenden Einflusses des Kuratierens wohl nicht in der musealen Sammlungsarbeit.[46] Und auch Dieter Roelstraete wird die Funktion des Ausstellungsmachens im Blick haben, wenn er die Konkurrenz von Kuratorinnen und Kuratoren mit Künstlerinnen und Künstlern um „Deutungshoheit und Autorschaft" problematisiert.[47] Gleiches gilt schließlich für die vielfach geäußerte Kritik an der Legitimation der Kuratoren und Kuratorinnen, etwa wenn Stefan Heidenreich in der *Zeit* fordert, diese abzuschaffen.[48] Weil also ursprüngliche Funktionen der Figur des Kurators heute verblassen, leitet sich der erweiterte Begriff des Kuratierens eben von der verbliebenen Funktion des Kurators/der Kuratorin als Ausstellungsmacher/-in her.

Dass die Verbform mittlerweile im Mittelpunkt steht, deutet Hans-Ulrich Obrist als ein Indiz für die Bedeutungsverschiebung von der Person des Kurators hin zur Tätigkeit des Kuratierens.[49] Diese Verschiebung spiegelt sich dabei vielfach in der Diskussion innerhalb des Feldes der Kunst wider, welche sich seit 2000 vermehrt der Tätigkeit des Kuratierens statt der Akteure widmet.[50] So betont Beatrice von Bismarck, dass sich die Tätigkeitsbeschreibung des Kuratie-

44 Bismarck 2004, S. 108.
45 Hoffmann 2004, S. 111.
46 Vgl. Vidokle 2012.
47 Roelstraete 2012, S. 151.
48 Heidenreich 2017.
49 Obrist 2015, S. 35.
50 Ziese 2010, S. 61.

rens von der Berufsbeschreibung des Kurators gelöst hat und in der Konsequenz weiteren Akteuren offensteht: „KünstlerInnen, KritikerInnen, GaleristInnen und WissenschaftlerInnen stehen ebenso die Verfahren des Kuratierens zur Verfügung, um an Prozessen der Bedeutungsproduktion teilzunehmen"[51]. Bismarck bezieht sich hier noch auf das Ausstellungsmachen im Feld der Kunst, also Kuratieren im engeren Sinne, gleiches gilt jedoch auch und insbesondere für den erweiterten Kuratierungsbegriff. Die Verschiebung von Akteur zu Tätigkeit lässt sich darauf zurückführen, dass inzwischen viele Akteure kuratieren ohne Kurator/-in im engen Sinne zu sein. Eine erfolgreiche Musikerin, die eine Radiosendung kuratiert, wird sich in der Regel als kuratierende Musikerin und nicht als Kuratorin begreifen und entsprechend wahrgenommen werden.

4 Intendierte Relationalität als Marker anspruchsvollen Kuratierens

Bevor im nächsten Schritt Merkmale des erweiterten Kuratierens und Gesichtspunkte, welche eine Binnendifferenzierung der erweiterten Kuratierungspraktiken ermöglichen, herausgearbeitet werden, gilt es, die Bedeutungsebenen des Kuratierungsbegriffes in den Blick zu nehmen, welche kennzeichnend für das zeitgenössische Kuratieren von Kunst sind, also Kuratieren im engeren Sinne. Zunächst unterscheidet sich das Kuratieren von Kunst offenkundig in Gegenstand und konkreten Tätigkeiten vom Kuratieren einer Playlist, was sich nicht zuletzt im Aufwand zeigt.[52] Doch was setzt das Kuratieren im engeren Sinne vom erweiterten Kuratieren ab? Zunächst erscheint es evident, dass das Produzieren einer Ausstellung eine intensivere Beschäftigung mit seinem Gegenstand und einen höheren Anspruch an das Ergebnis der Kuratierung beinhaltet, als dies bei der Auswahl von Turnschuhen im Einzelhandel der Fall sein dürfte.

Es gibt vielfältige kuratorische Ansätze im Bereich der zeitgenössischen Kunst.[53] Kuratoren und Kuratorinnen setzen vielfältige Schwerpunkte und verfolgen unterschiedlichste Ziele mit ihren Ausstellungen; es wird interpretiert, Bezüge werden hergestellt, Fragen gestellt, es wird kontextualisiert usw. Gemeinsam ist diesen heterogenen Ansätzen jedoch, dass das Kuratieren nicht bei der Auswahl der Dinge stehenbleibt. Anspruchsvolles Kuratieren zielt nicht auf

---

51 Bismarck 2004, S. 108–109.
52 Einen kurzen Überblick über die konkreten Phasen des Ausstellungsmachens liefert etwa Martin Fritz Beitrag *Ausstellungen produzieren* (Fritz 2013).
53 Vgl. etwa Sternfeld 2013.

die Anhäufung isolierter Gegenstände, sondern auf das Verhältnis dieser zueinander. Daniel Tyradellis schreibt treffend: „Die Expertise des Kurators besteht in
einer Sorge-um, die sich mehr um das Gefüge als um einen isolierten Gegenstand kümmert"[54]. Das Kriterium, das anspruchsvolles Kuratieren (in der Regel
von Kunst) von erweitertem Kuratieren abhebt, lässt sich daran anschließend
als *intendierte Relationalität* des kuratierten Produktes mit dem Ziel der Bedeutungsproduktion fassen.

Um dieses Bemühen um Relationalität, welches Kuratieren im engeren Sinne vom erweiterten Kuratieren unterscheidet, zu verdeutlichen, ist eine kurze
Auseinandersetzung mit der Position Daniel Tyradellis recht hilfreich. Tyradellis
setzt die Kriterien für (gutes) Kuratieren deutlich höher und spezifischer an, als
dies jenseits des Feldes der Kunst üblich ist.

> [I]n seiner umfassendsten Definition ist er [der Kurator] derjenige, der, ausgehend von ei-
> ner Thematik, dem konkreten Ort, den Zeitumständen, den finanziellen Mitteln, den Wün-
> schen, Möglichkeiten und Forderungen aller Beteiligten oder zu Beteiligenden, diejenigen
> Dinge aus dem Pool all dessen, was die Welt bereithält, auswählt und in ein räumliches
> Gefüge bringt, das die Rezipienten zum Denken und Erfahren verführt oder auch
> zwingt.[55]

Zwar bezieht sich „Kuratieren" bei Tyradellis spezifisch auf die Tätigkeit des
Ausstellungsmachens und nicht auf das Auswählen und Anordnen beliebiger
Entitäten im Rahmen eines erweiterten Kuratierens. Doch auch anspruchsvolles
Kuratieren kommt nicht um die Auswahl von Objekten für eine Ausstellung umhin. Die Reflexionsleistung beim Kuratieren ist dabei ungleich höher: Sie mag
etwa geleitet sein durch eine übergeordnete Fragestellung und zielt auf das Verhältnis der ausgewählten Dinge zueinander. Tyradellis nennt einen nicht näher
bestimmten Mehrwert, der aus dem Zusammenspiel der Dinge entsteht: „Nur
wenn sich [...] ein Mehrwert ergibt, der über die Versammlung der einzelnen
Dinge hinausgeht, handelt es sich um eine Ausstellung"[56] und man könnte anfü-
gen, um Kuratierung im engeren Sinne.

Die Aufgabe der Kuratoren und Kuratorinnen im Feld der Kunst ist, wie sich
gezeigt hat, anspruchsvoller als im Feld des kuratierten Einzelhandels. Die Tätigkeit zielt dabei insbesondere auf das Herstellen von Sinnzusammenhängen
durch das In-Beziehung-Setzen der Dinge. Hierdurch können Kuratoren und Kuratorinnen interessante Fragen stellen und idealerweise zu einem veränderten
Denken anregen. Kuratoren und Kuratorinnen von Käsetheken scheinen sich

---

54 Tyradellis 2014, S. 213.
55 Tyradellis 2014, S. 216.
56 Tyradellis, S. 162.

zwar sehr um eine gute Auswahl der Käsesorten zu bemühen, jedoch werden sie nur selten Appenzeller zu Camembert in Beziehung setzen, um bei der Rezeption zu einem Nachdenken über den europäischen Gedanken mit den Mitteln der Käsepräsentation anzuregen. Mit der Auswahl und dem Verbürgen von Qualität endet hier das Kuratieren, eine Relationalität der Dinge wird nicht intendiert. Das Kriterium der intendierten Relationalität ermöglicht, wenn es graduell gefasst wird, eine differenzierte Unterscheidung von mehr oder weniger anspruchsvoller Kuratierung. Auf diese Weise lässt sich der faktisch fließende Übergang von Kuratierung im engeren Sinne und erweitertem Kuratieren adäquat beschreiben.

5 Einordnung des Kurationismus: Andreas Reckwitz' Theorie der Spätmoderne

Nachdem die Ausweitung des Kuratierungsbegriffs und seine Anwendung auch im bibliothekarischen Feld belegt und Relationalität als Merkmal des anspruchsvollen Kuratierens im engeren Sinne bestimmt werden konnte, stellt sich die Frage, warum „Kuratieren" diese Begriffskarriere zum jetzigen Zeitpunkt gemacht hat. Angesprochen auf die Nutzung des Wortes „Kuratieren" in kunstfremden Feldern bemerkte die Kuratorin der *dOCUMENTA (13)* Carolyn Christov-Bakargiev, dies sei keine die Kunst betreffende, sondern eine soziologische Frage.[57] Und tatsächlich gelingt eine Antwort auf diese Frage, wenn das Phänomen mit Andreas Reckwitz soziologischer Gesellschaftstheorie der Spätmoderne kontextualisiert wird. Vor dem Hintergrund von dessen *Die Gesellschaft der Singularitäten*[58] lassen sich die kuratierenden Praktiken als Symptom einer Verschiebung des Verhältnisses von Allgemeinem und Besonderem lesen.

5.1 Das Allgemeine und das Besondere

Andreas Reckwitz' Befund für die derzeitige Epoche besteht in einem grundlegenden Paradigmenwechsel: „In der Spätmoderne findet ein gesellschaftlicher Strukturwandel statt, der darin besteht, dass die soziale Logik des Allgemeinen ihre Vorherrschaft verliert an die *soziale Logik des Besonderen*"[59]. Diese tenden-

---

57 Balzer 2014, S. 1.
58 Reckwitz 2017.
59 Reckwitz 2017, S. 11.

zielle Privilegierung des Singulären zu Lasten des Allgemeinen zeigt sich auf vielfältige Weise in vielen Bereichen der Gesellschaft. Beispielhaft ist hierfür die Verschiebung des Reiseverhaltens vom standardisierten Massentourismus hin zur Individualreise; in den Mittelpunkt rücken nun Qualitäten wie die Authentizität des Reiseziels, seine besondere Alltagskultur und das Erleben von einzigartigen Momenten.[60] Und auch Bibliotheken kommen nicht umhin, sich diesem Erwartungsdruck der Benutzerinnen und Benutzer zu stellen, schließlich stehen sie im Wettbewerb um Aufmerksamkeit und Wertschätzung in einem direkten Konkurrenzverhältnis mit anderen Bibliotheken und öffentlichen Einrichtungen. In der Konsequenz behaupten sich auch Bibliotheken mit ihrer besonderen Architektur, besonderen Titeln aus ihrem Bestand, ihrer besonderen Arbeitsatmosphäre[61] oder besonderen Angeboten jenseits der Literaturversorgung.

Im Zentrum der spätmodernen Ökonomie steht die *creative economy* als „Leitbranche" dieser Epoche.[62] Die Güter dieser Kreativwirtschaft müssen dabei äußerst umfassend gedacht werden, hierzu zählen nunmehr auch „Bioprodukte mit Authentizitätsanspruch, Automarken mit Erlebnisqualität [...] oder maßgeschneiderte Gesundheitspakete"[63]. Die Expansion der Kreativwirtschaft und der besondere Charakter ihrer Güter sind wesentlich für das Verständnis erweiterten Kuratierens, als sie notwendige Bedingung der neuen Kuratierungspraktiken sind.

> Für die Güter der *creative economy* gilt, dass sich das klassische Dreieck von Produzent, Produkt und Konsument nun in jene Trias von Autor, Werk und Rezipient/Publikum verwandelt hat, wie man sie aus dem Feld der Künste kennt. So wie das Kunstwerk immer schon ein besonderes Gut dahingehend war, dass es Originalität, Einzigartigkeit und kulturellen Wert geltend machen konnte und eine Zuschreibung auf eine Autorfunktion stattfand, so erhalten auch die Güter der *creative economy* immer mehr den Charakter von *Werken* in einem weiteren Sinne. Dies gilt für die Kreationen des Spitzenkochs ebenso wie für das Möbelstück des Designers, den Stil einer Fußballmannschaft oder die Solitärarchitektur.[64]

Qualität und Omnipräsenz der kulturellen Güter im weitesten Sinne, so meine ich, können als Grundlage für die Allgegenwärtigkeit des Kuratierungsbegriffes angesehen werden. Es kann heute deshalb so vieles kuratiert werden, weil die kulturalisierten Güter, nunmehr Werke denn standardisierte Gebrauchswaren, Kuratierung zulassen, begünstigen oder erfordern. Der Werkcharakter dieser

---

60 Reckwitz, S. 7.
61 Fansa 2008, S. 29 ff.
62 Reckwitz 2017, S. 16.
63 Reckwitz, S. 116.
64 Reckwitz 2017, S. 117.

Güter, seien es nun Turnschuhe, Fernsehserien oder die Bücher einer Bibliothek, ist die notwendige Bedingung ihrer kuratorischen Nachnutzung und Präsentation.

Innerhalb der Gesellschaft der Singularitäten findet nun eine beständige
Verhandlung darüber statt, was als das Besondere gelten kann und was als Allgemeines abgeschrieben wird. Diese umkämpften Diskurse der Be- und Entwertung sind durch Unstetigkeit gekennzeichnet: „Was heute als exzeptionell gilt,
kann schon morgen entwertet und als konformistisch und gewöhnlich eingestuft werden"[65]. Kuratierendes Handeln im erweiterten Sinne findet genau innerhalb dieser Diskurse statt. Immer wenn im erweiterten Sinne kuratiert wird,
ist dies ein Versuch der Singularisierung. Wenn die New York Public Library Bücher empfiehlt, Menschen Käse auswählen und Playlists zusammenstellen, so
ist das Ziel die Singularisierung der kuratierten Entitäten. Ist diese erfolgreich,
haben wir es nicht mehr mit normalen oder allgemeinen Büchern, Käsesorten
und Musikstücken zu tun, sondern mit ganz besonderen, welche die Aufmerksamkeit des Publikums verdienen.

5.2 Neue Mittelklasse und kuratierter Lebensstil

Im Zentrum des mit diesem gesellschaftlichen Prozess verbundenen Wertewan-
dels steht nach Reckwitz „die *neue Mittelklasse*, die ihren Aufstieg der Bildungs-
expansion verdankt und formal durch Hochschulbildung und ein hohes kulturelles Kapital gekennzeichnet ist"[66]. Für diese Akteure steht die Entfaltung des
Selbst in seiner Besonderheit im Mittelpunkt der Lebensführung; so werden die
„alten, rationalistischen Maßstäbe der *Lebensstandards* [...] in der neuen Mittelklasse von den Maßstäben der *Lebensqualität* überlagert"[67]. Die neue Dominanz
der Singularisierungslogik führt nach Reckwitz zu weitreichenden, sehr konkreten Folgen für das Leben jedes Individuums:

> Die durchgreifende Singularisierung und Kulturalisierung aller Bestandteile des Lebens –
> Wohnen, Essen, Reisen, Körperkultur, Erziehung etc. –, die hier erfolgt, geht so Hand in
> Hand mit der Statusinvestition ins eigene Singularitätskapital und in die Darstellung des
> *besonderen* Lebens vor den Anderen.[68]

---

65 Reckwitz, S. 14.
66 Reckwitz 2017, S. 104.
67 Reckwitz, S. 104.
68 Reckwitz 2017, S. 108.

In dieser neuen Situation können sich die Mitglieder der neuen Mittelklasse aufgrund ihres kulturellen Kapitals durchsetzen; ihr Bildungsstand und Lebensstil sind an die neuen Bedingungen am besten angepasst. Doch wie ist es um die übrigen Mitglieder der Gesellschaft bestellt? Reckwitz geht von einer „Drei-Drittel-Gesellschaft"[69] aus. Neben der neuen Mittelklasse existiert eine alte Mittelklasse, welche mit ihrem mittleren ökonomischen wie kulturellen Kapital der Logik des Allgemeinen der Industriegesellschaft verhaftet bleibt und ein normales Leben des Mittelmaßes avisiert.[70] Zudem beschreibt Reckwitz eine aus der Erosion der klassischen Industrieberufe hervorgegangene neue Unterklasse, welche aufgrund ihres geringen Bildungsgrades in prekären Dienstleistungsberufen beschäftigt ist und über geringes kulturelles Kapital verfügt.[71] Was nun die neue von der alten Mittelklasse abhebt, ist nicht primär das ökonomische, sondern das höhere kulturelle Kapital und der aus diesem hervorgehende Lebensstil. Reckwitz resümiert: „Die Polarisierung auf der Ebene von Bildung und kulturellem Kapital ist *das* zentrale Merkmal, welches die Sozialstruktur der spätmodernen Gesellschaft prägt"[72]. Dies zu berücksichtigen ist essenziell für die bibliothekarische Beschäftigung mit erweiterter Kuratierung, als aus dieser Klassenstruktur sich nicht zuletzt die Aktualität und Allgegenwärtigkeit erweiterter Kuratierungspraktiken als Praktiken zuvorderst der neuen Mittelklasse begreifen lassen.

Die Arbeit *Cheeseboard* des US-amerikanischen Fotokünstlers Buck Ellison veranschaulicht das, was Andreas Reckwitz die „kulturelle Conaisseurhaftigkeit"[73] der neuen Mittelklasse nennt, eine ausgeprägte Kennerschaft der valorisierten Objekte. Sie zeigt zwei junge Menschen, deren kulturelle Kompetenz sich bereits in ihrer Kleidung zeigt und sie als Vertreter der neuen Mittelklasse ausweist. Das Setting ist offenkundig ein *concept store*, also ein Geschäft mit kuratierter Warenauswahl und Präsentation. Beide scheinen zu überlegen, ob sie ein Käsebrett kaufen sollen. Ellisons Arbeit zeigt hier beispielhaft spätmoderne Subjekte bei der Kuratierung ihres Lebensstils mit valorisierten kulturellen Ressourcen, hier ein besonderes Käsebrett, das gerade auf seinen singulären Gehalt hin geprüft wird. Dieses Kuratieren des eigenen Lebens ist nach Reckwitz kennzeichnend für die neue Mittelklasse: „Das spätmoderne Subjekt, konzentriert in der neuen Mittelklasse, befindet sich seiner Welt und seinem Leben gegenüber in der Haltung eines *Kurators* – es lebt ein kuratiertes Leben"[74]. Sei es ein Käse-

---

69 Reckwitz, S. 282.
70 Reckwitz, S. 281–282.
71 Reckwitz, S. 279–280.
72 Reckwitz, S. 280.
73 Reckwitz 2017, S. 301.
74 Reckwitz, S. 295.

Abb. 1: Buck Ellison, Cheeseboard, 2016, courtesy the artist, Balice Hertling, Paris, and The Sunday Painter, London.

brett, eine Reise oder Bücher, das spätmoderne Subjekt „macht sich zur Aufgabe, vor dem Hintergrund aller kulturellen Praktiken und Objekte, die kursieren und existieren, solche zusammenzustellen und -zufügen, die das eigene Leben zu einem ‚guten‘, qualitativ reichen und reizvollen machen"[75]. Kultur im weitesten Sinne, also etwa Literatur, bildende Kunst, aber auch Ernährung und Reisen werden so zu Ressourcen, die es im eigenen Lebensstil zu kuratieren gilt. Vor diesem Hintergrund wird die erweiterte Kuratierung im Sinne einer valorisierenden Vorauswahl, ob im *concept store* oder in der Bibliothek, eine willkommene Dienstleistung für Mitglieder entsprechender Milieus, welche sich in einem Wettbewerb um Distinktion befinden.

---

[75] Reckwitz, S. 296.

5.3 Kuratieren als Singularisierung und Valorisierung

Kuratieren im erweiterten Sinne bedeutet vor dem Hintergrund dieses theoretischen Frameworks immer auch Singularisierung und Valorisierung. Und diese gehen stets miteinander einher: Dem Besonderen wird als Besonderes Wert beigemessen.

> In der Logik der Singularitäten bedeutet Bewerten hingegen das *Zuschreiben von Wert* im starken Sinne. Es bezeichnet eine Praxis der *Valorisierung*, in deren Kontext die singuläre Entität einen Status als wertvoll erhält (oder nicht) – Bewerten heißt hier *Zertifizieren*.[76]

Kuratierte Bücher, Schuhe und Lebensmittel eint, dass sie als etwas Besonderes ausgewiesen werden sollen und ihnen deshalb ein Wert zukommt, vorausgesetzt, die Singularisierung gelingt. Dies muss nicht zwingend so sein. Wer ohne das spezifische kulturelle und symbolische Kapital kuratiert, um zu singularisieren, oder die aktuellen Entwicklungen der Bewertungsdiskurse nicht beachtet, läuft Gefahr, dass Singularisierung und Valorisierung nicht anerkannt werden. Die Unstetigkeit der Bewertungsdiskurse kann so für Bibliotheken, die sich für den bewussten Einsatz kuratorischer Mittel als Singularisierungspraktiken entscheiden, zum Problem werden. Was heute noch als das Besondere singularisiert und valorisiert werden kann, ist womöglich in kurzer Zeit veraltet und gewöhnlich. Für kuratierend arbeitende Bibliotheken bedeutet dies, dass sie neue Trends beobachten und aufnehmen müssen. Eine pragmatische Lösung kann hier das Outsourcing der kuratorischen Arbeiten an Benutzer/-innen und Fachkundige sein. Doch auch wenn Bibliotheken sich offen zeigen und agil auf die sich verändernden Bewertungsdiskurse reagieren, sind Prozesse der Singularisierung nie vorherzusagen und mögen mitunter zufällig erscheinen.[77]

Für die Untersuchung kuratierender Praktiken im erweiterten Sinne lassen sich Reckwitz' Theorie der Spätmoderne die Merkmale der Singularisierung und Valorisierung entnehmen. Diese können bei der Untersuchung konkreter Beispiele aus der Bibliothekspraxis neben weiteren Merkmalen Anwendung finden. Zusammenfassend bedeutet Singularisierung, „bestimmte Dinge oder Orte oder Ereignisse oder auch sich selbst als einzigartig, als besonders zu entdecken, zu kreieren"[78]. Singularisierung hat so immer auch einen Empfehlungscharakter. Wenn im erweiterten Sinn kuratiert wird, so meine ich, geht dies immer mit der gleichzeitigen Singularisierung und Valorisierung der kuratierten Entitäten ein-

---

76 Reckwitz 2017, S. 66.
77 Reckwitz, S. 141–143, 155 ff.
78 Reckwitz et al. 2018, S. 70.

her. Kuratieren im erweiterten Verständnis ist eine Singularisierungs- und Valorisierungspraktik.[79]

6 Merkmale des erweiterten Kuratierens

Neben Singularisierung und Valorisierung lassen sich weitere Merkmale des erweiterten Kuratierens herausarbeiten, die zum Verständnis dieser Praktiken beitragen und perspektivisch hilfreich sein können, um Beispiele aus der bibliothekarischen Praxis anhand dieser Gesichtspunkte qualitativ zu untersuchen.

6.1 Auswahl weniger Entitäten aus einer großen Ausgangsmenge

Bei aller Beliebigkeit eint die Verwendungsweisen von „Kuratieren", dass im Zuge der so benannten Praktiken eine bewusste Auswahl weniger Entitäten aus einer großen Ausgangsmenge erfolgt. Dabei ist es nicht relevant, ob es sich um Musikstücke, Bücher oder Twitter-Accounts handelt; am Ende des Kuratierungsprozesses steht immer eine kleinere Menge von Entitäten, die aus einer viel größeren Menge des Möglichen gewonnen wurde. Dieses Merkmal ist notwendige Bedingung jeden (erweiterten) Kuratierens.

Dabei begründet der Überfluss an Optionen, die nicht mehr nutzbare Menge möglicher Entitäten, das Bedürfnis nach und den Erfolg von Kuratierung. Allgegenwärtigkeit und Überfluss von Information und kulturellem Content werden zur subjektiven Belastung; Kuratierung als empfehlende Komplexitätsreduktion wird so zur entlastenden Bewältigungsstrategie. Die Größe der kuratierten Ergebnismenge ist somit ein Faktor, der bestimmt, ob sinnvoll von Kuratierung gesprochen werden kann. Auch wenn sich dieses Merkmal nicht exakt quantifizieren lässt und kontextabhängig ist, gilt: Je geringer die Menge der kuratierten Gegenstände, desto größer die Wahrscheinlichkeit, dass diese als kuratiert anerkannt werden. Eine Playlist mit zwanzig Titeln lässt sich sinnvoll als kuratiert bezeichnen, eine mit zweitausend nicht. Gleichsam wird das Warenangebot eines kleinen *concept stores* eher als kuratiert bezeichnet und anerkannt, als das

---

79 Das Verleihen von Wert als ein zentrales Ziel erweiterten Kuratierens findet sich auch unter kritischem Vorzeichen bei David Balzer (Balzer 2014, S. 26) oder affirmativ als Mittel der Wertschöpfung bei Michael Bhaskar (Bhaskar 2016, S. 301).

eines großen Warenhauses, selbst wenn Auswahlkriterien, Präsentation und Ziele sich ähneln mögen.

Dieses intuitive Sprachgefühl lässt sich mit dem Gedanken einer Kuratierungsleistung begründen. Diese ist dabei insofern im *concept store* größer, als dass bei gleicher Ausgangsmenge mehr aussortiert wurde. Welche Ergebnismenge noch als angemessen für kuratierendes Auswählen gilt, ist dabei auch vom Gegenstandsbereich abhängig. Ob, vor dem Hintergrund des weltweiten Publikationsaufkommens, der ausgewählte Bestand einer wissenschaftlichen Spezialbibliothek noch als kuratiert angesehen werden kann, soll später diskutiert werden. Der Bestand großer Universalbibliotheken, welche ebenfalls nur einen Bruchteil aller möglichen Veröffentlichungen erwerben können, ist es sicherlich nicht mehr.

6.2 Benennung der Kuratierung

Den vielfältigen Verwendungszusammenhängen des erweiterten Kuratierungsbegriffes ist in aller Regel gemeinsam, dass das Attribut des Kuratorischen als positiv besetzt aufgefasst wird und der Aufwertung der kuratierten Angebote dienen soll. Aus diesem Grund ist die Benennung des Kuratierens ein mögliches, die Valorisierung stützendes, jedoch nicht notwendiges Merkmal erweiterten Kuratierens. Das Benennen der Kuratierung ist auch deshalb so attraktiv, weil dieses nicht nur der Aufwertung der kuratierten Entitäten, sondern auch der kuratorisch Tätigen selbst führt. Der Literaturwissenschaftler Hans Ulrich Gumbrecht bemerkt zurecht:

> Wer von ‚Kuratoren‘ und vor allem vom ‚Kuratieren‘ redet, gibt sich als Mitglied der hoch-, wenn nicht der höchst-gebildeten Schichten zu erkennen, und ich habe den Eindruck, dass diese Absicht eigentlich nie vollkommen eingeklammert oder unbewußt bleibt. Umgekehrt formuliert: man verwendet die Wörter nicht, ohne vom eigenen Bildungsanspruch beeindruckt zu sein und mit ihm andere beeindrucken zu wollen.[80]

Die Aufwertung der Kuratierenden geht dabei jedoch mitunter zulasten anderer. Problematisiert werden muss in diesem Zusammenhang, dass durch die Benennung des kuratorischen Moments eines Angebotes eine Verengung der Zielgruppe auf die kuratierungsaffine neue Mittelklasse wahrscheinlich ist, während sich andere Benutzergruppen weniger angesprochen fühlen dürften. Die Selbstverortung in einem Milieu, das durch überdurchschnittliches kulturelles Kapital

---

80 Gumbrecht 2012.

gekennzeichnet ist, schränkt den Kreis der Adressatinnen und Adressaten der kuratierten Angebote so auf eben dieses ein.

Das Sprechen von „Kuratieren" bedingt so auch soziale Ausschlüsse. Die Karriere des Begriffes zeigt aber auch, dass Sprache wandelbar und nicht statisch ist, auch hinsichtlich ihrer sozialen Dimension. Wenn der US-Amerikanische Musiker Future, dessen Werk sich nicht primär und ausschließlich an Milieus der neuen Mittelklasse richtet, einen Soundtrack kuratiert,[81] spricht dies für die soziale Öffnung des Kuratierens im erweiterten Sinne. So wie sich der Tennissport vom Mittel der sozialen Distinktion zum Breitensport entwickelte, so können sich auch die Praktiken der (benennenden) Kuratierung zu einem Massenphänomen entwickeln. Diese Historizität von Sprache betrifft gleichermaßen die noch positive Besetzung des Kuratierungsbegriffes. Die zumeist kritischen Beiträge zur Ausweitung des Kuratierungsbegriffes im Feuilleton zeigen, das Praktiken des Kuratierens selbst Gegenstand der „Auseinandersetzungen von Bewertung und Entwertung" werden können, die Andreas Reckwitz als charakteristisch für die Gesellschaft der Singularitäten ansieht.[82] Die Valorisierungslogik richtet sich somit gegen eine spezifische Bezeichnung der von ihr hervorgebrachten Praktiken; an der spätmodernen Gesellschaftsformation mit ihrer Logik der Singularisierung und Valorisierung ändert dies jedoch nichts.

6.3 Kuratieren und Auswahlkriterien

Eines der wenigen Beispiele, bei dem der Begriff des Kuratierens selbst durch die mit ihm assoziierten Praktiken negativ besetzt wird statt die Praktiken aufzuwerten, bilden die ihrem Selbstverständnis nach „kuratierenden" Boulevard-Internetportale, welche fremden Content aggregieren und monetarisieren. Diesen gelingt es nicht, etwa durch die Anwendung von Qualitätskriterien bei der Auswahl und Darstellung des fremden Contents, zum Beispiel im Sinne einer Geschmackssicherheit oder Expertise bei der Bewertung journalistischer Qualität, die eigene Kuratierung als eben solche zu legitimieren. Die Kuratierungsqualität, welche in der Regel – aber nicht ausschließlich – ästhetisch definiert wird, dabei stets auf dem kulturellen Kapital der Kuratierenden fußt, ist die Voraussetzung für eine erfolgreiche Kuratierung, auch in dem Sinne, dass das Kuratieren als solches anerkannt wird. Ist diese Voraussetzung nicht erfüllt, wirkt die Rede vom Kuratieren unpassend bis unfreiwillig komisch. Das Beispiel der gescheiterten Legitimation verweist somit darauf, dass erweitertes Kuratieren wei-

---

81 Saponara 2018.
82 Reckwitz 2017, S. 14.

terer Merkmale neben der Auswahl und einer möglichen Benennung bedarf, um anerkannt zu werden.

Ein möglicher Aspekt, durch den erweitertes Kuratieren legitimiert und zugleich beschrieben werden kann, sind begründete Auswahlkriterien. Diese können etwa ästhetischer und thematischer Natur sein, in wissenschaftlichen oder journalistischen Qualitätsstandards bestehen oder, seltener, sich an den Bedürfnissen der Kundinnen und Kunden orientieren. Die der Auswahl zugrundeliegenden Kriterien sind ausgesprochen vielfältig und lassen sich schwerlich generalisieren. Bezogen auf das Kuratieren von Kunst geht Daniel Tyradellis soweit, das Moment des Auswählens als singulären Akt zu fassen. Die Selektion singulärer Dinge wird selbst nun wiederum singularisiert, erfährt so eine Aufwertung und entzieht sich so nicht zuletzt der rationalen, aufs Allgemeine zielenden Kritik: „Die Kriterien zur Selektion [...] verlangen eine Transferkompetenz, die nicht ohne Weiteres formalisiert werden kann. Sie ist streng genommen eine Wissenschaft des irreduziblen Einzelfalls, Pataphysik"[83]. Tyradellis mystifiziert so die Praktiken der Mystifizierung samt ihrer Akteure; das Auswählen des Besonderen ist stets besonders und erfordert immer wieder andere, besondere Kompetenzen. Auch hier setzt die kontroverse Kritik an zeitgenössischen Kuratorinnen und Kuratoren an, etwa wenn Stefan Heidenreich in der Zeit formuliert: „Kuratieren ist undemokratisch, autoritär und korrupt. Ohne Angabe von Gründen, ohne Diskussion wählen Kuratoren ihre Künstler aus und entscheiden was wo und wie es gezeigt wird"[84].

Nun leitet sich erweitertes Kuratieren aus dem zeitgenössischen Kuratieren von Kunst ab, ist aber nicht mit ihm identisch. Ein Kriterium, dass erweitert kuratierten Objekten zukommt, ist eine behauptete qualitative Güte, welche en detail wieder sehr unterschiedlich sein kann. Doch auch beim erweiterten Kuratieren gilt, dass kuratorisch Tätige in der Regel keine Rechenschaft über die zugrundeliegenden Kriterien ihrer Auswahl ablegen müssen und die singularisierende und valorisierende Kuratierung dennoch gelingt. Julian Heynen hat beschrieben, wie Kuratorinnen und Kuratoren der zeitgenössischen Kunst heute unter dem stetigen Druck von Novität wenig Gelegenheit haben, ihre Kriterien der Wahl zu reflektieren. Anstelle einer kritischen Abwägung trete „häufiger die bloße Geste einer Wahl. [...] Das Publikum verlangt von ihm [dem Kurator] die Rolle des ‚Gurus', der weiß, was richtig ist"[85]. Exakt diese Erwartungshaltung lässt sich auch auf die Kuratorinnen und Kuratoren im weiteren Sinne, in Laden-

---

83 Tyradellis 2014, S. 151.
84 Heidenreich 2017.
85 Heynen 2011.

geschäft und Bibliothek übertragen. „Bewerten heißt hier Zertifizieren"[86] schreibt Andreas Reckwitz, und Objekte, deren Wert bereits zertifiziert wurde, müssen nicht mehr eigenständig geprüft werden. In diesem Sinn ist das von Heynen beschriebene Verhalten äußerst ökonomisch: Aus der Sicht des Publikums ist der kleinteiligen Prüfung jeden Gutes auf ihren Singularitätsgehalt die Wahl von Kuratoren und Kuratorinnen vorzuziehen, an die diese Aufgabe delegiert wird, welche jedoch tatsächlich in der performativen Schaffung des Singulären besteht.

Es bleibt festzuhalten, dass es keine universellen, überzeitlichen Kriterien gibt, anhand derer die Auswahl erfolgt. Bewertungsdiskurse unterliegen einem stetigen Wandel. Diese Varianz durchzieht jedes erweiterte Kuratieren und bedingt zugleich seine Beschaffenheit wie Genese: Die profane Masse des Allgemeinen bei gleichzeitiger Abwesenheit verlässlicher Kriterien zur Bewertung des Besonderen ist die Grundlage dafür, dass sich Kunden/Kundinnen, Besucher/-innen und Benutzer/-innen auf die Hilfe von kuratierenden Expertinnen und Experten verlassen, welchen ein Wissen um diese Bewertungskriterien unterstellt wird.

6.4 Ästhetische Präsentation

Wichtiger als die Auswahlkriterien mag aus Sicht der Rezipienten und Rezipientinnen die Präsentation der kuratierten Objekte sein. An erster Stelle steht die empfehlende, Wert-zertifizierende Auswahl. Die Art der Präsentation des Kuratierten, etwa im White Cube, unterstreicht die positive Bewertung und die Mystifizierung des Besonderen. Die Aufwertung mit den Mitteln der Ästhetik ist dabei nicht neu. Mary Anne Staniszewski beschreibt, wie in den 1940er Jahren Mitarbeiterinnen und Mitarbeiter des Warenhauses *Bloomingdale's* Kontakt mit dem *Museum of Modern Art MoMA* aufnahmen, um sich Designer für eine Zusammenarbeit empfehlen zu lassen.[87] Zuvor hatte bereits die Ausstellung *Useful Objects*, in der ausgewählte Haushaltsartikel im minimalistisch-musealen Setting des MoMA präsentiert wurden, gezeigt, wie sich Handel und Museum gegenseitig befruchten; dass dies für den Handel erfolgreich war, belegt die Tatsache, dass einige Besucherinnen und Besucher versuchten, die im MoMA ausgestellten Gegenstände direkt von den Herstellern zu beziehen und einige Großhändler in der Folge Einzelhandelsgeschäfte eröffneten.[88] Die Aufwertung von Produkten

---

86 Reckwitz 2017, S. 66.
87 Staniszewski 1998, S. 167.
88 Staniszewski, S. 160.

durch eine ästhetische Präsentation hat somit eine lange Vorgeschichte und kann unterschiedlichste Formen haben. Bedingung für das erweiterte Kuratieren ist, dass bei der Präsentation der kuratierten Auswahl ein grundsätzlicher Gestaltungswille erkennbar ist, der darauf zielt, das Kuratierte vom Gewöhnlichen abzuheben.

6.5 Drei Klassen von kuratierenden Akteuren

Dem aktuellen Diskurs in der Kunstwissenschaft folgend galt der bisherige Fokus bei der Untersuchung des Kuratierungsprozesses den Merkmalen der Tätigkeit des Kuratierens. Eine Untersuchung des erweiterten Kuratierens bleibt unvollständig, wenn sie nicht nach den Akteuren fragt. Chris Wallace unterscheidet in Bezug auf das *curated shopping* im Web drei unterschiedliche Ansätze anhand ihrer Akteure. Der erste Typ des *curated shops* kreist um die Figur des persönlichen Stylisten, welcher die Bedürfnisse der Kundinnen und Kunden kennt und weiß, was für diese richtig ist. Der zweite Typ des *curated shops* hat als Akteur die Figur des Experten oder einflussreichen Tastemakers, der weiß was gut ist. Beim dritten Typ des *curated shops* steht die Figur des virtuellen Freundes im Mittelpunkt, der so ist wie der Kunde und daher ähnliche Dinge mag.[89]

Anschließend an Wallace schlage ich eine modifizierte Typologie vor, welche der Anwendung im Kontext erweiterten Kuratierens insgesamt, auch in Bibliotheken, besser gerecht wird. Zu unterscheiden sind folgende Typen kuratierender Akteure:

1. Experten und Expertinnen, welche über Expertenwissen verfügen, jedoch keine Kunden- oder Benutzerorientierung aufweisen. Leitend für die empfehlende Kuratierung ist die eigene Expertise und nicht das Bedürfnis der Kundschaft oder der Benutzer/-innen.
2. Mitglieder der eigenen Peergroup, welche nicht über Expertenwissen verfügen, dafür aber um die Bedürfnisse der Kundschaft beziehungsweise Benutzer/-innen wissen, da sie den eigenen entsprechen.
3. Dienstleister/-innen, die die Stärken von Peers und Experten/Expertinnen vereinen: Sie verfügen sowohl über Expertenwissen als auch über Kunden- und Benutzerorientierung und haben somit auch Kenntnisse der Bedürfnisse von Kundschaft und Benutzer/-innen.

---

89 Wallace 2016.

6.6 Partizipation

Die Gruppe der kuratierenden Peers verweist auf das Moment der Partizipation, welches ein Merkmal kuratierenden Handelns sein kann. Der Aspekt der Partizipation im Zusammenhang von erweitertem Kuratieren geht wiederum auf Entwicklungen im Feld der Kunst zurück. So beschreibt der „Begriff Partizipatives Museum [...] einen Trend, eine breite Öffentlichkeit aktiv in die Museumsarbeit einzubeziehen"[90]. Ein solches Museum „versteht sich als Plattform für das mehrstimmige und pluriperspektivische Aushandeln von Bedeutungen"[91]. Für das Kuratieren von Kunst bedeutet die Einbeziehung von Besucherinnen und Besuchern, dass „Ausstellungen, Werke und Objekte [...] durch Partizipation vom Publikum grundlegend verändert und mitbestimmt werden"[92]. Auch erweitertes Kuratieren kann einen partizipativen Charakter und die Teilhabe von Kundschaft oder Benutzenden zum Ziel haben. Dies zeigt etwa die Kunstbibliothek des *Sitterwerks*, in der Nutzer und Nutzerinnen eingeladen sind, kuratierend zu handeln.

6.7 Die Frage der Autorschaft

Die Gruppe der Expertinnen und Experten verweist wiederum auf das letzte Merkmal des Kuratierens im weiteren Sinne, welches hier behandelt werden soll. Dieses besteht in der Betonung der Autorschaft bei der Kuratierung. Diese wird durch die namentliche Nennung der Kuratierenden realisiert. Ist das symbolische Kapital der Kuratoren und Kuratorinnen groß genug, bedarf es in der Regel keiner weiteren Unterstützung durch besondere Auswahlkriterien o. ä., um als Singularisierungs- und Valorisierungspraktik erfolgreich zu sein. Die herausgestellte Autorschaft gewinnt jedoch an Legitimation durch eine gewisse Schaffenshöhe, welche sich insbesondere im Grad der Relationalität des Kuratierungsergebnisses ausdrückt. In der Regel wird die Autorschaft der Experten und Expertinnen jedoch lediglich durch ihre namentliche Nennung als Kuratierende sichtbar gemacht.

---

90 Jannelli, 2013, S. 178.
91 Jannelli, 2013, S. 178.
92 Sternfeld 2013, S. 178.

7 Kuratorische Praktiken in Bibliotheken untersuchen und entwickeln

Auf den vorangegangen Seiten wurden Gesichtspunkte von Kuratierung im erweiterten Sinne herausgearbeitet, nämlich 1. die intendierte Relationalität als Marker anspruchsvollen Kuratierens, 2. Singularisierung und Valorisierung, 3. die Auswahl weniger Entitäten, 4. Benennung der Kuratierung, 5. die Auswahlkriterien bei der Kuratierung, 6. das Bemühen um eine ästhetische Präsentation, 7. der Typus der kuratierend Tätigen, 8. partizipative Aspekte des Kuratierens, und schließlich 9. die betonte Autorschaft. Diese Gesichtspunkte vermitteln einen ersten Eindruck davon, was unter Kuratieren im erweiterten Sinne zu verstehen ist und sorgen so hoffentlich für eine größere begriffliche Klarheit angesichts der inflationären Verwendung des Begriffs auch im Bibliothekswesen. Zugleich können die Merkmale als Grundlage qualitativer Untersuchungen dienen, die konkrete Beispiele bibliothekarischer Arbeit auf ihren kuratorischen Gehalt hin prüfen und beschreiben. Es ließe sich nun fragen, ob und wie bei einem konkreten bibliothekarischen Beispiel von Kuratierung die ausgewählten Titel singularisiert und valorisiert werden, ob die Kuratierung als solche benannt wird, die Autorschaft der kuratierend Tätigen herausgestellt wird, eine Möglichkeit der Partizipation für Nutzerinnen und Nutzer vorgesehen ist usw. Und es ließe sich mithilfe der genannten Merkmale benennen, welcher Gesichtspunkt von Kuratierung in besonderem Maße betont wird, so auch bei den in diesem Band versammelten Beispielen aus der bibliothekarischen Praxis (vgl. hierzu die im zweiten Abschnitt des Bandes versammelten Case Studies). Dem folgend steht der Empfehlungsservice der *New York Public Library* für einen eher reduzierten Begriff des Kuratierens im Sinne des *curated shopping*. Dabei wird den Nutzern und Nutzerinnen in einer Web-Applikation eine Buchauswahl als Dienstleistung angeboten, die Empfehlungen werden durch Kurzrezensionen der Bibliotheksangestellten weiter angereichert. Demgegenüber steht etwa das Projekt *Hit the Shelf* der Galerie für Zeitgenössische Kunst Leipzig für einen anspruchsvollen Begriff des Kuratierens in Bibliotheken, welcher durch das Merkmal der intendierten Relationalität gekennzeichnet ist. Hierbei stellten die Mitarbeiterinnen und Mitarbeiter der Bibliothek, zum Teil in Zusammenarbeit mit Künstlerinnen und Künstlern, Themenregale zu Ausstellungsprojekten des Museums zusammen. Die dynamische Ordnung der Bibliothek des *Sitterwerks* wiederum ist eine Infrastruktur, die kuratierendes Handeln von Nutzerinnen und Nutzern dadurch ermöglicht, dass diese frei assoziativ oder thematisch Bücher im Regal für sich und andere Nutzer/-innen zusammenstellen und neu gruppieren können. Insofern steht die dynamische Ordnung für einen partizipativen Ansatz von Kuratierung. Diesen Beispielen ist gemeinsam, dass hier aus und mit dem Bestand kuratiert wird, nicht jedoch der Gesamtbestand selbst. Ob Bestandsaufbau und -politik als Kuratierung gefasst werden kann und sollte, soll im Folgenden untersucht werden.

8 Bestandspolitik als Kuratierung?

Als Juergen Boos, Geschäftsführer der Frankfurter Buchmesse, im Interview mit *BuB* nach dem Wandel der Branche gefragt wurde, entwarf dieser als Antwort auf die Herausforderung durch Amazons stationäre Buchhandlungen, welche basierend auf den gewonnenen Kundendaten eine gezielte Auswahl aus ihrem Angebot präsentieren, folgende Vision für bibliothekarisches und buchhändlerisches Handeln:

> Dieser [der Bibliothekar oder Buchhändler] nimmt eher die Rolle eines Kurators ein. Das ist die Veränderung des Berufsbildes. Wir müssen viel persönlicher und subjektiver auswählen und nicht bloß den großen Daten glauben. Wir müssen Profile für die jeweilige Buchhandlung oder Bibliothek vor Ort schaffen, um unseren Lesern etwas Individuelles und Subjektives zu bieten. Dieses Kuratieren ist für mich der große Unterschied zu früher. Es reicht nicht mehr, einfach nur die Bestseller hinzustellen. Die Leute wollen etwas entdecken und wollen überrascht werden.[93]

Dass Boos die Kuratierung als zentrale Strategie für Buchhandlungen und Bibliotheken benennt, um sich im Wettbewerb zu behaupten, unterstreicht ein weiteres Mal die Relevanz kuratorischen Handelns von Bibliotheken. Dabei macht Boos analog zu [reads] kuratiertem Buchversand[94], die Auswahl durch qualifizierte Menschen gegen die Algorithmen des Online-Handels stark. Und wie bei [reads] oder der Bibliothek des Sitterwerks wird das Moment der Überraschung, das Entdecken dessen, was Nutzer und Nutzerinnen bzw. Kunden und Kundinnen nicht gesucht haben, als Argument für die Kuratierung angeführt. In der tatsächlichen Bibliothekspraxis besteht Kuratierung in der Regel im Herausheben und Gruppieren bestimmter Titel aus dem Gesamtbestand, welche bescheidener auch als avancierte Form der Bestandspräsentation gefasst werden könnte. Denkt man Boos Überlegung zur Profilschärfung konsequent weiter, bliebe Kuratierung nicht bei einer Auswahl aus dem Bestand stehen. Das Gestalten des Bestandsprofils und damit die Bestandspolitik ließen sich ebenfalls als Kuratierung begreifen, Kuratierung rückte so in das Zentrum der Bibliotheksar-

---

93 Boos 2017, S. 523.
94 reads 2020a.

beit. Auch die größten Bibliotheken konnten immer nur eine Auswahl aller verfügbaren Publikationen vorhalten. Dies gilt vor dem Hintergrund des heutigen Publikationsaufkommens umso mehr. Aber ist es sinnvoll, die Bestandspolitik von Bibliotheken, das Entwickeln von Erwerbungsprofilen, als kuratierende Praktiken zu fassen? Dies soll auf Basis der Merkmale erweiterten Kuratierens untersucht werden.

Zunächst ist hier der Rückgriff auf das Konzept des *curated shopping* hilfreich. Dominik Gyllensvärd und Sebastian Kaufmann beschreiben dieses als erfolgreiche Strategie für kleinere Nischenunternehmen, um sich neben sogenannten *category killers* zu etablieren.[95] Während sich letztere mit einem möglichst breiten Sortiment mit beliebigen Inhalten an beliebige Zielgruppen (möglichst alle) wenden, zielt der *curated shop* mit einem engen Sortiment und fokussiertem Inhalt auf eine fokussierte Zielgruppe.[96] Im Bibliothekswesen lassen sich analog hierzu große Universalbibliotheken den kleinen Spezialbibliotheken, etwa Museumsbibliotheken, gegenüberstellen. Während erstere mit einem breiten Bestand vielfältige Fachgebiete abdecken und so vielfältige Zielgruppen erreichen, richten sich Spezialbibliotheken mit ihrem engen, da spezialisierten Bestand eines eng umrissenen Fachgebietes häufig an sehr spezifische Zielgruppen, in der Regel Fachwissenschaftlerinnen und -wissenschaftler. In diesem Sinne könnten Spezialbibliotheken durchaus als „curated libraries" begriffen werden.

Gleichwohl lässt sich der Ansatz des *curated shops* nicht in Gänze auf Spezialbibliotheken übertragen. So begründen Dominik Gyllensvärd und Sebastian Kaufmann das Konzept des *curated shopping* mit der Vorstellung, „dass ein Kunde weder Lust noch Muße verspürt, selbst eine langwierige Produktauswahl zu treffen, zu der ihm häufig auch die fachlichen Kenntnisse fehlen, und dass er sich dabei lieber auf die Vorauswahl eines kompetenten Spezialisten in der Gestalt des Curators verlässt"[97]. Zwar wird in Spezialbibliotheken bei der Erwerbung eine Auswahl durch kompetente, auch formal qualifizierte Spezialisten und Spezialistinnen getroffen, diese erfolgt jedoch nicht in erster Linie aufgrund der Vorstellung von Benutzenden, die mit eigenen Auswahlentscheidungen überfordert sind. Vielmehr zielt der Bestandsaufbau auf die Nutzung des spezialisierten Bestandes durch mündige, ebenfalls fachkundige Nutzer/-innen. Und während *curated shops* nur wenige ausgesuchte Marken pro Produktgruppe führen[98], geht der Bestand von Spezialbibliotheken in eng umrissenen Fachgebie-

---

95 Gyllensvärd et al. 2013, S. 187.
96 Gyllensvärd et al. 2013, S. 191.
97 Gyllensvärd et al. 2013, S. 188.
98 Gyllensvärd et al. 2013, S. 191.

ten sehr in die Tiefe. Daher ist eine solche Fokussierung des Bestands weiterhin treffender als Spezialisierung denn als Kuratierung zu beschreiben.

Zudem ist die geforderte persönliche und subjektive Auswahl, welche im Einzelhandel erfolgreich sein mag, nicht mit dem Auftrag von öffentlich finanzierten Bibliotheken zu vereinbaren. Eine Bibliothek, dessen Bestandsprofil sich allein aus den subjektiven Präferenzen der Mitarbeiter/-innen ergibt, ist faktisch die historisch gewachsene Ausnahme und in der Regel kein erstrebenswertes Ziel.[99] Individuelle und subjektive Erfahrungen der Nutzer/-innen können weniger problematisch über das Kuratieren einzelner Titel aus einem Bestand, der wiederum unter intersubjektiv nachvollziehbaren Gesichtspunkten gewachsen ist, forciert werden. Idealerweise erfolgt diese Form der Profilschärfung im Rahmen einer möglichst inklusiven Zielgruppenarbeit, wie sie in vielen Bibliotheken Alltag ist.

Dennoch gibt es punktuelle Überschneidungen von Kuratierung und Bestandsaufbau, welche jedoch nicht dazu verleiten sollten, das eine mit dem anderen zu verwechseln. So kann die Erwerbung aufgrund von thematischen, aber auch qualitativen Auswahlkriterien erfolgen, etwa wenn Bibliotheken als Gatekeeper agieren und Publikationen scheinwissenschaftlicher Verlage nicht erwerben und Universitätsangehörige hierzu beraten.[100] Qualitative Auswahlkriterien und Mindeststandards müssen jedoch nicht notwendig die Bestandspolitik bestimmen. So ist auch das Sammeln scheinwissenschaftlicher Publikationen als Primärquelle für wissenschaftsgeschichtliche Forschung denkbar. Die Auswahl erfolgt dabei in der Regel durch das Bibliothekspersonal, also durch Experten und Expertinnen. Durch Patron-Driven-Acquisition bekommt die Erwerbung in einigen Bibliotheken ein partizipatives Moment, wenngleich die beteiligten Nutzerinnen und Nutzer hierbei nicht den Bestand als Ganzes im Blick haben dürften. Eine Benennung der Praxis als Kuratieren und das Herausstellen der Autorschaft der Auswählenden findet nicht statt. Es bestehen also Ähnlichkeiten zu Praktiken erweiterten Kuratierens, aber auch elementare Unterschiede.

Dass die Anwendung des Kuratierungsparadigmas auf die bibliothekarische Bestandspolitik letztlich ungeeignet ist, zeigt das quantitative Merkmal der Auswahl weniger Entitäten aus einer großen Ausgangsmenge. Zwar wird die Entwicklung eines Bestandes bewusst gesteuert und es findet eine gezielte Auswahl aus allen verfügbaren Publikationen statt. Die Menge der ausgewählten Medien ist im Fall von Bibliotheksbeständen jedoch zu groß, um sie noch sinnvoll als

---

99 Eine solche Ausnahme bildet hier die Kunstbibliothek des Sitterwerks, dessen Bestand auf die private Sammlung von Daniel Rohner zurückgeht und somit durch dessen individuelle Sammelleidenschaft geprägt ist (Schütz 2013, S. 7).
100 Universitäts- und Landesbibliothek Bonn 2018.

kuratiert bezeichnen zu können. Schon der Bestand einer kleinen Spezialbibliothek wie die der Bibliothek der Galerie für Zeitgenössische Kunst Leipzig umfasst ca. 25 000 Titel. Hier von einer kuratierten Auswahl zu sprechen ist kontraintuitiv und irreführend. Auf Basis des Merkmals der Auswahl weniger Entitäten ist die Behauptung einer kuratierenden Bestandspolitik zurückzuweisen.

Verdeutlichen lässt sich dies auch durch die Gegenüberstellung von Spezialbibliotheken und Buchhandlungen, welche sich am Konzept der *curated shops* orientieren. Dabei unterscheidet die Größe des Bestandes Bibliotheken von spezialisierten Buchhandlungen mit einem Angebot, das sich (noch) als kuratiert im weiteren Sinne beschreiben ließe. Aufgrund der Bestandsgröße ist auch die erfolgreiche Singularisierung der ausgewählten Titel nicht möglich. Dass jeder der 25 000 Titel einer Spezialbibliothek etwas Besonderes ist, ist nur schwer vermittelbar. Theoretisch könnte eine schwache Valorisierung der für den Bestand ausgewählten Titel behauptet werden, insofern diesen ein Wert zugeschrieben wird, als sie den Anforderungen des Erwerbungsprofils genügen. Aber wie bereits weiter oben belegt, ist die Erwerbungspolitik nicht zwingend durch (wissenschaftliche, ästhetische, ...) Qualitätsstandards gekennzeichnet. In der Praxis führen Öffentliche wie Wissenschaftliche Bibliotheken zur Befriedigung der Nachfrage oder als Primärquelle Titel, die im Widerspruch zum derzeitigen Stand der Wissenschaft stehen. Einen Empfehlungscharakter kommt den Titeln eines Bibliotheksbestandes daher, aber auch wegen des zu großen Umfanges des Bestandes, nicht zu.

9 Für einen reflektierten Einsatz kuratierender Bibliothekspraktiken

Vieles spricht also dagegen, Bestandspolitik als Form bibliothekarischer Kuratierung zu fassen, zumal, wenn in Zeiten von DEAL und Konsortialverträgen Fachreferenten und -referentinnen ihre Autonomie bei der Bestandsentwicklung einbüßen und diese z. B. auf der Ebene der Verlage beim Zusammenstellen von E-Book-Paketen erfolgt. Das unfreiwillige Outsourcing und die daraus folgenden Momente von Kontingenz im Bestand bedingen Chance und Notwendigkeit aus und mit dem Bestand zu kuratieren. Wie Bibliotheken mit Kuratierung umgehen, welche Kuratierungspraktiken sie entwickeln, welche Auswahlkriterien gelten und was es bei der Kuratierung zu beachten gilt, ist abhängig von Bibliothekstyp und Zielgruppen.

Ich möchte als Fazit für einen reflektierten Einsatz kuratorischer Praktiken in Bibliotheken plädieren. Dem Beitrag liegt, anknüpfend an Pierre Bourdieus *Die feinen Unterschiede*[101], die Auffassung zugrunde, dass „Geschmack" keine vorgesellschaftliche Kompetenz ist, sondern im Gegenteil, abhängig von der gesellschaftlichen Verortung der Akteure. Der Bibliothekswissenschaftler Karsten Schuldt hat auf dem 107. Bibliothekartag in einem Vortrag zu Community Engagement und Zielgruppenarbeit[102] dafür plädiert, bei den Angeboten von Bibliotheken darauf zu achten, dass diese von Armut betroffene Menschen nicht ausschließen. Dabei kritisierte Schuldt auch exemplarisch den Vorschlag, das skandinavische Glücksprinzip „Hygge" in Bibliotheken umzusetzen[103], da dieses sich eben vor allem an Mitglieder der Mittelklasse richte und dabei andere ausschließe. Analog zum Buzzword „Hygge" ist auch „Kuratieren" unter dem Gesichtspunkt sozialer Ausschlüsse zu prüfen.[104] Im Gegensatz zu ersterem sind die Praktiken des Kuratierens jedoch kein kurzzeitiger Trend des Bibliothekswesens, sondern, wie sich gezeigt hat, Ausdruck der Logik von Singularisierung und Valorisierung in der Spätmoderne. Das Aufwerten dieser Praktiken durch das Benennen derselben mit dem Begriff des Kuratierens mag in Zukunft abflauen wie der Trend zur skandinavischen Gemütlichkeit. Doch die gesellschaftlichen Strukturgesetze werden allem Anschein nach auch danach die einer Singularisierungsökonomie bleiben, welche Praktiken des Kuratierens auch ohne eine explizite Benennung des kuratorischen Moments hervorbringen wird. Entsprechend kann das Kuratieren nicht wie das Hygge-Konzept unter Verweis auf eine inklusive Zielsetzung zurückgewiesen werden. Bibliotheken müssen sich notwendig mit der singularisierungsökonomischen Wirklichkeit und den damit verbundenen Kuratierungspraktiken auseinandersetzen. Insbesondere Öffentliche, aber auch Wissenschaftliche Bibliotheken können und sollten hierbei die neue gesellschaftliche Realität von neuer und alter Mittelklasse sowie neuer Unterklasse berücksichtigen und für alle Benutzer/-innen Angebote machen, nicht nur für die kuratierungsaffinen Milieus der neuen Mittelklasse.

---

101 Bourdieu 1987.
102 Schuldt 2018.
103 Vgl. hierzu Fachstelle Öffentliche Bibliotheken NRW 2018.
104 Der Rückblick der Gründerinnen hinter dem kuratierten Buchversand [reads] sei hier als anschauliches Beispiel einer weniger inklusiven Zielgruppenansprache eines Kuratierungsservices angeführt: „We spent time taking coffees with mentors, flying to Colorado for research, a trip to Hobart Book Village with Vogue hosting literary dinners in New York and Berlin, we did guided meditations with authors like Camilla Engstrom + Ana Kras at Skyting Yoga, + hosted events like drink and draws, haiku workshops and rooftop book-swaps. We hosted a retreat to Mexico City, author breakfasts, summer pop ups, book clubs, and sending out curated books every single month" (reads 2020c).

Der Sozialwissenschaftler Meinhard Motzko hatte 2008 in *BuB* darauf hingewiesen, dass Bibliotheken, auch wenn sie dem Anspruch nach für alle da sein
sollen, immer nur bestimmte, tendenziell etabliertere Milieus ansprechen und
andere gar nicht erreichen. Motzko plädiert daher für ehrliche Zielgruppenarbeit.[105] Bei gleicher Diagnose ließe sich diese auch als Ansporn nehmen, um
eine möglichst heterogene Zielgruppenarbeit zu entwickeln, welche sich um alle
Sinus-Milieus bemüht. Vor diesem Hintergrund können kuratierende Biblio-
thekspraktiken, welche im Kern der Singularisierung dienen und dabei auf die
Milieus zielen, die Reckwitz in der neuen Mittelklasse verortet, nie Kern der Bibliotheksarbeit sein, sondern immer nur Teil eines heterogenen Portfolios bibliothekarischer Dienstleistungen. Es wäre ein Leichtes für Bibliotheken, sich
opportunistisch mit attraktiven Angeboten für die neue Mittelklasse, zu denen
die kuratierenden Praktiken gehören, erfolgreich zu positionieren. Wie die Subjekte der neuen Mittelklasse sich als „Träger der zukunftsweisenden Lebens-
form" begreifen können[106], könnten Bibliotheken sich durch kuratierende best
practices diese positive Attribuierung sichern und sie gegenüber ihren Trägern,
nicht selten vertreten durch Angehörige der neuen Mittelklasse, kommunizieren. Bibliotheken können und sollten sich diesen kuratierenden Praktiken nicht
verschließen, schließlich gilt es nicht zuletzt auch Angebote für das „Leitmilieu"
dieser Zeit zu machen. Wenn Bibliotheken jedoch ihren gesamtgesellschaftli-
chen Auftrag nicht aufgeben wollen, sollte Kuratierung ein Angebot unter vielen
bleiben.

Literatur

Balzer, David (2014). Curationism. How curating took over the art world and everything else.
    London: Pluto Press
Bhaskar, Michael (2016). Curation. The power of selection in a world of excess. London:
    Piatkus.
Bibliothek und Information Deutschland (2018). 7. Bibliothekskongress Leipzig 2019: „Biblio-
    theken verändern": Call for Papers. https://www.bid-kongress-leipzig.de/index.php?
    id=13 (23.06.2020).
Binz, Vera & Seitenbecher, Manuel (2015). Am Puls der Zeit. Der ZLB-Themenraum als Experi-
    mentierfeld für aktuelle Themen, digitale Inhalte und neue bibliothekarische Formate. Bi-
    bliotheksdienst 49(6), 629–642. https://www.degruyter.com/view/journals/bd/49/6/
    article-p629.xml (15.06.2020).

---

105 Motzko 2008, S. 51 ff.
106 Reckwitz 2017, S. 284.

Bismarck, Beatrice von (2004). Curating. In: Christoph Tannert (Hrsg.), Men in Black. Handbuch der kuratorischen Praxis (S. 108–110). Berlin: Künstlerhaus Bethanien.

Bismarck, Beatrice von, Schafaff, Jörn & Weski, Thomas (Hrsg.) (2012). Cultures of the curatorial. Berlin: Sternberg Press.

Boos, Juergen (2017). Medien – Menschen – Märkte. BuB – Forum Bibliothek und Information, 69(10), 520–523.

Bourdieu, Pierre (1987). Die feinen Unterschiede. Kritik der gesellschaftlichen Urteilskraft. Unter Mitarbeit von Bernd Schwibs und Achim Russer. (Suhrkamp-Taschenbuch Wissenschaft, 658). Frankfurt am Main: Suhrkamp.

Brintzinger, Klaus-Rainer & Marschall, Kirsten (2015). Call for Papers. Bibliotheken – von Anfang an Zukunft. 104. Deutscher Bibliothekartag 2015 in Nürnberg. https://www. bibliothekartag.de/archives/2015/www.bibliothekartag2015.de/referenten/call-for-papers/index.html (23.06.2020).

Brodsky, Rachel (2018). Superstar DJs: the best playlists curated by musicians. In: The Guardian, 20.04.2018. https://www.theguardian.com/music/2018/apr/20/chance-the-rapper-spotify-playlist-best-ongoing-mix-tapes-artlsts (10.02.2020).

Bruhn, Manfred u. Karsten Hadwich (Hrsg.) (2016). Servicetransformation. Entwicklung vom Produktanbieter zum Dienstleistungsunternehmen. Forum Dienstleistungsmanagement. Wiesbaden: Springer Fachmedien Wiesbaden 2016. DOI: 10.1007/978-3-658-11097-0 (10.02.2020).

Bundesagentur für Arbeit: Kurator/in. https://berufenet.arbeitsagentur.de/berufenet/faces/index?path=null/kurzbeschreibung/taetigkeitsinhalte&dkz=35328 (22.06.2020).

Döll, Nicole: Creating digital spaces. Die Transformation der Bibliothek Galerie für Zeitgenössische Kunst Leipzig. AKMB-news (2017)1, 15–20.

Fachstelle Öffentliche Bibliotheken NRW (2018). Wie bekomm ich Hygge in die Bibliothek? https://oebib.wordpress.com/2018/02/27/wie-bekomm-ich-hygge-in-die-bibliothek/ (17.07.2018).

Fahrenkrog, Gabriele, Heller, Lambert, Langhanke, Gerald, Lohmeier, Felix, Meixner, Charlotte, Stöhr, Matti et al. (2017). Open Library Badge. Ein Anreizsystem für mehr Offenheit in Bibliotheken. https://nbn-resolving.org/urn:nbn:de:0290-opus4-28029 (23.06.2020).

Fansa, Jonas (2008). Bibliotheksflirt. Bibliothek als öffentlicher Raum. Bad Honnef: Bock + Herchen.

Frenzel, Sebastian: Kuratoren im Visier. Monopol (2018)1, 50–53.

Fritz, Martin (2013). Ausstellungen produzieren. In: Martina Grießer & Christine Haupt-Stummer (Hrsg.), Handbuch Ausstellungstheorie und -praxis (S. 123–128). Wien: Böhlau.

Gesser, Susanne, Handschin, Martin, Jannelli, Angela & Lichtensteiger, Sybille (Hrsg.) (2012). Das partizipative Museum. Zwischen Teilhabe und User Generated Content. Neue Anforderungen an kulturhistorische Ausstellungen. (Schriften zum Kultur- und Museumsmanagement). Bielefeld: Transcript.

Glöß, Michael & Peter Schilling: „Keine Wirtschaft, keine Politik, pure Emotion". In: WirtschaftsWoche (2014)23, 46–48.

Grießer, Martina & Haupt-Stummer, Christine (Hrsg.) (2013). Handbuch Ausstellungstheorie und -praxis. Wien: Böhlau.

Gumbrecht, Hans Ulrich (2012). Was am „Kuratieren" nervt. http://blogs.faz.net/digital/2012/08/03/warum-kuratieren-nervt-80/ (14.06.2018).

Güntner, Joachim (2014): Heute schon kuratiert? Neue Zürcher Zeitung, 18.11.2014. https://www.nzz.ch/feuilleton/heute-schon-kuratiert-1.18426711 (22.06.2020).

Gyllensvärd, Dominik & Kaufmann, Sebastian (2013). Curated Shopping als Alternative zu ePace getriebenen Category-Killer-Konzepten. In: Gerrit Heinemann, Kathrin Haug und Mathias Gehrckens (Hrsg.), Digitalisierung des Handels mit ePace. Innovative E-Commerce-Geschäftsmodelle und digitale Zeitvorteile (S. 187–200). Wiesbaden: Springer.

Harris, Jonathan (2006). Art history. The key concepts. London: Routledge.

Heidenreich, Stefan: Schafft die Kuratoren ab! Die Zeit (2017)26, 51.

Heinemann, Gerrit, Haug, Kathrin & Gehrckens, Mathias (Hrsg.) (2013). Digitalisierung des Handels mit ePace. Innovative E-Commerce-Geschäftsmodelle und digitale Zeitvorteile. Wiesbaden: Springer.

Heynen, Julian (2011). Und jetzt kuratieren wir noch Hosen. DIE WELT (17.08.2011), H. 191, 24.

Hoffmann, Justin (2004). God is a Curator. In: Christoph Tannert (Hrsg.), Men in Black. Handbuch der kuratorischen Praxis (S. 111–117). Berlin: Künstlerhaus Bethanien.

Jannelli, Angela (2013) Partizipatives Museum. In: Martina Grießer & Christine Haupt-Stummer (Hrsg.), Handbuch Ausstellungstheorie und -praxis (S. 178). Wien: Böhlau.

Keidel, Petra (2017). Von der Zeitschriftenverwaltung zum Management eines Publikationsorgans. https://nbn-resolving.org/urn:nbn:de:0290-opus4-27657 (22.06.2020).

Kennedy, Krista (2016). Textual curation. Authorship, agency, and technology in Wikipedia and Chambers's Cyclopædia. (Studies in rhetoric/communication). Columbia, SC: The University of South Carolina Press.

Klimek, Manfred (2016). Wir Besseresser. In: Zeitmagazin (22.04.2016), https://www.zeit.de/zeit-magazin/essen-trinken/2016-04/lebensmittel-essen-ernaehrung-qualitaet-entwicklung (10.02.2020).

Koch, Christoph (2016). Bitte anfassen! In: brand eins (2016) https://www.brandeins.de/magazine/brand-eins-wirtschaftsmagazin/2016/geschmack/bitte-anfassen (20.07.2018).

Minsker, Evan (2016). Firefly Becomes First Completely Fan-Curated Music Festival. In: Pitchfork.com. 2016. https://pitchfork.com/news/70257-firefly-becomes-first-completely-fan-curated-music-festival/ (10.02.2020).

Möhlenbruch, Dirk, Georgi, Jana & Kohlmann, Alena (2016). Curated Shopping als serviceorientiertes Geschäftsmodell. In: Manfred Bruhn & Karsten Hadwich (Hrsg.), Servicetransformation. Entwicklung vom Produktanbieter zum Dienstleistungsunternehmen. Forum Dienstleistungsmanagement (S. 209–228). Wiesbaden: Springer.

Möhlenbruch, Dirk, Georgi, Jana & Kohlmann, Alena (2014). Erfolgspotenziale der Prozessorientierung im Curated Shopping. In: Marketing Review St. Gallen (2014)6, 22–32. https://link.springer.com/content/pdf/10.1365%2Fs11621-014-0422-3.pdf (22.06.2020).

Motzko, Meinhard (2008). Abschied von der „Bibliothek für alle". BuB – Forum Bibliothek und Information, 60(1), 50–55.

Obrist, Hans Ulrich & Raza, Asad (2015). Kuratieren! Unter Mitarbeit von Annabel Zettel und Andreas Wirthensohn. München: C. H. Beck.

Piontek, Anja (2017). Museum und Partizipation. Theorie und Praxis kooperativer Ausstellungsprojekte und Beteiligungsangebote. Bielefeld: Transcript. https://doi.org/10.14361/9783839439616 (10.02.2020)

Reads (2020a). About reads. New York. https://reads.delivery/pages/about-reads (10.02.2020).

Reads (2020b). Libraries. New York. https://reads.delivery/pages/libraries (10.02.2020).

Reads (2020c). Learn forever. New York. https://reads.delivery/ (10.02.2020).

Reckwitz, Andreas & Ullrich, Wolfgang (2018). Jeder Mensch ist ein Kurator. ART (2018)1. 68–73.

Reckwitz, Andreas (2017). Die Gesellschaft der Singularitäten. Zum Strukturwandel der Moderne. Berlin: Suhrkamp.

Roelstraete, Dieter (2012). Art Work. Einige Anmerkungen zum Thema Statusangst. Texte zur Kunst (2012)86, 151–163.

Rösch, Henriette & Stoppe, Sebastian (2018). Zugänge organisieren statt Inhalte lizenzieren. Warum adlr.link die Bibliothek der Zukunft ist. https://nbn-resolving.org/urn:nbn:de:0290-opus4-35911 (22.06.2020).

Rosenbaum, Steve (2011.) Curation nation. How to win in a world where consumers are creators. New York: McGraw-Hill.

Saponara, Michael (2018). Future Unveils Tracklist for 'Superfly' Soundtrack. Feat. Miguel & Lil Wayne. https://www.billboard.com/articles/columns/hip-hop/8458949/future-superfly-soundtrack-tracklist (22.06.2020).

Schade, Frauke (2016). Praxishandbuch digitale Bibliotheksdienstleistungen. Strategie und Technik der Markenkommunikation. Unter Mitarbeit von Johannes Neuer. (De Gruyter Saur reference). Berlin, Boston: De Gruyter Saur.

Schuldt, Karsten (2018). Bibliothek und Armut: Was kann die Öffentliche Bibliothek wirklich tun? https://nbn-resolving.org/urn:nbn:de:0290-opus4-34906 (22.06.2020).

Schütz, Marina (2013). Einführung. In: Archive der Zukunft. Neue Wissensordnungen im Sitterwerk (S. 6–17). St. Gallen: Stiftung Sitterwerk.

Schwerdfeger, Paula (2015). Lässt sich Kuratieren studieren? Frankfurter Allgemeine Zeitung (26.08.2015), H. 197, 4.

Siems, Renke (2015). Mehr als ein Lernort. zielgruppenspezifische Angebote einer Blended Library. https://nbn-resolving.org/urn:nbn:de:0290-opus4-17220 (22.06.2020).

Sitterwerk (2013). Archive der Zukunft. Neue Wissensordnungen im Sitterwerk. St. Gallen: Stiftung Sitterwerk.

Staniszewski, Mary Anne (1998). The power of display. A history of exhibition installations at the Museum of Modern Art. Cambridge, Mass.: MIT Press.

Sternfeld, Nora (2013). Kuratorische Ansätze. In: Martina Grießer & Christine Haupt-Stummer (Hrsg.), Handbuch Ausstellungstheorie und -praxis (S. 73–78.). Wien: Böhlau.

Tannert, Christoph (Hrsg.) (2004). Men in Black. Handbuch der kuratorischen Praxis. Künstlerhaus Bethanien. Berlin: Künstlerhaus Bethanien.

TIP Redaktion (2015). Neuer Laden für guten Käse. https://www.tip-berlin.de/neuer-laden-fur-guten-kase/ (22.06.2020).

Tyradellis, Daniel (2014). Müde Museen. Oder: Wie Ausstellungen unser Denken verändern könnten. Hamburg: Ed. Körber-Stiftung.

Universitäts- und Landesbibliothek Bonn (2018). ULB berät zur Vermeidung von „Fake Science". https://www.ulb.uni-bonn.de/de/aktuelles-ulb/fake-science (22.06.2020).

Vidokle, Anton (2012). Art Without Artists? In: Beatrice von Bismarck, Jörn Schafaff & Thomas Weski (Hrsg.), Cultures of the curatorial (S. 217–227). Berlin: Sternberg Press.

Wallace, Chris (2016). Curated Shopping – How Does it Work and How Successful is it Really? https://www.guided-selling.org/curated-shopping-how-it-works-and-how-successful-it-is/ (22.06.2020).

Weissman, Cale Guthrie (2015). Upworthy, the site that made clickbait popular, is going to use its viral data to make original stories. https://www.businessinsider.com/upworthy-announces-new-focus-on-original-content-2015-7?IR=T (22.06.2020).

Williams, Alex: On the Tip of Creative Tongues. New York Times (02.10.2009). https://www.nytimes.com/2009/10/04/fashion/04curate.html (22.06.2020).

Wulle, Stefan (2018). PubPharm. Fachinformationsdienst Pharmazie. https://nbn-resolving.
org/urn:nbn:de:0290-opus4-33798 (22.06.2020).

Ziese, Maren (2010). Kuratoren und Besucher. Modelle kuratorischer Praxis in Kunstausstellungen. (Kultur- und Museumsmanagement). Bielefeld: Transcript.

Friederike Hauffe & Klaus Ulrich Werner

Was heißt heute *Kuratieren*? – Fragen und Antworten

Werner: Was macht eigentlich eine „freie Kuratorin"?

Hauffe: Die freie Kuratorin konzipiert und organisiert Ausstellungen, vor allem zeitgenössischer Kunst für Kunstvereine, Biennalen oder etwa die *documenta*, gelegentlich aber auch für Museen oder andere Einrichtungen. Im Gegensatz zur Kustodin ist sie unabhängig und muss nicht aus einer wissenschaftlichen Sammlung heraus denken. Allerdings liegt es im Trend, dass sich Angestellte von Museen heute auch als Kuratorinnen oder Kuratoren bezeichnen.

Werner: Welche Aufgaben und Tätigkeiten umfasst das Kuratieren?

Hauffe: Alle! – Konzeptionelle wie praktische Tätigkeiten von der Entwicklung der Ausstellungsidee über die Recherche, die Wahl des passenden Ortes für die Aufführung, Atelierbesuche, die konzeptionelle Auswahl von Objekten, ihre Ordnung und Einbindung in den aktuellen Diskurs, Leihe und Transport, die Ausstellungsgestaltung, Technik, die analoge wie digitale Vermittlung, die Akquise passender Kooperationspartner und -partnerinnen, die Mittelbeschaffung, die rechtliche Absicherung, Einbindung und Motivierung der Mitarbeiterinnen und Mitarbeiter, Marketing und Kommunikation bis hin zum Rückbau der Ausstellung. Das ist umfassend, aber gerade in ihrer Vielseitigkeit ist die Tätigkeit reizvoll. Sie setzt nicht nur in der räumlichen Präsentation, sondern auch Organisation und Kommunikation ein mehrdimensionales und flexibles Denken voraus. Alle Punkte ergeben sich aber letztendlich aus einer in der Gegenwart relevanten und schlüssigen Ausstellungskonzeption.

Werner: Wie unterscheidet sich das Kuratieren von Kunst bezüglich des Ausstellungsortes?

Hauffe: Profil und Funktion der Ausstellungsinstitution wirken sich dabei auf die Lesart der Ausstellungsobjekte aus. Eine Vitrine mit Pillen von Damien Hirst beispielsweise wird in einem Kunstmuseum anders gelesen als in einer Ausstellung moderner Kunst im Medizinhistorischen Museum.

Werner: Setzt der moderne, heutige Begriff des Kuratierens den sogenannten „Erweiterten Kunstbegriff" voraus?

https://doi.org/10.1515/9783110673722-003

Hauffe: Die Kuratorin oder der Kurator denken aus der Kunst heraus – insofern ja. Ansonsten würde Kunst ja nur die jeweilige thematische Idee der Kuratorinnen und Kuratoren illustrieren.

Werner: Sie führen seit Jahren Weiterbildungskurse zum Kuratieren durch: was lernen Interessierte bei Ihnen?

Hauffe: Unsere Hochschulkurse besuchen junge Absolventinnen und Absolventen verschiedenster Studiengänge, v. a. kunsthistorischer und anderer geisteswissenschaftlicher Fächer. Deren Studium, stark auf die Forschung ausgerichtet, denkt meist eine Umsetzung in berufliche oder praktische Perspektiven nicht mit. Dieses Desiderat versuchen die Teilnehmerinnen und Teilnehmer auszugleichen. Andere, mittleren Alters, die am Kurs teilnehmen – etwa Architektinnen und Architekten, Designerinnen und Designer, Szenografinnen und Szenografen, Galeristinnen und Galeristen, Naturwissenschaftlerinnen und Naturwissenschaftler – möchten ihr Tätigkeitsspektrum erweitern und suchen im Kuratieren eine Schnittstelle zu ihrer bisherigen beruflichen Tätigkeit. Auch Bibliothekarinnen und Bibliothekare haben bereits am Seminar teilgenommen.

Werner: Warum spielt Hans Ulrich Obrist, der in einigen Beiträgen des vorliegenden Sammelbandes erwähnt wird, für die Theorie und Praxis des Kuratierens heute eine so zentrale Rolle?

Hauffe: Er spielt wohl mehr in der Praxis als in der Theorie eine Rolle. Er verkörpert in der Szene das Leitbild des international mit Künstlerinnen und Künstlern vernetzten Kurators. Er ist ein unkonventioneller Kosmopolit, immer unterwegs, immer im Gespräch mit Menschen.

Werner: Können Sie sich etwas unter einem „kuratorischen Paradigma für Bibliotheken" vorstellen?

Hauffe: Ein Paradigma ist ja eine grundsätzliche Denkweise: was könnte dann ein kuratorisches Denken für Bibliotheken sein? Wenn ich das aus dem Bereich des Ausstellens auf eine Institution wie die Bibliothek übertrage, ist ein komplexer Vorgang angesprochen. Als erstes müsste ich mir klar werden, aus welcher Haltung heraus ich agiere. Ich stelle ja nicht nur Wissen und Anschauungen in Form von Büchern oder modernen Medien zur Verfügung. Ich wähle aus und lasse weg, ordne in Regal oder Datenbank zu, schaffe oder unterbinde durch meine Architektur, mit Aufenthaltsräumen, Öffnungszeiten und Personal im Publikumsverkehr Zugänge. Ein Konzept der Teilhabe beispielsweise wirkt sich nach innen und außen aus. Verstehe ich die Bibliothek nicht nur als einen Ort, der Medien bereitstellt, sondern der selbst vermittelt und Diskurse anregt, werde ich auch Menschen am Austausch optimal beteiligen wollen. Auch die Schaffung ungewöhnlicher Dialoge kann den Ort verlebendigen. Da denke ich persönlich natürlich an Ausstellungen in Bibliotheken selbst, Themen- oder Kunstausstellungen etwa.

Werner: Kuratieren hat ja nicht nur mit Entdecken und Auswählen, sondern auch mit Inszenieren und Vermitteln zu tun: Sehen Sie da nicht auch Gemeinsamkeiten zur Arbeit in Bibliotheken und Archiven?

Hauffe: Bei Bibliotheken und Archiven stand die Aufgabe des Bewahrens stärker im Mittelpunkt als in Kunstmuseen, denen schon immer die Aufgabe des Ausstellens und Vermittelns der Objekte zukam. Da das heutige merkantile Denken überall finanzielle Ressourcen mit öffentlichem Interesse abgleicht, stehen alle kulturellen Institutionen mehr denn je in einem ökonomischen Rechtfertigungszwang. Bibliotheken und Archive konkurrieren nun mit den Museen und Ausstellungsinstitutionen um öffentliche Aufmerksamkeit, um ihre gesellschaftliche Relevanz zu beweisen. Der Effekt ist schön, er verlebendigt die Orte, befördert die Flexibilität der Institutionen, bringt das Personal aber durch die zusätzlichen neuen Aufgaben in zeitliche Bedrängnis.

Werner: Wo sehen Sie interdisziplinäre Ansätze beim Kuratieren von Räumen? Architekten, Kuratoren und auch Bibliothekare tun es!

Hauffe: Überall! Künstlerinnen und Künstler und freie Ausstellungsmacherinnen und -macher begannen Räume außerhalb des Kunstmuseums fruchtbar zu machen. Die neuen Kunstformen beförderten ein anderes Rezeptionsverhalten und beeinflussten die Vermittlung. Ausstellungen sind nicht mehr auf stille Andacht vor Objekten und auf Wissensvermittlung ausgelegt, sondern immer mehr auf einen lebendigen, partizipativen Austausch, in dem Erkenntnisse geteilt und gemeinsam weiterentwickelt werden. Wir leben in einer auf globalen Austausch ausgerichteten Gesellschaft, kommunizieren ständig und entgrenzt. Ohne interdisziplinäre und soziale Teilhabe kommen wir in Gegenwart und Zukunft nicht aus. Eine Ausstellung schafft mehrdimensionale Zugänge – durch die Visualität nicht selten intuitiv – in der räumlichen Vernetzung der gezeigten Objekte als auch im vielschichtigen System der Vermittlung.

Werner: Heute „kuratieren" alle irgendwie: eine Liste mit Lieblingsmusik auf spotify, die persönliche Fotoausstellung auf Instagram, von der Outfit-Einkaufsberatung im Internet zum kuratierten Kleiderschrank, ja selbst bei Hochzeits-Geschenkelisten wird von Kuratieren gesprochen! Zeit für die Profis der Kunstszene sich den Begriff als ® schützen zu lassen?

Hauffe: Warum denn? Natürlich wird der Begriff nun inflationär gebraucht. Aber es geht ja nicht um Bezeichnungen, sondern um die kulturelle Handlung an sich. In unserer individualistischen Gesellschaft, in der fast jeder einzelne oder jede Gruppe den eigenen Ausstellungsraum auf digitaler Ebene betreibt und damit viele Menschen erreichen kann, ist die eigene visuelle Inszenierung umso wichtiger geworden. Und viele betreiben das mit großer Kreativität, die den Begriff im heutigen Gebrauch durchaus rechtfertigen mag. Wenn man sich auf wissenschaftlicher Ebene austauscht – und wenn beispielsweise vom Kuratieren in Bibliotheken gesprochen wird –, sollte man natürlich schon über die Terminologie als Grundlage gemeinsam nachdenken. Im ursprünglichen Sinne meint der Begriff, dass man Verantwortung für etwas übernimmt und sich kümmert, kuratieren kommt ja vom Lateinischen *curare* – ‚sorgen für, sich kümmern um'. So wird er beispielsweise in der Rechtspflege angewandt. Auch in Zoos zeichnet der Kurator im Sinne der „Pflege" für Tiere und Personal in einem bestimmten Fachbereich verantwortlich.

Werner: Kuratieren im Zeitalter des Megatrends „Partizipation": Können, sollen, dürfen Laien in Institutionen wie Museen kuratieren? In Produzenten-Galerien kuratieren Künstler selbst, ist das auch durch Laien denkbar?

Hauffe: Wenn man die Vorgeschichte des Trends betrachtet, ist die Forderung nach Partizipation wahrscheinlich leichter verständlich. Ab den 1960er Jahren entwickelten sich Ausstellungen erst zum Lernort. Die sich als eigene Disziplin etablierende Kunstvermittlung wurde im Laufe der Zeit für verschiedene Nutzergruppen ausdifferenziert und das Museum bzw. der Ausstellungsraum zum Erlebnisraum umdefiniert. Meist beschränkte man sich aber auf wenige Besuchergruppen wie Kinder, Jugendliche oder Touristen. Dabei stand immer noch die Übersetzung des Fachlichen auf die jeweiligen Nutzer und Nutzerinnen im Vordergrund. Durch Praktiken institutionenkritischer Künstlerinnen und Künstler befeuert, erhob die Neue Museologie – zu nennen wären hier Carmen Mörsch, Nina Simon oder Angela Jannelli – in den letzten zehn Jahren die Forderung nach aktiver Teilhabe und Mitwirkung in der Ausstellungspraxis. Die Produktion von Ausstellungen durch „Amateure" kam, wenn ich es recht bedenke, zur gleichen Zeit auf, als Kuratoren Outsider Art ein besonderes Forum gaben, wie etwa Massimiliano Gioni 2013 bei der *Biennale* in Venedig. In der *Kieler Kunsthalle* ließ der ehemalige Leiter Dirk Luckow, der heutige Intendant der Hamburger *Deichtorhallen*, 2004 unter dem Titel „Der demokratische Blick" die Mitarbeiterinnen und Mitarbeiter – von der Putzfrau bis zum wissenschaftlichen Mitarbeiter – die Sammlung kuratieren. In der *Hamburger Kunsthalle* haben 2017 nach einer Reihe von Workshops 13 neue Hamburgerinnen und Hamburger, die eine noch junge persönliche Migrationsgeschichte hatten, die Ausstellung

„Open Access" kuratiert.[1] Aber die Ansätze stecken deutschlandweit gesehen noch in den Kinderschuhen. Partizipative Formate, Prozesse der Dekonstruktion und Transformation, können neue Handlungsspielräume in den Institutionen schaffen und als Chance genutzt werden, weiter Barrieren abzubauen.

Werner: Was bedeutet es, digital zu kuratieren?

Hauffe: Dem digitalen Kuratieren legen einige Häuser Strategien zugrunde, so bei der Londoner *Tate*[2] oder beim Frankfurter *Städel Museum*[3]. Durch neue Technologien lässt sich der Handlungsraum erweitern und die Vermittlung transformieren. Das bietet neue Chancen, aber natürlich auch Kontrollverlust. Im Ausstellungsraum ist man Besucher und User gleichzeitig. Digitale Formate setzen allerdings wegen der schnellen Entwicklungszyklen eine hohe Flexibilität voraus, die neue Kompetenzen des Personals und weitere finanzielle Mittel erfordert. Einige Beispiele: Mittels der 3D-Technik konnte das *Städel* die detailgenaue Rekonstruktion der historischen Sammlungspräsentation von 1878 anfertigen.[4] Interaktiv können weiterführende Informationen aufgerufen werden, die individuell gewünschte Vertiefungsgrade zulassen. Außerdem lassen sich die historischen Räume am Schaumainkai mit der Virtual-Reality-Brille virtuell begehen. Die *Deutsche Digitale Bibliothek* nutzt mit ihren „virtuellen Ausstellungen" den digitalen Raum, um Geschichten zu erzählen.[5]

Werner: Ist das Buch eine Verlängerung der kuratierten Ausstellung?

Hauffe: Es ist Spiegel und kann Verlängerung der Ausstellung sein. Harald Szeemann hat mit seinen Katalogen zu „When attitudes become form" 1969 bzw. 1972 zur *documenta 5*, die bislang wichtigste documenta überhaupt, beispielsweise Ausstellungskataloge als Arbeitsordner mit losen Blättern geschaffen.[6] Nach seiner Auffassung hat der Ausstellungsbesucher Arbeit zu leisten. Manche Kataloge wie die der populistischen MoMA-Ausstellung 2004 sind ent-

---

1 https://www.hamburger-kunsthalle.de/ausstellungen/open-access (14.06.2020).
2 https://www.tate.org.uk/research/publications/tate-papers/19/tate-digital-strategy-2013-15-digital-as-a-dimension-of-everything (14.06.2020).
3 https://www.staedelmuseum.de/de/digitale-strategie (14.06.2020).
4 https://zeitreise.staedelmuseum.de/ (14.06.2020).
5 https://www.deutsche-digitale-bibliothek.de/content/journal/ausstellungen?pk_campaign=adwords-search-virtuelle-ausstellungen-allgemein&pk_kwd=digitale%20ausstellung&gclid=EAIaIQobChMI7ZmSlNGL6AIVCYuyCh3EmgDJEAAYASAAEgJd1fD_BwE (14.06.2020).
6 Harald Szeemann (1969). Live in your head. When attitudes become form – works, concepts, processes, situations, information. Kunsthalle Bern, 12.3. – 27.4.1969. Bern: Kunsthalle. – documenta 5. Befragung der Realität, Bilderwelten heute (1972). Kassel, 30.6. – 8.10.1972. München: Bertelsmann. Losebl.-Ausg.

sprechend einfache Bilderbücher ohne großen wissenschaftlichen Anspruch.[7] Heute ist es nicht nur das gedruckte Buch, sondern etwa auch das Digitorial®, das immer ein spannendes Format auch unabhängig von der Ausstellung ist.[8] Zahlreiche Nutzer greifen gerne darauf zu.

Werner: Architekten tragen meist schwarz – hat Kuratieren eine Farbe oder: was trägt die Kuratorin?

Hauffe: Die schwarze Kleidung betont aus meiner Sicht das Geistige: von den Portraits italienischer Humanisten über die spanische Hofmode bis zum Intellektuellen-Look der Nachkriegszeit – Architekten und Schriftsteller mit Sakko und dunklem Rolli. Schwarz löst den Körper auf und macht blass, Kopf und Hände werden dadurch betont, das verweist aufs Geistige, den Intellekt. Auch Kuratoren erscheinen oft in gedeckten Farben, aber der Kragen des weißen Hemdes ist meist nicht geschlossen. Kuratorinnen sind da mittlerweile etwas fantasievoller, aber es bleibt immer seriös. Aber etwas allgemeiner: Kuratieren ist eine bildhauerische Arbeit und hat viele mehrschichtig aufgetragene Farbnuancen, die alle zusammenklingen.

Werner: Womit wir wieder beim Raum sind, beim Dreidimensionalen des Kuratierens! Liebe Frau Hauffe, herzlichen Dank für das Gespräch!

---

7 Elderfield, John (Hrsg.) (2004). Das MoMA in Berlin. Meisterwerke aus dem Museum of Modern Art, New York. Ostfildern: Hatje Cantz.

8 Das Digitorial® ist eine Marke der Frankfurter Museen Schirn, Städel und Liebieghaus. https://www.staedelmuseum.de/de/angebote/digitorial (14.06.2020).

Teil II: **Fallstudien**

Roland Früh
Die Kunstbibliothek Sitterwerk und ihre dynamische Ordnung

Die Dinge, sie sind zumeist doch schön geordnet. So ist es in der Flora, Fauna, bei uns Menschen in der Privatheit oder in der Öffentlichkeit. Ganz chaotisch und zufällig ist es selten und oft zeigt sich noch im allergrößten Chaos plötzlich eine rigide Ordnung.[1] In unserer westlichen konsumorientierten Welt besitzen wir ganz selbstverständlich sehr viele Dinge und haben sie gerne geordnet und gut verstaut. Die Ordnung, und sei es im noch so Kleinen und Privaten, sie gibt uns gerade heute vielleicht die Zuversicht und das Vertrauen in Bewährtes und Bekanntes, das in einer schnelllebigen Kultur oft fehlt.[2]

Bei den Büchern sieht es nicht anders aus. Besitzt man mehr als zwei Bücher, muss man sich bereits entscheiden, wie man diese ins Regal stellt. Eine alphabetische, chronologische oder inhaltliche Aufstellung bietet sich an – und ist auch in den meisten Fällen die Lösung. Die Entscheidung jedenfalls, wie die Bücher ihren Platz finden, sie ist eine sehr persönliche und gerade deshalb ist ein Blick auf das Bücherregal des Gastgebers faszinierend, da man in der Aufstellung der Bücher auch immer etwas von seiner Persönlichkeit zu erkennen scheint. Das klingt nach Aby Warburg? Natürlich ist Warburg, und insbesondere die Aufstellung seiner Bibliothek, eine wichtige Inspiration.[3] Ein Buch hat nie nur einen Standort im Regal – das müssen wir seit Warburg nicht mehr erklären. Was aber, wenn die Sammlerin oder der Sammler der Bücher die Idee noch weiterverfolgt und die Titel immer wieder anders ordnet, neu zusammenstellt und täglich scheinbar wilde Bücherstapel stehen lässt? Was passiert, wenn die Sammlung den sicheren Raum des privaten Heims verlässt und in eine öffentliche Bibliothek überführt wird? Wie ließe sich eine derart dynamische Arbeitsweise dokumentieren, vermitteln und nutzbar machen? Dies war der Fall bei der Einrichtung der Kunstbibliothek Sitterwerk in St. Gallen. Die Bibliothek entstand aus einer vordergründig wilden Ansammlung von Büchern zu Kunst, Architektur und Fotografie – zum großen Teil zusammengetragen vom Büchersammler Daniel Rohner. Die Vermittlung seines Bücher-Universums, der assoziativen und persönlichen Verbindungen unter den Büchern im Regal, war das Ziel bei

---

1 Zum Beispiel das Werk von Armand Schulthess, siehe: Lüscher 1972.
2 Der Erfolg von Marie Kondo ist wohl das beste Beispiel dafür, wie „Aufräumen" heute plötzlich lebensverändernd wirken kann: Kondo 2015.
3 Gombrich 1992.

https://doi.org/10.1515/9783110673722-004

der Einrichtung der öffentlichen Kunstbibliothek Sitterwerk. Die Lösung war zweierlei: zum einen die Entwicklung einer dynamischen Ordnung, wobei mittels in allen Büchern platzierter RFID-Tags und zweier automatisch am Regal geführten RFID-Lesegeräte eine tägliche Inventur gemacht wird. So können die Bücher nach Belieben ihren Standort wechseln, der digitale Katalog zeichnet aber immer auf, wo sie stehen. Und zum anderen: die konsequente Hinterfragung dieser ortsspezifischen Lösung und die Suche nach weiteren Möglichkeiten und projektbasierten Auseinandersetzungen mit der Fragestellung: „Wie können persönliche Bücher-Ordnungen, individuelles Vorwissen und Assoziationen in die Ordnung einer öffentlichen Bibliothek einfließen und diese bereichern?".[4]

Abb. 1: Kunstbibliothek und Werkstoffarchiv Sitterwerk, Foto: Katalin Deér.

Die Persönlichkeit der Bibliothek

Die Kunstbibliothek Sitterwerk konnte ihr Prinzip der dynamischen Ordnung wohl nur dank zweier Umstände entwickeln: Einerseits waren da die stark persönlich charakterisierten Schenkungen der beiden Sammler Daniel Rohner und Felix Lehner, die mit ihren Büchern den Grundstein für die Bibliotheksgründung

---

4 Die beste Übersicht ist hier zu finden: Stiftung Sitterwerk 2013.

legten; andererseits bot das Umfeld der Stiftung Sitterwerk genügend Raum für eine prinzipiell innovative Grundhaltung.

Um dies verständlich zu machen, muss das Umfeld näher beschrieben werden. Die Stiftung Sitterwerk, der die Kunstbibliothek angehört, ist eine noch eher junge Institution. Die Stiftung wurde 2006 ins Leben gerufen und steht in enger Nachbarschaft zu der 1983 gegründeten Kunstgießerei St. Gallen. Felix Lehner, der Leiter der Kunstgießerei war mit dem Architekten Hans Jörg Schmid und dem Büchersammler Daniel Rohner einer der Stiftungs-Mitgründer, die das Potenzial sahen, auf dem gleichen Areal – neben dem Produktionsbetrieb der Kunstgießerei – verschiedene nicht-kommerzielle Betriebe in einer Stiftung zu versammeln: die Kunstbibliothek, das Werkstoffarchiv, das Atelierhaus mit Gastateliers für internationale Künstlerinnen und Künstler und das Kesselhaus Josephsohn.[5]

Heute ist die Kunstbibliothek eine Präsenzbibliothek mit über 30 000 Titeln zu Kunst und deren Geschichte und Produktion, zu Materialwissen, Fotografie und Architektur. Der Hauptteil der Bücher wurde vom Büchersammler und Kunstliebhaber Daniel Rohner (1948–2007) bereits zu Beginn der 2000er Jahre in die Bibliothek gegeben. Der Kunstgießer und Büchermensch Felix Lehner steuerte zur gleichen Zeit aus seiner Werkstattbibliothek Fachbücher zu Gusstechnologie, Materialwissen und Restaurierung bei. Die Kunstbibliothek sollte fortan der Öffentlichkeit zur Verfügung stehen – schließlich kam die Anschubfinanzierung auch aus der öffentlichen Hand – doch kam es bei der Einrichtung der Bibliothek und der Katalogisierung durch „Störbibliothekarinnen" von Beginn an zu Diskussionen betreffend der Aufstellung der Bücher. Daniel Rohner sprach sich immer wieder vehement gegen eine konventionelle alphabetische Ordnung aus. Seine Sammlung und wie er sie immer wieder neu ordnete und auch verstand, war durch intensiv gelebte Begegnungen mit Kunst und Künstlern geprägt. Rohner pflegte seine subjektive Kunstgeschichte, indem er die Bücher immer wieder umstellte. Es waren die persönlichen Assoziationen und inhaltlichen Verbindungen über konventionelle Disziplinen hinweg, die ihn faszinierten und die er in immer sich ändernden Bücherstapeln auf den Tischen, auf dem Boden, entlang den Wänden, einfach überall in der Kunstbibliothek präsentierte und kommentierte. Eine grundsätzliche Platzierung nach den Oberbegriffen Kunst, Architektur, Fotografie und Geschichte wurde immer wieder verändert, weiterentwickelt und innerhalb dieser Kategorien war das Alphabet manchmal weniger wichtig als das Abbilden von Anekdoten. Rohner liebte es zum Beispiel, historische Freund- oder Feindschaften zwischen einzelnen

---

5 Die Institutionen sind repräsentiert auf www.sitterwerk.ch, www.kesselhaus-josephsohn.ch und www.kunstgiesserei.ch

Künstlerinnen und Künstlern auch über den Standort im Regal zu kommentieren. In diesen ersten Jahren, als Daniel Rohner noch daran war die Bibliothek einzurichten, kamen Besucherinnen und Besucher oft in die Gunst einer seiner spontanen Vorträge, bei denen die Bücher im Zuge seiner Erinnerungen an Ausstellungsbesuche, Fakten und Anekdoten zu Künstlern und Buchkäufen wieder frisch durchgemischt wurden.[6]

So faszinierend dieses Prinzip ist, eine öffentliche Bibliothek kann so nicht wirklich funktionieren, da war man sich bereits 2006 einig. Man suchte deshalb nach einer Lösung, mit der eine für die Öffentlichkeit funktionierende Aufstellung mit der Persönlichkeit der Sammlung vereinbart werden konnte. Dank Partnern aus der Entwicklung und Mechanik wie Boris Brun und Toby Büchel und mit der RFID-Erfahrung von Christian Kern[7] von der InfoMedis AG konnte man neue Wege gehen und im Hinblick auf die Aufstellung der Bücher im Regal mit RFID-Technologie eine flexible Ordnung entwickeln. Zuerst wurden alle Bücher, wie heute in vielen Bibliotheken üblich, katalogisiert und mit RFID-Tags versehen.

Abb. 2: Das mobile RFID-Lesegerät, Foto: Katalin Deér.

---

6 Bauer 2006.
7 Kern 2006.

Um die dynamische Aufstellung der Bücher täglich zu erfassen, wurde schließlich ein fix installiertes, bewegliches RFID-Lesegerät entwickelt, das jede Nacht die Bücherregale entlangfährt und so die aktuellen Standorte der Bücher ermittelt. Die Position wird täglich im Onlinekatalog[8] neu angegeben und die Erfassung erfolgt in kurzen Abständen, so dass man von einer permanenten Inventur sprechen kann. Die Lesegenauigkeit erreicht denn auch eine komplette, präzise Abdeckung, da die Geräte ortsspezifisch entwickelt wurden, über eine Schiene geführt werden und die Distanz zum Regal und die Geschwindigkeit sehr konstant bleiben.

Interdisziplinarität im Regal

Eine solche Aufstellung hat wesentliche Auswirkungen für die Benutzung. Da die Bücher ihren Standort ändern können und über keine Signatur verfügen, müssen einzelne Titel primär über den Online-Katalog gesucht werden. Eine zweite Möglichkeit ist, direkt am Regal zu stöbern, wobei Benutzerinnen und Benutzer interessante, serendipische Entdeckungen machen. Man findet treffende Ergebnisse, die man ursprünglich gar nicht hätte suchen wollen – eine überraschende, aber durchaus befriedigende Erfahrung, wie uns immer wieder bestätigt wird. Zugang und Nutzung sind deshalb stets sehr direkt und persönlich und können auch als Gegenentwurf zu den heute gängigen Online-Suchmaschinen gesehen werden, die eine Zielgenauigkeit vorgeben, die vorerst zwar sehr überzeugend und punktgenau wirkt, auf den zweiten Blick aber, weil errechnet und personalisiert, eben doch stark eingeschränkt und teilweise irreführend ist.[9]

Im Kontext der Aufstellung der Bücher in der Kunstbibliothek ist wichtig zu präzisieren: Die Ordnung folgt nicht dem Prinzip des Chaos, sondern stellt eine Ansammlung von persönlichen Recherchen dar, welche die Benutzerinnen und Benutzer entweder themenspezifisch oder auch rein assoziativ im Regal zurücklassen. Nutzerinnen und Nutzer vor Ort stellen nach der Lektüre die verwendeten Bücher jeweils gesammelt ins Regal. Diese „Handapparate" bilden spezifische Interessen ab und können für die nächsten Interessenten am Regal zu weiteren Entdeckungen führen. Die Logik würde wohl nicht in jeder Freihandbibliothek von Vorteil sein. In der Recherche innerhalb der in sich eng verbundenen Themenbereiche von Kunst, Material, Handwerk, Technik und Verfahren

---

8 www.sitterwerk-katalog.ch
9 Für eine Analyse zu Online-Suchmaschinen siehe z. B. Brophy & Bawden 2005.

sehen wir jedoch, wie sich interdisziplinäres, verknüpftes Wissen auf diese Weise erfahrbar und produktiv machen lässt. Eine Katalogsuche, welche komplexere Fragen beantworten möchte, zum Beispiel danach wie „Künstler mit Wachs arbeiten" oder nach „Architekten, die mit Lehm arbeiten", ließe sich über eine konventionelle Verschlagwortung nur schlecht zu einem Ziel führen. Als persönliche Recherche jedoch kann man dies im Regal als Handapparat stehen lassen und so die Bearbeitung der Fragestellung für weitere Besucherinnen und Besucher dokumentieren.

Tischgespräche

Die Grundidee der Dokumentation von persönlichen, auf Vorwissen basierenden Recherchen ist zentral für die Kunstbibliothek Sitterwerk. Einerseits sozusagen (Buch-)intrinsisch, in der Tradition wie Daniel Rohner seine faszinierenden, sich stets verändernden Bücherstapel gemacht hatte. Andererseits aber auch in der Verbindung der zwei Sammlungen, die im Sitterwerk im gleichen Raum zusammenkommen. Gleich neben den Büchern befindet sich nämlich auch die öffentliche Präsentation des Werkstoffarchivs, einer Sammlung mit über 3 000 Materialmustern. Ein Teil davon ist ebenfalls mit RFID-Tags ausgestattet und im Onlinekatalog des Verbundes Material-Archiv sowie dem Sitterwerk-Katalog detailliert beschrieben.[10] Bei Recherchen zu Kunst, Material und Handwerk ergänzen sich die Materialmuster als visuelle und taktile Objekte mit den Büchern sehr gut. Das Interesse gilt sozusagen nicht nur den Büchern von Aby Warburgs Bibliothek, sondern auch seiner Muschelsammlung (sofern er eine hatte), und dem Stoff, auf den er seine Reproduktionen steckte. In diesem Nebeneinander verfügt das Sitterwerk über zwei Ressourcen, die es erlauben, die Literatur mit der Hinzunahme von Materialmustern didaktisch oder rein inspirierend zu illustrieren. Am intuitivsten geschieht dies, wenn Bücher und Materialien auf Tischen ausgelegt und physisch kombiniert werden können. Oft sind die Tische im Sitterwerk voll belegt und dienen als Gesprächsgrundlage für eine Produktion oder als Visualisierung eines Inhaltsverzeichnisses für das Verfassen von Essays oder wissenschaftlichen Arbeiten.[11]

---

10 Material-Archiv ist ein schweizweiter Verband von acht Materialsammlungen, die an verschiedenen Institutionen angegliedert sind, aber mit der gleichen Datenbank arbeiten: www.material-archiv.ch. Zum Materialarchiv siehe Pellin 2017.
11 Dars, Menon & van Daele 2019; Baro 2020.

Abb. 3: Die Werkbank, Foto: Katalin Deér.

Um solche „Tische", d. h. einfache oder komplexe Recherchen mit Büchern und Materialmustern abbilden und dokumentieren zu können, hat die Stiftung Sitterwerk 2011 bis 2014 in einem Forschungsprojekt mit Christian Kern von der InfoMedis AG und Lukas Zimmer, Anthon Astrom und Fabian Wegmüller ein Tool entwickelt, das die Idee der dynamischen Ordnung ergänzt: die Werkbank. Die Werkbank ist grundsätzlich ein mit RFID-Antennen ausgestatteter Tisch mit dazugehörender Online-Plattform. Auf der Webseite[12], im digitalen Raum, werden immer die aktuell auf dem Tisch ausgelegten Bücher und Materialien angezeigt. Besteht das Interesse, können die Benutzerinnen und Benutzer einen Account erstellen und zusätzliche Funktionen nutzen, welche es ihnen erlauben, die Recherche mit mehr Bildern, Notizen oder Dokumenten zu erweitern. Die Recherche können sie abspeichern und als Dokumentation automatisch layouten und als Notizheft oder Bibliozine[13] ausdrucken. Die Werkbank zeigt den Benutzerinnen und Benutzern zudem immer an, ob ihre Elemente in anderen Recherchen vorkommen, was bereits damit erarbeitet wurde und welches Wissen sich damit verbinden lässt. So schafft das Sitterwerk eine Plattform für den Austausch von

---

12 www.werkbank.sitterwerk-katalog.ch
13 http://learningdesign.zhdk.ch/sitterwerk/

Interessen und bietet den Besucherinnen und Besuchern ein Tool, mit dem vor Ort oder von Zuhause aus selbst komplexe Recherche-Schritte dokumentiert werden können.[14]

2020, 2021: Die dynamische Ordnung im und als Prozess

Die dynamische Ordnung sowie die Werkbank sind vor Ort seit mehreren Jahren etablierte Konzepte und Tools und für die Kunstbibliothek mit relativ wenig technischem Pflegeaufwand verbunden. Für die Bibliothek ergeben sich aber immer wieder Herausforderungen, auf die man ähnlich innovativ reagieren möchte, wie damals auf die ungewohnte Ordnungsstrategie von Daniel Rohner. Seit kurzem verfügt die Stiftung Sitterwerk beispielsweise über einen zweiten Bibliotheksraum, dessen Bestand noch nicht erfasst und auch noch nicht der dynamischen Ordnung angegliedert ist. Wie man einen Bestand von 12 000 Büchern effizient erfassen, katalogisieren, sauber verschlagworten kann, ist ein Teil der Herausforderung. Der andere Teil ist die Frage nach der Installation von neuen automatisierten RFID-Lesegeräten und wie diese für den neuen Raum auf aktuelle, leichtere Art realisiert werden könnte. Die Entwicklung ist noch nicht abgeschlossen und die Stiftung Sitterwerk möchte ihre Sammlungen weiterhin für thematische Recherchen zur Verfügung stellen, aber auch verstärkt selbst zu Themen wie alternative Ordnungssysteme, Dokumentation von Rechercheprozessen und technischen Verfahren forschen und hinsichtlich dieser Themen zur Anlaufstelle für Austausch und Vermittlung werden.

Das Werkbank-Tool hat seit seiner Einführung 2014 zu interessanten Ergebnissen und Diskussionen geführt. Wie möchten Nutzerinnen und Nutzer ihren Arbeitsprozess dokumentieren und was möchten sie davon mit anderen „teilen"? In welchem Moment greift man bei der Recherche auf welche Quellen zu: Wann verlässt man sich auf die Online-Recherche, was für eine Rolle hat das Buch, und wie interessant und relevant sind Recherche-Spuren von anderen Nutzerinnen und Nutzern? Ganz grundsätzlich sind wir stark von der Wirkung überzeugt, welche eine persönlich zusammengestellte Recherche haben kann – sei es etwa als Besucher der Bibliothek eines einzelnen Künstlers wie etwa die Büchersammlung von Donald Judd in der *Donald-Judd-Foundation* in Marfa (Texas),[15] bei Projekten, die mit kuratierten Selektionen arbeiten wie *The Sorted Li-*

---

14 Weinberger 2016. Siehe auch das Instruktions-Video auf: https://vimeo.com/157990864
15 https://juddfoundation.org/foundation/

brary[16] oder *Printed Matter*[17] in New York oder ganz einfach eine Tüte mit Büchern „Zum Mitnehmen" auf dem Gehsteig. In all diesen Zusammenstellungen steckt die Überzeugung, die Aura einer mehr oder weniger bewusst getroffenen Auswahl. Es ist nicht die aufgrund unserer Google-History errechnete Liste mit Vorschlägen. Im Gegenteil, es ist eine Auswahl, die sich kaum um uns schert – und trotzdem sind wir nur aufgrund unserer eigenen persönlichen Interessen oder Gewohnheiten darauf gestoßen. Mehr über das Gefüge von der Persönlichkeit bestehender Büchersammlungen herauszufinden, diese in Verbindung mit einzelnen, spezialisierten Recherchen zu bringen und so das Arbeiten in Bibliotheken um eine Komponente zu bereichern, das wäre momentan eine der als zentral erklärten Zielsetzungen der Stiftung Sitterwerk. Insbesondere ist uns wichtig, dass bei allen weiteren Fragestellungen und Projekten immer die Nutzung und nicht eine rein technische Spielerei im Zentrum steht. Die Lösungen sollen auch in Zukunft wieder ohne Einschränkung im Bibliotheksalltag Sinn machen – nicht vom Lesen ablenken, sondern einfach funktionieren.

Literatur

Baro, Hanna: Technologie und Handwerk. Das Beispiel der Kunstgiesserei in St. Gallen, in: Magdalena Bushart & Henrike Haug (Hrsg.), Geteilte Arbeit: Praktiken künstlerischer Kooperation, Band 6, Interdependenzen. Die Künste und ihre Techniken, Köln: Böhlau, erscheint voraussichtlich 2020.

Bauer, Margit (2006). Die Kunstbibliothek von Daniel Rohner. Dokumentarfilm im Eigenvertrieb.

Brophy, Jan & Bawden, David (2005). Is Google enough? Comparison of an internet search engine with academic library resources. Aslib Proceedings (57)6, 498–512.

Dars, Sophie, Carlo Menon, & Galad van Daele (2019). Kunstgiesserei St. Gallen and Sitterwerk Foundation, in: Accatone, Garden, Politics, Matter, S. 118–139.

The dynamic library (2015). Organizing knowledge at the Sitterwerk – precedents and possibilities. Mit Beitr. von Anthon Astrom u. a. Chicago: Soberscove Pr.

Früh, Roland (2018). Das Prinzip der permanenten Inventur. Die Kunstbibliothek Sitterwerk und ihre dynamische Ordnung mittels RFID. BuB – Forum Bibliothek und Information, 70(02/03), 106–109.

Gombrich, Ernst H. (1992). Aby Warburg. Eine intellektuelle Biographie, Hamburg: Europäische Verlagsanstalt.

---

16 The Sorted Library in New York ist eine kleine Bibliothek, wo Nutzerinnen und Nutzer regelmäßig ihre Recherchen dokumentieren und so die Bücher vernetzen und anreichern: https://www.sortedlibrary.com/

17 Printed Matter ist ein Buchladen in New York, auf dessen Webseite Nutzerinnen und Nutzer ihre Recherchen oder Empfehlungen auf virtuellen Tischen präsentieren können: https://www.printedmatter.org/catalog/tables

Kern, Christian (2006). Anwendung von RFID-Systemen, Berlin: Springer.

Kondo, Marie (2015). Magic Cleaning. Wie richtiges Aufräumen Ihr Leben verändert. Reinbek: Rowohlt.

Lüscher, Ingeborg et al. (Hrsg.) (1972). Dokumentation über A. S.: „Der grösste Vogel kann nicht fliegen". Köln: DuMont.

Pellin, Mario (2017). Farbe und Material, eine Sprache mit anspruchsvoller Grammatik. Über das Schweizer Materialarchiv, in: A. Karliczek & K. Scheurmann (Hrsg.), Gesprächsstoff Farbe. Beiträge aus Wissenschaft, Kunst und Gesellschaft (S. 127–137). Köln: Böhlau.

Stiftung Sitterwerk (Hrsg.) (2013). Archive der Zukunft, neue Wissensordnungen im Sitterwerk, St. Gallen: Stiftung Sitterwerk

Weinberger, David (2016). Making Library miscellaneousness awesome. In: www.hyperorg.com (08.03.2016).

www.sitterwerk.ch

www.materialarchiv.ch

www.sitterwerk-katalog.ch

www.werkbank.sitterwerk.ch

www.kesselhaus-josephsohn.ch

www.kunstgiesserei.ch

Alle Internetquellen wurden zuletzt am 14.06.2020 aufgerufen.

Nicole Döll & Vera Lauf

HIT THE SHELF – Kuratorische Praxis der Bibliothek der Galerie für Zeitgenössische Kunst Leipzig (GfZK)

restructure – Die Neuausrichtung der Bibliothek der GfZK

Die Galerie für Zeitgenössische Kunst Leipzig ist ein Museum und Ausstellungshaus für Kunst nach 1945. Seit ihrer Gründung im Jahr 1998 hat sich die Institution wiederholt einem Prozess der Selbstreflexion unterworfen und ihren Typus als Museum für zeitgenössische Kunst befragt, sie war von Beginn an ein integraler Bestandteil der Institution. Die Bibliothek ist eine öffentlich und kostenfrei nutzbare wissenschaftliche Spezialbibliothek. Der Bestand umfasst ca. 23 000 Bände: Ausstellungskataloge und Monografien, Literatur zu Kunst, Architektur und Design im 20. und 21. Jahrhundert. Der Auftrag und die Ausrichtung der Bibliothek ergeben sich unmittelbar aus der Verortung innerhalb des Museums und der Ausstellungspraxis sowie durch die Anbindung an das Sammlungsprofil der Galerie für Zeitgenössische Kunst.

Seit Ende 2014 befindet sich die Bibliothek im Rahmen einer konzeptionellen Neuausrichtung im Umbruch. Ziel ist es, die Bibliothek in der Öffentlichkeit sichtbarer zu machen, und sie zugleich stärker in eine Verbindung mit den Kernaufgaben des Museums – Ausstellen, Sammeln, Vermitteln und Forschen – zu bringen. Die Bibliotheksleitung und das Kuratorinnenteam sowie die Vermittlungsabteilung des Museums begannen im intensiven Austausch zwischen den einzelnen Bereichen nach und nach enger zusammenzuarbeiten.

Im Mittelpunkt steht eine Verschiebung der Arbeitsschwerpunkte der GfZK, wie z. B. das Ziel, das Team der Vermittlungsabteilung[1] näher mit den verschiedenen Arbeitsbereichen zu verzahnen oder auch die Bibliothek stärker im Ausstellungskontext und als Forschungs- und Arbeitsort zu etablieren. Hinzu kam eine Veränderung der Personalstruktur, durch die in Arbeitsbereichen wie der Sammlung, der Presse- und Öffentlichkeitsarbeit als auch der Bibliothek neue Teammitglieder eingestellt wurden. Das alles beeinflusste die Neukonzeption der Spezialbibliothek maßgeblich. Die verschiedenen Veränderungen machten es möglich, die Arbeit der Bibliothek innerhalb der Institution als auch für die

---

1 https://gfzk.de/aktivitaeten/vermittlung/wir/ (14.06.2020).

https://doi.org/10.1515/9783110673722-005

Nutzung durch externe Kunstinteressierte neu zu denken. Der Umstieg vom WebOPAC hin zur Implementierung des *finc*-Discovery-Systems[2] war eine grundlegende erste Veränderung, um den Bibliothekskatalog in ein zeitgemäßes, nutzungsfreundliches Format zu überführen. Außerdem wurden Projekte entwickelt, die die Inhalte und Aufgaben der Bibliothek mit aktuellen Ausstellungen in Zusammenhang bringen.

Abb. 1: Bibliothek der GfZK, Foto: Andreas Enrico Grunert.

Grundlegend für die angestrebten Veränderungen waren die Fragen nach den Qualitäten, die eine Bibliothek im Kontext eines Museums für zeitgenössische Kunst aufweisen muss, welches sich sowohl als Ausstellungshaus als auch als Forschungsinstitution versteht und ebenso als eine Einrichtung für die Produktion von Kunst.

---

2 Die finc-Suchmaschine der Bibliothek wurde von der Universitätsbibliothek Leipzig basierend auf vuFind entwickelt. Mit dieser können verschiedene Bibliotheksbestände (innerhalb des digitalen Bibliothekskatalogs der GfZK mit Schwerpunkt auf Kunstbestände) gleichzeitig durchsucht werden. https://finc.info/de/ (20.01.2020).

curating library – Die Bibliothek als ein Raum für kuratorische Praxis?

In welchem Verhältnis steht die Bibliothek also zum Museum? Wie kann die Bibliothek als Ort, an dem Wissen sowohl bereitgestellt und strukturiert, zugleich aber auch produziert wird, eine markante Rolle für die Vorgänge der Sinnstiftung im Museum spielen? Bestimmte Arbeitsprozesse sind in Bibliothek und Museum ähnlich: thematische Auswahl, Zusammenstellung und Anordnung, Kategorisierung und Verknüpfung sind allesamt elementar sowohl für die Bibliotheks- wie auch für die Museumsarbeit. Das Augenmerk darauf gerichtet, dass diese Prozesse immer Bedeutung generieren, stellte sich bei der Neuausrichtung der Bibliothek zunächst die grundlegende Frage danach, wie genau die Bedeutung erzeugt wird. Es galt, die tradierten Konditionen und Konventionen bibliothekarischer Praxis vertiefter zu betrachten. Die bisherigen Kriterien der Auswahl, der Aufstellung, der Kategorisierung und Katalogisierung wurden befragt.

Abb. 2: HIT THE SHELF (Logo).

Vor dem Hintergrund der Neustrukturierung der Bibliothek entwickelten wir 2015 das Projekt HIT THE SHELF, das die einfachen, aber zentralen Fragen zum Ausgangspunkt hatte: „Wie kommt ein Buch ins Regal?", „In welches Regal kommt es?" und: „Wie erreicht es seine Nutzenden?" – mit anderen Worten: „Was und wer entscheidet, welche Publikation den Weg in ein Bibliotheksregal findet?", „Was und wer entscheidet, in welches Regal sie eingestellt wird?" und „Nach welchen Suchkriterien kann es gefunden werden?".

Der Titel des Projekts *Hit The Shelf* war ganz konkret als Aufforderung im Sinne von „treffen" und „erreichen" gemeint und bezog sich gleichzeitig auf die englische Redewendung „hit the shelves" (d. h. in die Regale kommen, eingestellt werden). Begleitend zu Ausstellungen der GfZK wurden teilnehmende Künstler und Künstlerinnen von der Bibliothek eingeladen, aus der Büchersammlung eine Auswahl zu treffen und damit ein zentrales Bibliotheksregal zu bespielen.

Die für *Hit The Shelf* ausgewählten Publikationen, die innerhalb einer angelegten Systematik der Bibliothek einsortiert und festen Kategorien zugewiesen sind, trafen in dem Regal in veränderten Konstellationen aufeinander. So stellte beispielsweise das Duo Nana Hülsewig und Fender Schrade, genannt *NAF*, als thematische Weiterführung ihrer Videobeiträge zur Ausstellungsreihe *Travestie für Fortgeschrittene*[3] unter dem Titel *Hit The Shelf Maskerade*[4] Publikationen zu den Themenfeldern Gender, Architektur und Wirtschaft zusammen, die von ihnen als zentral für ihre künstlerische Praxis identifiziert worden sind.

Abb. 3: Detail HIT THE SHELF *Maskerade*, Foto: Matthias Ritzmann.

Die Bücher wurden dabei mal wegen ihres Inhalts, mal auch aus optisch-ästhetischen Gründen wegen des Covers (etwa wegen der Farbgestaltung), mal rein assoziativ wegen ihres Titels ausgewählt: ein komplexer künstlerischer wie kuratorischer Prozess. Verblieb das bespielte Regal zu Beginn des mehrteiligen Pro-

---

3 16. Februar 2015 bis 31. Januar 2016 in der GfZK Leipzig, https://gfzk.de/2015/detravestie-fuer-fortgeschrittene/ (21.11.2019).
4 https://gfzk.de/2015/dehit-the-shelf-33/ (21.11.2019).

jekts *Hit The Shelf* im Raum der Bibliothek – und fungierte so als ein Bindeglied zwischen Bibliothek und Ausstellungsraum – so wanderte das Regal erstmals für die Präsentation von Andy Warhols Screen Tests unter dem Titel *I'll be Your Mirror*[5] (2016) von der Bibliothek direkt in die Räume der Ausstellung selbst.

Abb. 4: Ausstellungsansicht *I'll be Your Mirror*, HIT THE SHELF *Porträt*, Foto: Wenzel Stählin.

Die Autorin Heike Geißler, die als Beitrag zur Ausstellung ausgehend von Andy Warhols Screen Tests ein Hörstück entwickelte, stellte aus dem Bestand der Bibliothek das thematische *Hit-The-Shelf*-Regal *Porträt* mit Literatur zu Themen wie Liebe, Identität, Porträt und visuelle Kultur zusammen.

Das geordnete gedruckte Wissen in der Bibliothek geriet in Bewegung, neue Verknüpfungen wurden hergestellt – im ersten Schritt im Sinne einer Praxis des Kuratierens, bei dem es – folgt man einer Definition der Kunsthistorikerin Beatrice von Bismarck – vor allem um das Herstellen von Verbindungen geht.[6] Diese

---

5 02. Juni 2016 bis 11. September 2016 in der GfZK Leipzig, https://gfzk.de/2016/deill-be-your-mirror-screentests-von-andy-warhol/ (21.11.2019).

6 Beatrice von Bismarck: "[...] the most fundamental definition of 'curating' is the making of connections: between works or art, artifacts, or informational materials, [...]." https://www.e-flux.com/journal/18/67472/letters-to-the-editors-eleven-responses-to-anton-vidokle-s-art-without-artists/#_edn2 (23.11.2018).

Verbindungen erzeugten aber nicht nur neue Zusammenstellungen, sondern luden auch zu einer weiteren Reflexion ein: Die assoziativen und spielerischen Material-Collagen der Hörstückautorin ermöglichten nicht nur eine weiterführende Beschäftigung mit den künstlerischen Ansätzen, sondern machten insbesondere auch zentrale Konditionen und die Ordnung bzw. inhaltliche Ausrichtung einer Bibliothek zum Gegenstand der Betrachtung – eben die Prozesse des Auswählens, des Zu- bzw. Einordnens, des Verknüpfens und Zusammenstellens.

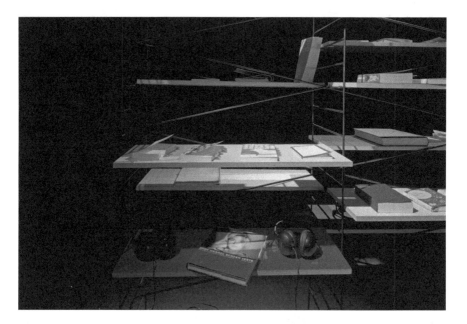

Abb. 5: Detail HIT THE SHELF Porträt, Foto: Wenzel Stählin.

rethink digital spaces – Neue Überlegungen zum Onlinekatalog der Bibliothek

Über die Revision der Aufstellungssystematik und das Einnehmen der Perspektive der Nutzerinnen und Nutzer auf die Bibliothek veränderte sich parallel dazu der Blick auf den digitalen Katalog und führte zu einem neuen Verständnis dessen. Was kann und soll ein digitaler Bibliothekskatalog eines Museums für zeitgenössische Kunst in Bezug auf die Arbeit und das Ausstellungsprofil des Hauses leisten? Wie können Informationsstrukturen, wie z. B. von der Bibliothek generierte Datenbanken, zur Ausstellungsdokumentation genutzt werden, um die sinnstiftenden Inhalte des Museums, die Ausstellungen und Veranstaltungen oder Projekte wie beispielsweise *Hit The Shelf* auch im Digitalen sichtbar und nachhaltig zugänglich zu machen?

Ein Interesse der Bibliotheksleitung war es, den digitalen Bibliothekskatalog zu einem umfangreichen Dokumentations- und Recherchetool des Museums auszuweiten. Um diese infrastrukturelle Neuausrichtung des Bibliothekskatalogs und damit eine progressive Darstellung der Bibliothek im Digitalen nutzbar zu machen, trat die GfZK-Bibliothek als eine von zwei Museumsbibliotheken 2015 der *finc*-Nutzergemeinschaft bei – einer Gemeinschaft, die durch die Universitätsbibliothek Leipzig 2014 initiiert wurde. Entscheidend war der kreative, individuell abstimmbare und anbieterunabhängige Charakter dieser Suchmaschinentechnologie[7], die auf Open Source Software basiert. Neben diesen Vorteilen besteht ein grundlegender Gewinn darin, die modernen Technologien mit bibliothekarischem Fachwissen zu kombinieren.[8] Die Teilnehmerbibliotheken sind dazu eingeladen, den digitalen Katalog dem eigenen Profil und den individuellen Ansprüchen gemäß in Zusammenarbeit mit der Universitätsbibliothek Leipzig mitzugestalten. Die Software bietet die Möglichkeit, institutionsspezifische Informationen zu verarbeiten. Die Zielvorstellung einer Erweiterung des Katalogs hin zu einem umfassenderen Werkzeug, das die Arbeit des Museums ein Stück weit mit abbildet, konnte damit weiterverfolgt werden.

Wie sieht dies konkret aus? Wie können etwa Inhalte von Ausstellungen neben der dazugehörigen Publikation im Katalog der Bibliothek abgebildet werden? Bedenkt man, dass eine Publikation zu einer Ausstellung ohne das Event der Ausstellung gar nicht existieren würde, ist es naheliegend, im Bibliothekskatalog eben gerade auch die Ausstellung sowie ihr Begleitprogramm eventuell als Volltext, auch als Abbildungen etc. digital dauerhaft verfügbar zu machen. Begreift man die Funktion des Katalogs als Werkzeug zur Dokumentation der Ausstellungen und Vermittlungsprogramme des Museums, so führt man hier die Informationen und das Wissen des Museums miteinander verknüpft zusammen. Wie wird dies nun bei der Erschließung der Ausstellungspublikation umgesetzt? Zu den üblichen bibliografischen Daten und dem Standort des gesuchten Exemplars werden ergänzende Zusatzinformationen zur Ausstellung geliefert. Diese

---

7 Die Technologie ermöglicht die gleichzeitige Recherche in verschiedenen Beständen von Spezialbibliotheken mit den Bestandsschwerpunkten Kunst, Kunsttheorie, Kunstgeschichte und Kunstpädagogik innerhalb Leipzigs.
8 Vgl. finc, https://finc.info/de/about. (21.11.2019).

Kataloganreicherungen gehen über die traditionelle bibliothekarische Formal- und Sacherschließung hinaus.

Die zur dreiteiligen Ausstellungsreihe *Travestie für Fortgeschrittene* mit dem gleichnamigen Titel erschienene Publikation wurde bei der Inventarisierung mit Links zu den Webseiten der drei Ausstellungsteile, zur Projektreihe *Hit The Shelf*, sowie dem Link zum Ausstellungsflyer im pdf-Format ausgestattet. Das Inhaltsverzeichnis sowie das Cover der Publikation werden durch die Titeldaten des Verbunds (K10plus) geliefert. Es wurden freie Schlagwörter vergeben mit deren Hilfe im Discovery-System die Titel der einzelnen *Hit-The-Shelf*-Ausgaben im Katalog abgerufen werden können. So ist es möglich, die Materialien und Publikationen, die von den teilnehmenden Künstlerinnen und Künstlern der einzelnen *Hit-The-Shelf*-Ausgaben zusammengestellt wurden, fast vollständig direkt im digitalen Katalog der Bibliothek abzubilden.

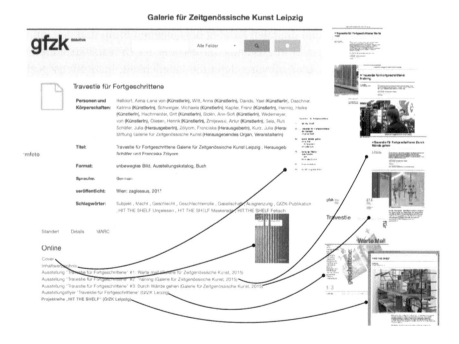

Abb. 6: Visualisierung von institutionsspezifischen Informationen im Katalogisat.

Um die Projektreihe unabhängig von einer einzelnen konkreten Suchanfrage zu präsentieren, findet sich auf der Webseite der Bibliothek[9] unter der Rubrik *Zusammengestellt* neben verschiedenen Inhalten u. a. auch die aufklappbare Kategorie *Thematische Regale*, die beim Anklicken die verschiedenen *Hit-The-Shelf*-Ausgaben als Hyperlinks auflistet.

Abb. 7: Screenshot der Startseite des Bibliothekskatalogs der GfZK.

Unter diesen ist das von den Künstlerinnen und Künstlern zusammengestellte Material der kuratierten Regale dokumentiert. Bisher konnten noch nicht alle Materialien digital eingebunden werden – ein vollständiger Überblick der einzelnen *Hit-The-Shelf*-Ausgaben ist jedoch in Arbeit. Derzeit kann man im Bibliothekskatalog vorerst die zum Bibliotheksbestand der GfZK gehörenden Publikationen der *Hit-The-Shelf*-Reihe aufrufen.

closing the gap – Museum trifft Bibliothek

Eine der Kernaufgaben der Bibliothek ist es, analog als auch digital Zugänge zu Informationen zu schaffen. Die Voraussetzungen im Analogen sind andere als im Digitalen, in ihren Ordnungsprinzipien sind sie dennoch ähnlich. Durch das digitale Format des Bibliothekskatalogs sind über die Publikation und deren

---

9 Bibliothekskatalog GfZK: https://katalog.gfzk.de. (20.11.2019).

Standort hinaus weitere Zugangsmöglichkeiten zu Inhalten der Ausstellungs-praxis gegeben.

So wie bei einer Ausstellung diverse Zugänge möglich sind, versteht die GfZK den Bibliothekskatalog als eine Art Mittler, der Inhalte von Ausstellungen am eigenen Haus über das einzelne Medium wie den Ausstellungskatalog, das Programm- und/oder Begleitheft und die bibliografischen Daten hinaus zugäng-lich macht. Derzeit sind diese zusätzlichen Informationsangebote in Form von bezeichneten Permalinks zur Ausstellung, zu Vermittlungs-, Veranstaltungs- und Forschungsprogrammen abrufbar. Hinzu kommt ein weiterer erwünschter Effekt der direkten Verlinkung des Bibliotheksbestands mit den Projekten des Museums. Durch das Nutzen der Zusatzinformationen im Bibliothekskatalog kann über die Publikation hinaus Interesse an den Aktivitäten des Museums ge-fördert werden. Mittels einer geeigneten Schnittstelle zur Museumsobjektdaten-bank könnten anschließend Kunstwerke mit Metadaten der Sammlungsstücke der jeweiligen Künstlerinnen und Künstler sowie deren Ausstellungsgeschichte innerhalb der GfZK im Bibliothekskatalog abgebildet werden. Der Bibliothekska-talog beschränkt sich durch diese institutionsspezifische Kataloganreicherung nicht nur auf den Nachweis des eigenen Bestandes und dessen Standort, son-dern macht die GfZK durch zusätzlichen Content als Museum erfahrbar.

Sicher hat die Katalogisierung dieser spezifischen Informationen ihre Gren-zen. Trotz der Einschränkung durch die formalen Vorgaben einer bibliografi-schen Datenbank und auch, wenn nicht zu jeder Ausstellung der GfZK eine Pu-blikation entsteht, versucht man die bestehenden Möglichkeiten zu nutzen und deren Grenzen auszuweiten.

developing spaces – Neue Perspektiven der Bib-liothek im Ausstellungskontext

Im Frühjahr 2019 wurde die Bibliotheksleitung durch das Kuratorinnenteam der Ausstellungen *anarchive* und *Bewußtes Unvermögen – Das Archiv Gabriele Stöt-zer*[10] eingeladen, das Display und den Inhalt, der in die Ausstellungen integrier-ten Recherchestation (*bookroom*) zu entwickeln.

---

[10] Beide Ausstellungen eröffneten am 09. März 2019; anarchive war bis 23. Juni 2019 zu sehen. Die Ausstellung Bewußtes Unvermögen – Das Archiv Gabriele Stötzer ist eine dreiteilige Aus-stellungsreihe, die bis März 2020 zu sehen war. https://gfzk.de/2019/deanarchive/, https://gfzk.de/2019/debewusstes-unvermoegen-das-archiv-gabriele-stoetzer-1/ (21.11.2019).

Abb. 8: bookroom, Foto: Alexandra Ivanciu.

Der *bookroom* bot auch einen Raum für Lesungen, Diskussionen, Präsentationen und Gespräche. Die enge Zusammenarbeit mit den Kuratorinnen wie auch das Einbinden des Bibliotheksbestandes in die Ausstellung unterstreichen die Vernetzung der verschiedenen Bereiche und deren Kompetenzen in der GfZK. Diese Art der Zusammenarbeit zwischen Ausstellungsabteilung und Bibliothek bereichert beide Seiten zu gleichen Teilen. Die Wahrnehmung der Bibliothek als ein konzeptionell wichtiger und Wissen generierender Teil des Museums wird indes deutlich gestärkt, neue Ideen sollen in Zukunft in Verbindung mit der Ausstellungspraxis der GfZK und im inhaltlichen Austausch zwischen der Bibliotheksleitung und den Kuratorinnen weiterentwickelt werden.

Katrin Schuster
informieren, entdecken, mitmachen – Werkstattbericht aus der Münchner Stadtbibliothek

> Die Aufgabe des Kuratierens ist es, Verbindungen zu schaffen, dafür zu sorgen, dass verschiedene Elemente miteinander in Berührung kommen, selbst wenn es bisweilen schwierig ist, die Wirkung solcher Gegenüberstellungen exakt nachzuzeichnen.
>
> Hans Ulrich Obrist in: *Kuratieren!*

Öffentliche Bibliotheken sehen sich mit einer rasanten Diversifizierung ihrer Nutzerschaft konfrontiert, auf die man auf Kommunikations- wie Bestandsebene nicht immer adäquat reagieren kann. Brauchen wir mehr Datenbanken, Tonies oder Streaming-Angebote? Wie vielsprachig muss der Buchbestand sein, und bieten wir leichte oder einfache Sprache an oder beides? Brauchen wir mehr stille Arbeitsplätze oder mehr Raum für soziale Interaktion? Und warum weiß eigentlich niemand da draußen, was eine Öffentliche Bibliothek jetzt schon alles kann?

Auch getrieben vom Wandel der Kommunikationsformen in der digitalen Gesellschaft haben Bibliotheken entdeckt, welche Chancen die neuen Zeiten für sie bergen. Nie schien es einfacher, die Bezeichnung „öffentliche Institution" beim Wort zu nehmen und laut darüber nachzudenken, was mit „öffentlich" eigentlich gemeint ist. Landauf, landab werden partizipative Projekte gestartet, ein Social-Media-Kanal gehört zur Standardausstattung, die Innenarchitektur gleicht sich den (vermeintlichen) Lebenswelten der Nutzerinnen und Nutzer an, die Relevanz der Programmarbeit steigt.

All diese neuen Formen der Bestandsvermittlung korrumpieren Katalog und Klassifikation auf durchaus produktive Weise, da sie neue Verbindungen zwischen Bürgern und Büchern stiften, blinde Flecke sichtbar machen und den herrschenden Diskurs für andere Perspektiven öffnen. Der Ausstellungsmacher Hans Ulrich Obrist begreift diesen Dialog zwischen Mensch und Medium als Essenz des Kuratierens – und die Konjunktur dieses Begriffs als Folge der gesellschaftlichen und ökonomischen „Werteverschiebung: Es geht nicht mehr darum, Gegenstände zu produzieren, sondern unter den vorhandenen auszuwählen"[1]. Ähnlich der *Medium*-Kolumnist Mike Raab: „Before the internet, the

---

1 Obrist 2015, S. 101.

https://doi.org/10.1515/9783110673722-006

curators that we knew personally were our friends and family"[2]. Für Obrist bedeutet Kuratieren allerdings mehr als das bloße Auswählen; es geht in gleichem Maße um die Beteiligung der Betrachterinnen und Betrachter, mindestens durch das Ausstellen einer quasi-subjektiven Auswahl. Auch der Bibliotheksberater Rob Bruijnzeels skizziert sein Ideal des bibliothekarischen Prozesses als Kreislauf von Beteiligung – Inspiration – Schöpfung – Beteiligung – Inspiration usw.[3] und öffnet damit den Katalog für „co-created content".

Allein, Bibliotheken sind nicht nur öffentlich, sondern zuallererst staatliche oder kommunale Institutionen und als solche auf die Ausübung von Verwaltungsautorität verpflichtet. Entsprechend groß ist manchmal der Widerstand des Bibliothekspersonals gegen Initiativen, die den Nutzerinnen und Nutzern mehr Mitsprache einräumen (wollen). Man zweifelt an der Fähigkeit der Bürgerinnen und Bürger, die richtigen Entscheidungen für die Bibliothek zu treffen oder belächelt die neuen Begrifflichkeiten (curated content, Partizipation, user centricity, Change-Management usw.) als banale Trends. All diese Kritik am Verfahren gilt es zu integrieren, indem man die Zugänge zu dieser Form der Vermittlungsarbeit für alle Kolleginnen und Kollegen öffnet und so transparent als möglich agiert.

1 Social Media: Content kuratieren

Social Media bietet Bibliotheken ein ideales Experimentierfeld für die digitale Vermittlungsarbeit. Netzwerke wie Facebook, Twitter und Instagram haben die Menschen zum Sprechen gebracht: über das, was sie suchen, begehren, gutheißen, lieber nicht wissen wollen. Und sie bieten mediale Infrastrukturen, die für Laien leidlich praktikabel zu bedienen sind, so dass sich Beitragende auf Inhalte konzentrieren können. Da zudem viele der Mitarbeiterinnen und Mitarbeiter von Bibliotheken bereits privat auf Social Media aktiv sind, stellen sie einerseits eine besondere Zielgruppe dar und verfügen sie andererseits über Kenntnisse der Formen und Mechanismen von sozialen Netzwerken. Die eigenen Kolleginnen und Kollegen in die Social-Media-Arbeit einzubeziehen empfiehlt sich auch aus innenpolitischen Gründen: Man kann nicht Teilhabe propagieren, diese im eigenen Haus aber nicht zulassen. Zudem stärkt das Mitmachen die Identifikation mit der Institution und das Verständnis für die Notwendigkeit der Professionalisierung der digitalen Kundenkommunikation. Digitales Kuratieren meint des-

---

2 Raab 2019.
3 Bruijnzeels 2014.

halb in der Münchner Stadtbibliothek immer eine doppelte Bewegung: Die Mitarbeitenden beteiligen sich einerseits an der Institution, wenn sie in deren Namen Inhalte auswählen und veröffentlichen, interagieren andererseits mit Nutzerinnen und Nutzern, wenn diese ihren Teil zur institutionellen Öffentlichkeit beitragen. Dass da manche Hierarchien erodieren, erklärt sich von selbst.

In der Münchner Stadtbibliothek gibt es zwei Projekte, in denen das Ausprobieren und Erlernen des digitalen Kuratierens möglich ist und an denen man sich als Mitarbeiterin oder Mitarbeiter beteiligen kann – ein Projekt auf Facebook, ein anderes auf Instagram. Die 2018 vorgestellte Social-Media-Strategie leitet aus den unterschiedlichen Strukturen der Netzwerke unterschiedliche Strategien ab: Instagram zeichnet sich durch den Akzent auf Mobilität und Ästhetik aus, Facebook dagegen durch Multimedialität und Netzwerkarchitektur. Der Instagram-Kanal wurde deshalb „mobilisiert", d. h. auf die Reise geschickt: Jeden Monat wird er von einem anderen Team aus dem Haus bespielt.[4] Facebook wiederum wurde im Sommer 2017 dezentralisiert; seither betreibt (fast) jeder Standort der Münchner Stadtbibliothek eine eigene Fanpage, insgesamt über 20. Eine Fortbildung *by doing*: Die Facebook-Redakteurinnen und -Redakteure kennen sich vor Ort bestens aus in der Kundenkommunikation, und nun lernen sie deren digitales Pendant, die digitalen „communities of practice"[5], kennen und ihre Nutzerinnen und Nutzer als ebenbürtige oder sogar erfolgreichere Gatekeeper, Kuratoren und Kuratorinnen. Die Institution wiederum lernt, wie ihre Mitarbeiterinnen und Mitarbeiter über sie sprechen, von ihr erzählen, sie in Posts und Tweets fassen. Digitales Kuratieren à la Münchner Stadtbibliothek beantwortet mithin eine zweifache Frage: Was denken die eigenen Leute und was die anderen?

2 Vor Ort: Bestandspräsentationen

Eine Öffentliche Bibliothek spürt früh die gesellschaftlichen Veränderungen in einer Stadt. Wo Bildungsbürger und lernende Jugendliche, wo Rentner/-innen mit Migrationshintergrund und deutsche Obdachlose einander wahrnehmen als gleichberechtigte Nutzerinnen und Nutzer, da avanciert Demokratie schnell zu einer Frage der Pragmatik[6]. Die Erfahrungen solchen Miteinanders werden als Inspiration für die bibliothekarische Arbeit allerdings chronisch unterschätzt. Die hier vorgestellten Projekte stellen Versuche dar, zu verstehen, welche Rolle

---

4 Schuster 2019.
5 Stalder 2016.
6 Schuster 2016.

und Funktion die Münchner Stadtbibliothek für ihre Nutzerinnen und Nutzer hat. „Bestand" meint dabei nie nur die Medien, sondern immer auch die Menschen und die Orte einer Bibliothek.

2.1 Orte kuratieren: #meinOrt

2015/16 hat die Münchner Stadtbibliothek einen Visionsprozess durchlaufen. Einer der Kernsätze der Vision 2020 lautet „Das ist mein Ort". Expliziter kann man ein Besitzrecht der Nutzerinnen und Nutzer an ihrer Bibliothek kaum zum Ausdruck bringen. Warum die Münchnerinnen und Münchner die Bibliothek als „ihren Ort" begreifen, wollten wir schließlich von diesen selbst wissen. Im Vorfeld der Konferenz *Public!19* stellten wir auf der Eingangsebene der zentralen Stadtbibliothek Am Gasteig eine Pinnwand auf, auf der der Halbsatz „Die Bibliothek ist mein Ort, weil ..." zu lesen war.

Etwa drei Wochen stand diese Pinnwand in der Bibliothek. Am Ende zählten wir über 260 Post-Its, nur wenige davon ohne erkennbaren Bezug zur Frage. Die anderen lassen sich in vier Gruppen einordnen: Aussagen zum Medienbestand, über die Menschen vor Ort, zum Ort an sich und zur Idee Bibliothek. Dass die Pinnwand nicht durchgehend betreut oder gar bewacht wurde, schien es vielen umso leichter zu machen, offen zu sprechen bzw. zu schreiben. So meldeten sich auch und gerade Menschen zum Mitschreiben am „co-created content" zu Wort, die vom Rest der Gesellschaft oft ausgeblendet werden: „weil ich obdachlos bin". Auf diesem Wege gelangt ein blinder Fleck in die Öffentlichkeit und eine bislang ungehörte Stimme vielleicht sogar in den Bestand.

Gelernt haben wir: Unsere Nutzerinnen und Nutzer freuen sich, wenn sie gefragt werden; zumindest antworten sie gerne, wenn man es tut. Die Anzahl und die Diversität der Post-Its haben uns durchweg positiv überrascht. Unterschätzen sollte man darüber hinaus nie die interne Wirkung solcher Pinnwände: Die Mitarbeiterinnen und Mitarbeiter kamen quasi täglich an dieser Wand vorbei und schöpften aus der Vielfalt der wertschätzenden Kommentare die Aufmunterung, die im Alltag von Dienstleistenden an manchen Tagen schwer zu finden ist. Dementsprechend wiederholten einige Stadtteilbibliotheken die Aktion in ihren Häusern – mit anderen, aber ähnlich bewegenden Ergebnissen.

2.2 Bestand kuratieren: quer und interaktiv

Angelehnt an die Reading Challenge[7] der Münchner Stadtbibliothek wurde 2019 nach der Erfahrung der Pinnwandaktion „Die Bibliothek ist mein Ort, weil ...“ eine neue Form der Bestandspräsentation erarbeitet. Das einfache Rezept für diese Form der Vermittlungsarbeit lautet: Kuratiert wird von den Mitarbeiterinnen und Mitarbeitern quer zum Katalog und ausdrücklich interaktiv. Für Ersteres gibt es hervorragende Beispiele vor allem aus den Öffentlichen Bibliotheken der USA, angefangen von „I don't know the title but it was blue" (präsentiert werden ausschließlich blaue Bücher) bis zu „Guys who lost their shirt" (präsentiert werden Bücher, auf deren Cover ein Mann mit muskulösem Oberkörper eben diesen gerade freigemacht hat – Kitsch as Kitsch can). Quer zum Katalog bedeutet in unserem Fall jedoch auch mediale Vielfalt: Zu jeder Bestandspräsentation gehören neben Belletristik auch Sachbücher, Dokumentarfilme, Games, Musik, Kinderbücher, eMedien (die per QR-Code präsent sind) sowie Flyer mit Hinweisen auf passende Programme oder Angebote der Bibliothek.

Aufwändiger gestaltet sich das interaktive Element, das im Idealfall aus dem Thema entwickelt wird und unbedingt um Niedrigschwelligkeit bemüht sein sollte, um die Zahl der möglichen Teilnehmenden nicht unnötig einzuschränken. Ein paar Beispiele mögen einen Eindruck der Herangehensweise geben: Die Präsentation zum Thema „Digitalisierung" wurde begleitet von einer Stellwand, auf der einen Seite der Satz „Ich mag das Netz, weil ...“, auf der Rückseite „Mir macht das Netz Angst, weil ...". Die zahlreichen Antworten auf diese ‚Fragen' fließen vor allem in die Programmarbeit ein, da sie Interessen und Anliegen formulieren, die in einer Bibliothek auf offene Ohren stoßen. An das revolutionäre Jahr 1919 erinnerte neben der Präsentation von unterschiedlichen Medien zum Thema auch die Frage „Und wie veränderst Du die Welt?“. Die Antworten wurden wie Flugzettel an einer Wäscheleine gesammelt. Parallel startete in Social Media die Selfie-Aktion #1919frauen, die den 100. Geburtstag des Frauenwahlrechts feierte und auf unerwarteten Wegen ein kleines Plakat im Corporate Design der Münchner Stadtbibliothek durchs World Wide Web schickte. Das ist eine Möglichkeit, wie sich Menschen den Bestand der Münchner Stadtbibliothek zu eigen machen können. Eine andere: Als wir „Südamerika" ins Blickfeld rückten, standen neben der Medienpräsentation zwei identische Karten von Südame-

---

7 Reading Challenges sind Lektürelisten, die es gilt, binnen eines definierten Zeitraums abzuarbeiten. Die einzelnen Aufgaben können thematisch (z. B. Bücher über Behinderung), ästhetisch (z. B. Grüne Bücher) oder geografisch (Bücher aus Nigeria) gestellt sein. Reading Challenges unternimmt man meist in einer Gruppe (oft im Internet organisiert) zur gegenseitigen Motivation.

rika, unterschieden nur durch die Überschriften „Wo ich schon mal war" und „Wo ich mal hinmöchte". Mit Klebepunkten erfolgte die Abstimmung. So entstanden zwei neue Karten von Südamerika, die nicht nur von Ländern und Grenzen Zeugnis ablegen, sondern auch die Topografien des Reisens und der Sehnsucht unseres Bibliothekspublikums entwarfen. Bei der Bestandspräsentation zum Thema „Essays und Tagebücher" wiederum gab es ein Stehpult mit einem leeren Buch: Das „Gemeinschaftstagebuch" füllte sich kontinuierlich und enthielt am Ende berührend viele Geschichten aus dem Alltag der Münchnerinnen und Münchner, manche ernst, manche heiter, manche von Trauer belegt, manche vor Glück sprühend. Dieses Buch soll bald einen festen Platz in der Bibliothek erhalten, katalogisiert, aber nicht ausleihbar – Präsenzbestand im besten Sinn des Wortes. Auf einer anderen Ebene der Stadtbibliothek Am Gasteig wurde schließlich ein „Kreativraum" eingerichtet, der Bücher aus dem Do-It-Yourself-Bereich ausstellt, Materialien zum sofortigen Selbermachen bereitstellt (Wolle, Papier) und mit Veranstaltungen zum Thema bespielt wird.

Die andere Frage ist: Gehört der Content, der dabei entsteht – Post-It-Plakate, überpunktete Landkarten, ein Tagebuch von anonymen Ko-Autoren und -Autorinnen, Origami-Elefanten – eigentlich zum Bestand?

3 Die neue Webseite: Bibliothek kuratieren

Die Frage nach der sozialen Bedeutung des digitalen Wandels wird wohl noch länger unbeantwortet bleiben. Aktuell können wir immerhin Symptome sammeln; darunter eine der augenfälligsten die Dezentralisierung der Öffentlichkeit (sofern man es dann noch so nennen kann), die im Netz bereits so weit fortgeschritten ist, dass selbst dessen Agora Facebook an Bedeutung einbüßt. Facebooks Algorithmen haben den Newsfeed – immer noch das Herzstück – mittlerweile derart sinnentleert, dass die Nutzerinnen und Nutzer zunehmend gleichgültiger gegenüber dessen Inhalten werden.[8]

Der große Vorteil von internationalen Netzwerken wie Facebook oder Twitter ist zugleich deren größter Nachteil: Sie sind auf ihre jeweiligen Einnahmequellen angewiesen, und das hat erwartbare Folgen für deren Nutzerinnen und Nutzer. Der Algorithmus bevorzugt jene Teilnehmenden, die ihn dafür bezahlen; zugleich sind die Möglichkeiten, die eigenen Inhalte autonom zu strukturieren, überaus begrenzt – und dann gehören sie einem noch nicht einmal. Hinzu kommt, dass auf Facebook eben längst nicht „alle" sind, auch wenn es einem

---

8 De Moor 2019.

manchmal so vorkommen mag. Die Entscheidung gegen eine Teilnahme wird sogar oft sehr bewusst getroffen. Und sie wird immer öfter getroffen:[9] Längst gilt es für Unternehmen und Institutionen, über eine Zeit nach Facebook nachzudenken. Auch deshalb belässt es die Münchner Stadtbibliothek nicht beim Mitmachen auf Social Media, sondern investiert parallel in eigene digitale Plattformen, um weitere Zugänge zu ihren Inhalten zu eröffnen und möglichst viele Menschen zu beteiligen, die von der Nutzung der Bibliothek profitieren.

Der Relaunch der neuen Webseite im Januar 2020 steht am Ende einer Entwicklung, die 2016 mit der Einführung des Corporate Blogs der Münchner Stadtbibliothek begonnen hat. Das Blog diente einerseits – wie Social Media – als Schulungstool: Alle Mitarbeiterinnen und Mitarbeiter wurden zum Mitschreiben oder Mitmachen bei Aktionen eingeladen; teilnehmen konnte man als Beiträger/-in der Reading Challenge, durch eigene Kolumnen, aber auch durch einzelne Meinungsäußerungen oder als Model für die Fotoserien *#1919frauen* oder *Lesen verbindet!* Zugänge eröffnen, um Teilhabe zu ermöglichen – so lautet das Programm der Bibliothek, nach außen wie nach innen, analog wie digital. Das Blog diente andererseits auch als eine Art Forschungsobjekt, das Aufschluss geben sollte über das Engagement von Personal wie Publikum, über mögliche Gegenstände des digitalen Kuratierens sowie über die Öffentlichkeitswirksamkeit von Plattformen jenseits der sozialen Netzwerke. Und es gab Aufschluss: Das Blog wirkt heute nach innen wie nach außen, der Verwaltungsdirektor der Münchner Stadtbibliothek liest es, Journalistinnen und Journalisten nutzen es zur Recherche wie Inspiration und auch unter unseren Nutzerinnen und Nutzern sowie Fans und Followern spricht es sich herum.

Aufbauend auf diese Erfahrung und ebenfalls mit Blick auf die soziale Austrocknung von Social Media begann im Oktober 2018 die Umstrukturierung des Newsletter-Versands in der Münchner Stadtbibliothek. Dazu gehört nicht nur die Zusammenarbeit mit einem professionellen Anbieter, sondern auch – wie bei Social Media – die strategische Ausrichtung auf die Bedürfnisse von Nutzerinnen und Nutzern. Der zentrale Newsletter kuratiert – nach dem Motto „Stop thinking of your publication as a newsletter. Start creating news magazines"[10] den gesamten Bibliotheksbestand – Menschen, Medien und Orte – und will sowohl informieren als auch inspirieren. Daneben erstellen viele Stadtteilbibliotheken und die Monacensia im Hildebrandhaus, „das literarische Gedächtnis der Stadt", eigene Newsletter, die zuallererst die zuverlässige Information ihres jeweiligen Publikums im Blick haben. Schulungen und regelmäßige Coachings und Workshops sichern – wie bei Social Media – die Qualität der Publikationen.

---

9 Pröll 2019.
10 Hursh 2019.

Die Zahlen geben der Stoßrichtung recht; der zentrale Newsletter mit ca. 1 000 Abonnentinnen und Abonnenten erzielt schon heute mehr Interaktionen als die Facebook-Fanpage mit rund 8 000 Fans.

Herzstück der digitalen Kommunikation ist die neue Webseite der Münchner Stadtbibliothek, die im Januar 2020 online gegangen ist. Grundlage des Relaunchs bildete der Auftaktsatz der Vision 2020 der Münchner Stadtbibliothek: „Das ist mein Ort". Was auf den ersten Blick an die Rede vom „Dritten Ort" gemahnt, entpuppt sich als noch viel spannendere Aufgabe, wenn man den Perspektivwechsel und die aneignende Geste ins Digitale zu übersetzen versucht: Wie öffnet man eine Webseite für deren Nutzerinnen und Nutzer und wie gestaltet man den Dialog? Wie wird aus einer Homepage „mein Ort"?

In Workshops, zu denen stets alle Mitarbeiterinnen und Mitarbeiter der Münchner Stadtbibliothek eingeladen wurden, arbeiteten wechselnde Teams zu Zielgruppen, Inhalten und Strukturen. Die konsequente Nutzerorientierung warf alles über den Haufen, wovon man bislang ausgegangen war. Statt einer Navigation, die interne Strukturen (Abteilungen, Abläufe, Topografien) abbildet, reduziert die Webseite der Münchner Stadtbibliothek die Bedürfnisse ihrer Nutzerinnen und Nutzer auf drei Tätigkeiten, die auch die Navigation darstellen: informieren, entdecken, mitmachen. Im Zentrum der Homepage befindet sich ein Suchfeld, das den gesamten Bestand der Münchner Stadtbibliothek im Blick hat: die Veranstaltungen, die Medien, die Orte und alle anderen Inhalte (Blog, Social Media).

Auch durch die Einordnung in den Dreiklang informieren-entdecken-mitmachen erfährt dieser Bestand eine radikale Umordnung. Eine wieder andere Perspektive auf die Beziehungen zwischen Medien, Menschen und Orten wirft eine Reihe von Landing Pages, die sich an communities of practice richten: an Eltern, an Leser/-innen, an Neuzugezogene ... – Jede dieser Seiten widmet sich einem Thema, jede dieser Seiten wird individuell kuratiert, jede dieser Seiten stiftet Verbindungen zwischen Programm, Bestand und Nutzer/-in, die wiederum Auswirkungen auf Programm, Bestand und Nutzer/-innen haben. Rob Bruijnzeels' Kreislauf von Beteiligung, Inspiration und Schöpfung ist unschwer zu erkennen im Dreiklang der Münchner Stadtbibliothek: informieren, entdecken, mitmachen.

Das für uns spannendste Element ist allerdings die „partizipative Bühne". Sie bildet den Kopf der Startseite und zugleich den Hintergrund des zentralen Suchfelds, ansonsten ist bis auf das Logo der Münchner Stadtbibliothek sowie der oben skizzierten Navigation weiter nichts zu sehen, so lange man nicht scrollt. Auf dieser Bühne können Bilder und Videos stattfinden, und die Bühne soll einerseits von den Mitmachaktionen der Münchner Stadtbibliothek berichten, andererseits auch Userinnen und User zu Wort bzw. Bild kommen lassen.

Denkbar sind virale (Community-)Aktionen, Wettbewerbe, Take-Overs wie bei Instagram …, die in die Bibliothek vor Ort zurückwirken können und sollen: als Ausstellung, als Präsentation, als Bestand wie in der Bestandsvermittlung.

Es geht beim digitalen Kuratieren mithin nicht allein darum, Beteiligung an der Bibliothek zu üben und deren Potenziale auszuloten. Mit dem Jahr 2020 hat die Münchner Stadtbibliothek begonnen, monatlich wechselnde Themen zu kuratieren und dabei jeweils das Netz vor Ort zu integrieren und umgekehrt – um nicht nur Interaktionen zwischen Mensch und Institution, sondern auch zwischen virtuellen und realen Räumen zu stiften. Jedes Thema wird von Veranstaltungen, Bestandspräsentationen, Social-Media-Aktionen, Blogartikeln, Medienlisten und einer eigenen Landing Page auf der Webseite (der zentrale Sammelpunkt für diesen neuen Bestand) begleitet werden, um unterschiedlichen Communities unterschiedliche Zugänge zu eröffnen und die Bibliothek dadurch in all ihrer Vielfalt erstrahlen zu lassen. Auch das meint nämlich Neil Gaimans längst legendärer Satz über den Unterschied zwischen Google und einer Bibliothek, der viel zu oft als Unfehlbarkeitsanspruch missverstanden wird: „Google can bring you back, you know, a hundred thousand answers. A librarian can bring you back the right one."[11] handelt nicht von der Wahrheit, sondern von der einen Antwort, die für eine bestimmte Person in einer bestimmten Situation die richtige ist. In diesem Sinne haben Bibliotheken tatsächlich noch nie etwas anderes getan als zu kuratieren – man muss es heutzutage eben nur ein bisschen anders machen ☺.

Literatur

Bruijnzeels, Rob (2014). Bibliotheken ist ein Verb, Präsentation, HDM Stuttgart, https://www.hdm-stuttgart.de/bi/symposium/skripte/Bruijnzeels_Bibliotheken%20ist%20ein%20Verb_Forum%202_14-12-05.pdf (1.11.2019).

De Moor, Thomas (2019). Facebook's Newest Project Exposes Its Long-Term Plan, medium.com, onebonsai, https://lab.onebonsai.com/facebooks-newest-project-exposes-its-long-term-plan-9ff9b1368c56 (1.11.2019).

Gaiman, Neil (2010). On Libraries, Youtube-Video, hochgeladen am 19.4.2010 von indyPL (Indianapolis Public Library), https://www.youtube.com/watch?v=uH-sR1uCQ6g (1.11.2019).

Hursh, Angela (2019). Frustrated with Your Library Marketing Newsletter? Here's Why You're Not Getting the Results You Want AND How to Fix It, superlibrarymarketing.com, https://superlibrarymarketing.com/2019/09/02/newsletters/ (1.11.2019).

Obrist, Hans Ulrich (2015). Kuratieren! München: C. H. Beck.

---

11 Gaiman 2010.

Pröll, Juliane (2019). Social Media-Plattformen: Wandern die Communities ab? onlinemarketing. de, https://onlinemarketing.de/news/social-media-plattformen-wandern-die-communities-ab (1.11.2019).

Raab, Mike (2019). Forget Influencers – The Future is Curators, Medium, https://medium.com/the-raabithole/forget-influencers-the-future-is-curators-29a026dc7c26 (1.11.2019).

Schuster, Katrin (2019). Da bewegt sich was. Digitale Partizipation in der Münchner Stadtbibliothek – ein Werkstattbericht. BuB – Forum Bibliothek und Information, 71(7), 413–415.

Schuster, Katrin (2016). Freie Räume, neue Gemeinschaften. Die Bibliothek als real-digitale Schnittstelle. Blog der Münchner Stadtbibliothek, https://blog.muenchner-stadtbibliothek. de/freie-raume-neue-gemeinschaftendie-bibliothek-als-real-digitale-schnittstelle/ (1.11.2019).

Stalder, Felix (2016). Kultur der Digitalität. Berlin: Suhrkamp.

Anke Buettner
Mash it, Move it, Discover and Improve it!
Neue Formen der Zusammenarbeit und digitales Kuratieren

> Uns trennt von gestern kein Abgrund, sondern nur die veränderte Lage.
> Alexander Kluge

Alexander Kluges Ausstellung „Pluriversum"[1] wurde 2017 erstmals in Essen im *Museum Folkwang* gezeigt. Der gleichnamige Katalog über Hackathons sei allen ans Herz gelegt, die sich auf eine abstrakte, bisweilen gleichermaßen unorthodoxe wie unterhaltsame Weise dem Kuratieren als solches annähern möchten. Beim Kuratieren geht es, wie Alexander Kluge simpel feststellt, um das Auswählen, Verdichten und Kürzen: „Es geht darum den Kern herauszuarbeiten"[2]. Es gilt, die Konzentration auf das Thema und seine wesentliche Relevanz für das Publikum, die Institution und ihr Umfeld zum aktuellen Zeitpunkt herauszukristallisieren. Das Ausgabeformat – Programm, Ausstellung, Bestandsprofil etc. – ist erst im zweiten Schritt relevant. Warum das so ist, lässt sich sehr gut am Kultur-Hackathon „Coding Da Vinci"[3], im Folgenden konkret Coding Da Vinci Süd, zeigen. Bei einem Kultur-Hackathon beschäftigen sich Coder/-innen, Designer/-innen und Kulturbegeisterte mit offenen Kulturdaten (cultural commons) von Kulturinstitutionen wie Galerien (**G**alleries), Bibliotheken (**L**ibraries), Archiven (**A**rchives) und Museen (**M**useums), kurz GLAMs genannt. Die Akteurinnen und Akteure verändern die GLAM-Datensätze, d. h. sie bearbeiten sie, setzen sie neu zusammen und entwickeln daraus eigenständig Projekte, Produkte und Programme. Es ist eine neue, noch ungeübte Praxis, sich kreativ mit kulturellem Erbe und mit Bestandsvermittlung auseinanderzusetzen. Wesentlich dabei ist,

---

1 Kluge, Alexander (2017). Pluriversum. Museum Folkwang, Leipzig: Spector Books.
2 Kluge 2017, S. 41.
3 Die Deutsche Digitale Bibliothek, die Open Knowledge Foundation Deutschland, Wikimedia Deutschland und die Servicestelle Digitalisierung Berlin haben „Coding da Vinci" 2014 in Berlin gegründet und den Hackathon in den Folgejahren lokal weiterentwickelt. Nach Coding Da Vinci Nord, Ost und RheinMain fand 2019 das erste Mal Coding Da Vinci Süd statt und lud Kulturinstitutionen aus Bayern und Baden-Württemberg ein. Zu den Initiatoren gehörten die Münchner Stadtbibliothek und das Goethe-Institut neben dem Deutschen Museum, der Bayerischen Akademie der Wissenschaften, dh.muc – Digital Humanities München sowie dem Zentrum Digitalisierung Bayern und der Landesstelle für die nichtstaatlichen Museen. Die beiden letzteren übernahmen die Projektleitung. Mehr Infos: https://codingdavinci.de/ sowie auf twitter @codingdavinci @cdvsued Hashtags #codingdavinci #cdvsued.

https://doi.org/10.1515/9783110673722-007

dass die Deutungsmacht über den Umgang mit den Sammlungen und Beständen – zumindest für das Einzelprojekt – abgegeben und demokratischer gestaltet wird. GLAM-Institutionen begegnen den Rezipientinnen und Rezipienten auf Augenhöhe. Es ist ja durchaus auch eine ungewohnte Art und Weise, sich mit dem Publikum auseinanderzusetzen, das sich im Idealfall sogar in den jeweiligen Communities zum Botschafter der Einrichtung macht und deren Wirkung und Reichweite mittelfristig verbessert. Entscheidender ist jedoch, dass sich eine qualitative Steigerung im Kontakt und in der persönlichen Auseinandersetzung mit den Besucherinnen und Besuchern sowie bisherigen Nichtnutzerinnen und Nichtnutzern der Einrichtung ergibt.

Weiteres Ziel eines Hackathons ist es, den Teilnehmenden, interessierten Einzelpersonen wie Kulturinstitutionen, das Potenzial frei verfügbarer Daten zu zeigen und einen Raum für experimentellen Umgang mit Sammlungen oder Einzelexponaten etwa auch in Verbindung mit frei verfügbaren Daten aus ganz anderen Kontexten bereitzustellen. Dass die Kontextualisierung unabhängig von den Institutionen durch die Nutzerinnen und Nutzer getroffen wird, ist eine zusätzliche Herausforderung für die datengebenden Institutionen, die gewohnt sind, ihre Kooperationen und inhaltlichen Zusammenhänge zu kontrollieren und Veröffentlichungen wie Produkte zumindest freizugeben.

Auf diese Weise entstehen vielschichtige Pilotprojekte, unerwartete Partnerschaften. Sie entwickeln häufig auch organisatorisch eine ungewohnte Dynamik und führen zu einer ersten Annäherung an kollaboratives Arbeiten über digitale Plattformen und weniger hierarchische Entscheidungsprozesse. Es entstehen – und dieser Aspekt ist nicht zu unterschätzen – neue Perspektiven auf Institutionen und ihre Verortung in Zeit, Raum und Gesellschaft. Die GLAMs erfahren sozusagen eine neue Aneignung durch ihre Besucher/-innen und Nutzer/-innen, die mit ihren Beiträgen Sammlungen und Bestände anreichern und kommentieren.

Digitalen Wandel gemeinsam gestalten

Dass ausgerechnet das Digitale den Wert des Lokalen und Sozialen immens steigern kann, ist für viele noch immer überraschend. Für die Münchner Stadtbibliothek war es aus ihrer eigenen positiven und mehrjährigen Erfahrung heraus besonders attraktiv, die zweitägige Kickoff-Veranstaltung des Kultur-Hackathons – als erste öffentliche Bibliothek überhaupt – an ihrem größten Standort *Stadtbibliothek Am Gasteig* zu beherbergen. Die Bibliothek wollte ein großes Publikum mit den Themen „kulturelles Erbe" und „frei verfügbares Wissen" in

Kontakt bringen und gleichzeitig der Stadtgesellschaft zeigen, wie aufgeschlossen die Öffentliche Bibliothek per se für Digitalität und Partizipation ist.

Abb. 1: Beispiel aus der Speisekartensammlung der Monacensia: Mathäserbräu-Bierhallen, Kriegs-Speisen-Karte vom 30.10.2016, Quelle: Münchner Stadtbibliothek/Monacensia.

Die Bibliothek ergriff nicht nur die Initiative als Veranstalter und brachte sich mit den Daten ein, sondern digitalisierte zudem im Vorfeld eine kulturhistorisch interessante, optisch wunderschöne und nicht im Katalog erfasste Speisekartensammlung der wissenschaftlichen Monacensia-Bibliothek[4], der die leitende Bibliothekarin unbedingt mehr Aufmerksamkeit wünschte. Und: Der Wunsch ging in Erfüllung! Noch ein Jahr nach dem Hackathon gibt es immer wieder Presseberichte über die außergewöhnliche Sondersammlung.

Abb. 2: Beispiel aus der Speisekartensammlung der Monacensia: P1, Das fidele Atelier im Haus der Kunst, Getränkekarte um ca. 1960. Quelle: Münchner Stadtbibliothek/Monacensia.

Abb. 3: Schmankerl Time Machine, Quelle: Münchner Stadtbibliothek/Monacensia.

---

4 Die Monacensia im Hildebrandhaus gehört als Institution zur Münchner Stadtbibliothek. www.muenchner-stadtbibliothek.de/monacensia (14.06.2020).

Das mit dem Preis „Most technical" ausgezeichnete Projekt *Schmankerl Time Machine*[5] des Coding Da Vinci Süd hat nicht nur temporär die Speisekarten in einer Anwendung aufbereitet, sondern es wird kontinuierlich weiterentwickelt: zuletzt bei einem offenen Editathon in der Monacensia, der Interessierte bei der Transkribierung der Speisekarten beteiligte und ihnen zuvor Basiskenntnisse einer gängigen Transkribierungssoftware vermittelte. Mit dem fünfköpfigen Team hinter der Schmankerl Time Machine gibt es mittlerweile weitere Ideen für Kooperationen. Im Fokus steht dabei die digitale Positionierung der Monacensia als nicht-kommerzielle, öffentliche und offene Kultur- und Forschungseinrichtung. Mehr lässt sich in dem offenen Prozess der Konzeptentwicklung dazu noch nicht sagen. Die jungen Wissenschaftlerinnen und Wissenschaftler haben ihren Hintergrund in den Fächern Geschichte, Kunstgeschichte, Informatik und Statistik und sind in der IT-Gruppe Geisteswissenschaften im LMU Center for Digital Humanities verankert. Aus diesem interdisziplinären Kontext heraus hat ein Teil von ihnen das spannende Startup Munich Research gegründet.[6]

Prepare your data!

In der mehrwöchigen Aufwärmphase[7] tourte das gesamte große Coding-Da-Vinci-Süd-Team durch bayerische und baden-württembergische Universitäten, Schulen und die Verwaltungsrunden der jeweiligen in München verorteten Institutionen, wie dem Kulturreferat der Landeshauptstadt München sowie dem Bayerischen Wirtschaftsministerium, um für das Projekt zu werben. Gleichzeitig wurden in den beteiligten GLAM-Institutionen selbst Mitarbeiter/-innen in Sachen Aufbereitung von digitalen Daten und freie Lizenzen geschult. Da diese Expertinnen und Experten für technische und rechtliche Aufgabenstellungen in den Institutionen nicht selten noch wenig Erfahrung in der Präsentation ihres Wissens vor einem breiten und öffentlichen Publikum haben und umgekehrt die mehr inhaltlich orientierten Mitarbeiter/-innen hohen Respekt vor der Präsentation technischer Details zeigen, gab es zusätzliche Workshops, die das Präsentationsformat für die One-Minute-Madness – für den Daten-Pitch beim Kickoff – vermittelten.

---

5 https://codingdavinci.de/projects/2019_sued/schmankerl_time_machine.html (14.06.2020).
6 https://munichresearch.com/ (14.06.2020).
7 Der komplette Ablauf wird gut dokumentiert unter: https://codingdavinci.de/events/sued/ (14.06.2020).

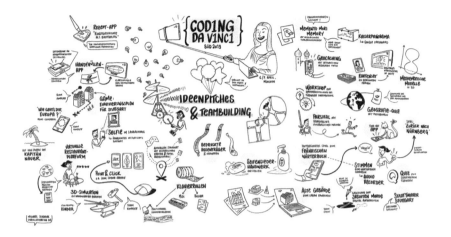

Abb. 4: Coding da Vinci, Quelle: Coding da Vinci Süd, CC BY 4.0, Michael Schrenk, Liveillustration.

Besonders am Kickoff-Samstag konnte sich die Bibliothek den Teilnehmerinnen und Teilnehmern am Coding Da Vinci, dem normalen Bibliothekspublikum im laufenden Betrieb und allen Neugierigen aus den vielen angereisten GLAM-Institutionen als Produktionsort für neues, qualitativ hochwertig und witzig aufbereitetes Wissen präsentieren. Wie erhofft, konnte sie erfolgreich eine Lanze für digitale Kultur am sozialen Ort Bibliothek brechen. Wer nicht selbst dabei sein konnte, hatte die Möglichkeit, sich via Twitch-Übertragung[8] einzuklinken und Aufrufen zu folgen wie: „Gibt es irgendwo da draußen noch Grafikdesigner?", um dann in der folgenden sechswöchigen Sprintphase unbekannte Gleichgesinnte vielleicht sogar persönlich kennenzulernen. In Hochphasen folgten bei Twitch 5 000 Zuschauer/-innen, die sich kommentierend einbringen konnten.

Coding Da Vinci Süd – global gedacht

Die Beteiligung des Goethe-Instituts erweiterte den Ansatz von Coding da Vinci Süd über Deutschland hinaus auf den globalen Süden.[9] Schließlich sind Themen wie die Digitalisierung von Kulturgut international ebenso in der Diskussi-

---

8 www.twitch.tv/c0dingdav1nc1/videos – Mitschnitte des Kickoffs in der Münchner Stadtbibliothek.
9 Vgl. Anke Buettner & Brigitte Döllgast (2019). Mash it, Move it, Discover and Improve it! Die Premiere des Kultur-Hackathons Coding Da Vinci Süd. BuB – Forum Bibliothek und Information, 71(10), S. 548–550.

on wie in Deutschland. Dasselbe gilt für die Fragestellung, wie man gerade ein jüngeres, digital-affines und häufig schon international vernetztes Publikum heute für lokale Museen und deren Bestände interessieren kann.

Was die Initiative des Goethe-Instituts anbelangt, lässt sich das Fazit ziehen: Das Format Coding da Vinci und sein Ansatz zur Vermittlung digitaler Kulturgüter hat in seiner Relevanz überzeugt. In Brasilien, Indonesien und in vermutlich ein bis zwei Ländern Afrikas werden schon 2020 Kultur-Hackathons nach dem Vorbild des Coding Da Vinci aufgebaut. Sehr spannend wird zu beobachten sein, welche Datensätze dort zur Verfügung gestellt werden, ob Datenverknüpfungen mit den Vorgänger-Kultur-Hackathons[10] entstehen und welche Perspektivwechsel von Süd nach Nord vollzogen werden.

(Digitale) Kulturvermittlung vor Ort

In der Monacensia im Hildebrandhaus gab es zudem eine sehr unterhaltsame Buchpräsentation[11] zur kulturgeschichtlichen Aussagekraft von Ess- und Kochkultur in den letzten Jahrhunderten, die von einem Trio aus zwei Literaturwissenschaftlern und einem Koch kommentiert wurde. Sie bezogen neben Menüfolgen bei internationalen, gesellschaftlichen wie politischen Empfängen und Anlässen ganz konkret Speisekarten aus der Monacensia-Sammlung mit ein und verorteten damit lokale Ereignisse aus heutiger Perspektive in einem weiteren historischen und geografischen Zusammenhang. Dieses klassische Lesungsformat war als Einstimmung auf den Hackathon als Brückenschlag zwischen der analogen Welt mit ihrem physischen Ort, ihrem Publikum und den Originalen und der digitalen Welt mit ihrem virtuellen Ort, ihrem Publikum, ihren Informationen und kreativen Anwendungen angelegt. Die Veranstaltung war also ein gelebtes strategisches Statement zur Untrennbarkeit von analoger und digitaler Kulturvermittlung.

---

10 Projekte internationaler Coding-Da-Vinci-Süd-Teams: Fränkische Reise: https://codingdavinci.de/projects/2019_sued/fraenkische_reise.html#project-name (14.06.2020), Global Postmaster: https://codingdavinci.de/projects/2019_sued/global_postmaster.html#project-name (14.06.2020), Math with Models: https://codingdavinci.de/projects/2019_sued/math_with_models.html#project-name (14.06.2020), Musel: https://codingdavinci.de/projects/2019_sued/musel.html#project-name (14.06.2020).
11 Roth, Tobias, Rauchhaus, Moritz (Hrsg.) (2018). Wohl bekam's! In hundert Menus durch die Weltgeschichte. Berlin: Verlag Das kulturelle Gedächtnis.

Kulturpolitischer Auftrag

Die Sensibilisierung für das vernetzte und zeitlich unbegrenzte Zusammendenken von Bestand, Programm, Vermittlung einerseits und für die strategischen Kooperationschancen mit anderen GLAM-Institutionen andererseits ist auf fruchtbaren Boden gefallen. Nicht mehr wegzudiskutieren sind jedoch die Herausforderungen der Digitalisierung für die Personalentwicklung in Bibliotheken, Archiven und Museen. Beispielhaft und über die konkrete Beschäftigung mit der historischen Speisekartensammlung hinaus haben sich hier der Kultur-Hackathon und seine Ergebnisse als gleichermaßen gute Investition für die Personalentwicklung wie für die Öffentlichkeitsarbeit der Münchner Stadtbibliothek erwiesen. Bleibt die kulturpolitische Unterstützung der Institutionen so punktuell projektbezogen, wie sie aktuell praktiziert wird, bleiben solche Initiativen lediglich Eintagsfliegen. Kooperationen und Citizen-Science-Projekte können keine institutionelle Verankerung der aktiven Gestaltung des digitalen Wandels auffangen. Sie bleiben in den Institutionen als aufwändige Vermittlungsformate verhaftet und können kaum gesellschaftliche Wirkung entfalten; schlicht, weil keine nachhaltige Kommunikation mit dem Publikum, mit Nicht-Nutzerinnen und Nicht-Nutzern in lose miteinander verbundenen Projekten geleistet werden kann. Digitalität und die Werte einer an Diversität orientierten Gemeinschaft sind jedoch nicht mehr als optionale Leistungen frei wählbar. Niemand kann sagen: „Wir verzichten darauf, ältere Menschen in unseren Bibliotheken anzusprechen", oder: „Wir haben uns gegen die Erinnerung an homosexuelle Lebenswelten entschieden". Der Personalbedarf wird also in den nächsten Jahren im Bereich digitaler Kulturvermittlung[12] und Kuratierung auch in allen GLAM-Institutionen immens steigen. Die geforderten Kompetenzen sind in der Programmarbeit, der Kommunikation und der Vermittlung anzusiedeln. Diese Bereiche sind mit dafür ausgebildetem Personal dauerhaft zu besetzen und adäquat zu bezahlen.

Vermutlich wird es eine gemeinsame öffentliche und wirkungsstarke GLAM-Initiative brauchen, um klarzumachen, dass Kuratierungs- und Vermittlungsaufgaben genauso wenig „mitgemacht", wie Häuser oder Straßen „mitgebaut" werden können. Es gilt klarzustellen, dass kulturelles Erinnern wie auch die Zukunft der GLAM-Institutionen nur über eine Öffnung in die Gesellschaft und eine partizipative Zusammenarbeit mit den Nutzerinnen und Nutzern gesichert werden kann. Um dieses Ziel zu erreichen, ist es nötig, Institutionskritik professionell und strategisch zu betreiben und konsequent zu fragen: Welche gesell-

---

12 Unter den Hashtags #digkv und #digismus lassen sich Initiativen und Debatten im Social Web verfolgen.

schaftlichen Gruppen werden bislang in den Sammlungen, in den Bibliotheken repräsentiert und angesprochen? Welche sind nicht vertreten und mit welchen Mitteln lässt sich das ändern? Wie gelingt ein differenzierter Blick auf die Zielgruppen und Sammlungsprofile? Welche Herangehensweisen sind im jeweiligen Umfeld am besten geeignet, gerechte und nachhaltige Ergebnisse für eine zeitgemäße Kultur- und Bildungsarbeit zu leisten? Wer kann sich dieser Aufgabe kontinuierlich annehmen? Um diese Fragen ernsthaft anzugehen, braucht es endlich eine klare Haltung und aktives Handeln seitens der Politik.

Johannes Neuer
Kuratieren im digitalen Raum – Beispiele aus der New York Public Library

Kuratierung erfolgt in einer Bibliothek in der Regel durch die Auswahl der Medien im Bestandsaufbau und Bestandsmanagement. Dieser Beitrag beleuchtet eine weitere Stufe der Kuratierung von Medien in Bibliotheken: die Vermarktung bzw. das „aktive Anpreisen" von Bestandsmedien in Apps, Webseiten und sozialen Netzwerken. Die folgenden drei Fallstudien legen dar, wie die *New York Public Library* ihren strategischen Fokus „More People Reading More" durch das Kuratieren im digitalen Raum in unterschiedlichen kreativen Ansätzen lebt und diese evaluiert.

1 Recommendations: Kuratierte Empfehlungen

„More People Reading More" ist eine strategische Priorität der New York Public Library (NYPL). Damit steht die Leseförderung im Fokus aller Angebote und Programme der 88 öffentlichen Stadtteilbibliotheken in der Bronx, in Manhattan und Staten Island. Neben der frühen Leseförderung und dem Sommerleseclub „Summer Reading" für Kinder und Jugendliche gibt es auch ein breites Angebot für Erwachsene. Die Angebote für diese Zielgruppe werden von *Reader Services*, einem seit 2018 in der Marketing- und Kommunikations-Abteilung angesiedelten Team von zwei Bibliothekarinnen, aus dem ausleihbaren Bestand der Bibliothek zusammengestellt.

Die folgende Übersicht stellt alle Formen des digitalen Kuratierens vor, die durch dieses Leserservice-Team getätigt werden. Sie sind auf der Webseite der Bibliothek auf nypl.org im Bereich *Recommendations*[1] zu finden.

1.1 Staff Picks

Diese Form des digitalen *Reader Advisory* ist eine Auswahl von Titeln, die jedes halbe Jahr von den Mitarbeitern und Mitarbeiterinnen der Reader Services und Fachkolleginnen und -kollegen aus der ganzen NYPL zusammengestellt werden.

---

[1] Vgl. https://www.nypl.org/books-music-movies/recommendations (20.02.2020).

https://doi.org/10.1515/9783110673722-008

Bei *Staff Picks* handelt es sich nicht primär um sachliche Rezensionen, wie man sie in Deutschland aus dem Besprechungsdienst der Lektoratskooperation des Berufsverbandes Information Bibliothek (BIB), des Deutschen Bibliotheksverbandes (dbv) und der ekz.bibliotheksservice GmbH kennt. Die kurzen Texte von ein bis zwei Sätzen sind eher eine emotionale Reaktion der Rezensenten, die vom Herzen kommt und Aussagen darüber macht, wie ein Werk einen berührt oder verändert hat. Die Titel und kurzen Texte werden in eine Datenbank eingepflegt und dann über eine Webanwendung auf nypl.org im Bereich Recommendations dargestellt.[2] Die Staff Picks werden aus dieser Datenbank auch in einer *Browse-Lane* auf dem *Homescreen* der NYPL E-Book-App SimplyE angezeigt, um Nutzern auch hier die Möglichkeit zu geben, in dieser Auswahl zu stöbern.

Abb. 1: Die NYPL Staff Picks.[3]

2 Vgl. https://www.nypl.org/books-music-movies/recommendations/best-books/staff-picks (20.02.2020).
3 https:/www.nypl.org/books-more/recommendations/staff-picks/adults (20.02.2020).

1.2 Titellisten

Ein weiteres Angebot sind Titellisten, die Mitarbeiter aus verschiedenen Abteilungen im Kanal „Biblio File" des NYPL Blogs einstellen. Diese Titellisten werden eigenständig kuratiert und ohne weitere redaktionelle Bearbeitung von den Mitarbeitern selbst dezentral veröffentlicht. Auf der Webseite erscheinen sie sowohl fortlaufend im Blog als auch auf einer Themenseite, wo einzelne Beiträge über das Genre bzw. die Zielgruppe auswählbar sind.[4]

Von der NYPL ausgezeichnete Bücher – in diese Rubrik fallen verschiedene Titellisten, wie zum Beispiel die „Besten Bücher" für Kinder bzw. Jugendliche, die jedes Jahr neu kuratiert werden, und Preise wie der Young-Lions-Belletristik-Preis und der Helen-Bernstein-Preis für hervorragende journalistische Publikationen.[5]

Eine ganz besondere Liste gab es zum 125. Jubiläum der New York Public Library im Jahr 2020: die zehn populärsten Bücher der gesamten Geschichte der NYPL, die von Kinderbuchklassikern wie „The Snowy Day" von Ezra Keats angeführt wird und neben weiteren Vertretern dieses Genres auch berühmte Werke wie „Fahrenheit 451", „1984" und „How to Kill a Mockingbird" enthält.[6]

1.3 Persönliche Empfehlungen

Ein besonderes Angebot sind persönliche Empfehlungen. Anfragen können über ein Kontaktformular gestellt werden, welche von den Reader-Services-Mitarbeitern persönlich über E-Mail beantwortet werden. Nutzer dieser Dienstleistung werden darum gebeten, anzugeben wonach ihnen zumute ist, wie zum Beispiel ein fesselndes Buch, ein unheimlicher Krimi, eine Liebesgeschichte oder eine wahre Begebenheit. Des Weiteren wird nach einem Autor oder Buch gefragt, das der Leser bereits gut fand und danach, für welche Altersgruppe die Empfehlung gewünscht wird.[7]

---

4 Vgl. https://www.nypl.org/collections/nypl-recommendations/lists (20.02.2020).
5 Vgl. https://www.nypl.org/books-music-movies/recommendations/award-winners (20.02.2020).
6 Vgl. https://time.com/5763611/new-york-public-library-top-checkouts/ (20.02.2020).
7 Vgl. https://www.nypl.org/books-music-movies/recommendations/ask-us (20.02.2020).

1.4 Podcast

Seit Ende 2015 haben die Bibliothekare Gwen Glazer und Frank Collerius unter dem Titel „The Librarian is in" mehr als 150 Sendungen mit unterhaltsamen Gesprächen über Bücher, Leser, Autoren, Bibliotheken sowie Bibliothekarinnen und Bibliothekare publiziert. Diese Beiträge stehen auf Apple Podcasts, Spotify und Google Podcasts einem breiten, weltweiten Publikum zur Verfügung.[8]

1.5 Twitter

Unter dem Twitterkonto @NYPLRecommends steht das Reader-Services-Team jeden Freitag eine Stunde lang für Leseranfragen und Wünsche Rede und Antwort.[9] Den Gesprächsverlauf können Teilnehmer über die Hashtags #FridayReads und #TheLibrarianIsIn verfolgen.[10]

1.6 Facebook

Die Reader Services bieten außerdem unter dem Titel „NYPL Recommends" auf der Facebook-Seite der NYPL einen Facebook Live[11] an, eine Live-Videoübertragung an die Abonnenten der Seite, in der Zuschauer Anfragen stellen und Leseempfehlungen von den beiden Bibliothekarinnen erhalten können.

In Anbetracht der geschilderten, vielfältigen Angebote der zwei hauptamtlichen Mitarbeiterinnen, die sich exklusiv mit dem Kuratieren von Leseempfehlungen befassen, und zahlreicher weiterer Kollegen aus dem gesamten Bibliothekssystem, war es der NYPL wichtig festzustellen, welche Auswirkung ihre Arbeit auf das Lese- bzw. Ausleihverhalten der NYPL-Nutzer hat, ob Leser wirklich mehr oder zumindest anders lesen und damit das Ziel der strategischen Priorität der Bibliothek erfüllen.
    Die folgenden drei Fallstudien illustrieren zum einen wie kuratierte Inhalte verbreitet werden und zum anderen stellen sie einen Versuch dar, diese Fragen zumindest ansatzweise zu beantworten.

---

8 Vgl. https://www.nypl.org/voices/blogs/blog-channels/librarian-is-in (20.02.2020).

9 Vgl. https://twitter.com/nyplrecommends (20.02.2020).

10 Vgl. https://www.nypl.org/books-music-dvds/recommendations/twitter (20.02.2020).

11 Vgl. https://www.facebook.com/facebookmedia/solutions/facebook-live (20.02.2020).

2 SimplyE: Kuratierung in einer E-Book-App

Die im Jahr 2016 eingeführte App SimplyE ist eine von der NYPL und Partnern gemeinsam entwickelte E-Reader-App als Open Source für Android und iOS. Die App wurde mit der Zielsetzung entwickelt, die durch mehrere E-Book-Dienstleister fragmentierte User-Experience zu vereinfachen. Anstatt die jeweiligen Apps der Dienstleister zu bedienen, konnten Nutzer mit SimplyE alle E-Books der Bibliothek über eine einzige App finden, laden und lesen. Das Backend der App regelte die Ausleihe der Medien mit den jeweiligen Dienstleistern über deren API-Schnittstellen.[12]

Die Empfehlung von kuratierten Medien war von Anfang an Teil des Konzepts von SimplyE und beeinflusste das auf das Stöbern angelegte Design der Anwendung. Die Benutzeroberfläche hat deshalb eine Reihe von *Cover Flow Sliders*, die algorithmisch nach Genre, Alter- oder Zielgruppe bzw. Sprache kuratiert sind, und dadurch Nutzern eine größere und vielfältigere Auswahl an Titeln für die Sofort-Ausleihe bietet, insbesondere durch die in der App prominent dargestellten Staff Picks im oberen Bereich des Homescreens.

Die Ausleihe in SimplyE wird dennoch stark von den beliebtesten Titeln und den Bestsellern dominiert. Eine Analyse des Nutzerverhaltens unterstützt allerdings die These, dass SimplyE Lesern eine größere Bandbreite an E-Book-Titeln bietet als das in den nativen Apps der E-Book-Anbieter der Fall war. SimplyE erreicht eine Nutzungsrate von 57 %, da Nutzer durch die App noch nicht gelesene Titel besser entdecken können. Die nativen Apps hingegen erreichten eine Nutzungsrate von 48 %. SimplyE liefert also einen besseren *Return on Investment* (ROI) für die E-Book-Sammlung der Bibliothek.

Seitdem Analytics in SimplyE integriert wurden, konnte auch gemessen werden, wie viele und welche E-Books über die App ausgeliehen wurden, ohne zu wissen, wer diese Titel ausgeliehen hat. In einer Ende 2016 durchgeführten zweimonatigen Stichprobe konnte festgestellt werden, dass 20 % der Titel, die über die App angeboten wurden, mehr als zehnmal ausgeliehen wurden, verglichen mit 13 % der Titel auf den nativen E-Book-Plattformen der E-Book-Anbieter. Im Dezember 2016 entfiel die Hälfte der Ausleihen in SimplyE auf 20 % der verfügbaren Titel, während der gleiche Anteil von nur 13 % der Ausleihen auf den anderen E-Plattformen erreicht wurde. Dies ist ein Indikator dafür, dass Nutzer der App diverser lesen.

---

12 Vgl. https://www.nypl.org/press/press-release/july-12-2016/new-york-public-library-makes-it-easier-ever-borrow-free-ebooks-new (20.02.2020).

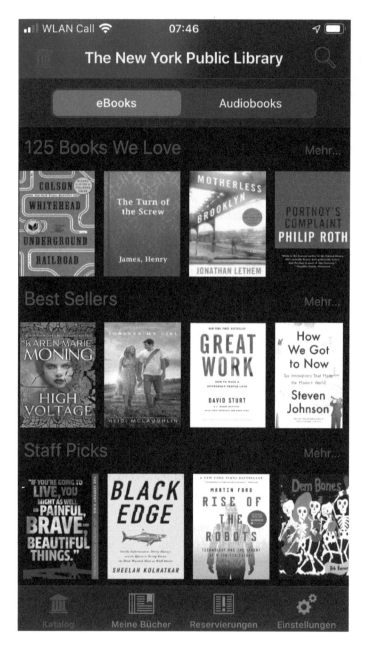

Abb. 2: Screenshot der SimplyE-App mit Staff Picks und Titelliste „125 Books We Love", die das 125-jährige Bestehen der New York Public Library feiert.[13]

---

13 SimplyE (20.02.2020).

Während Bestseller auf SimplyE weiterhin beliebt sind, haben die Nutzer der App etwas häufiger auf weniger bekannte Titel zurückgegriffen, wie z. B. „The Divorce Papers" von Susan Rieger, ein Buch aus dem Jahr 2014, das in der App fast genauso oft ausgeliehen wurde wie das zwei Jahre jüngere Werk „The Underground Railroad" von Colson Whitehead, ein von Kritikern gefeierter Bestseller, der auch im einflussreichen Oprah's Book Club empfohlen wurde.

Abschließend wurde festgestellt, dass bei SimplyE Titel in den Top 20 Ausleihen zu finden waren, die auf keiner Bestsellerliste auftauchten. Dies ist ein weiteres Indiz dafür, dass die kuratierten Staff Picks eine messbare Auswirkung auf das Leseverhalten der Nutzer haben. Begünstigt wird das sicherlich auch durch das Windowing, welches neue, sehr beliebte Titel künstlich in der Ausleihe rar macht und Leser dazu zwingt, auf andere, sofort ausleihbare und ebenso lesenswerte Werke auszuweichen.

3 Summer Staff Picks: Kuratierung im Web

Die kuratierten Staff Picks (Mitarbeiterempfehlungen), die in „SimplyE" erscheinen, werden in vollem Umfang auf der NYPL Webseite veröffentlicht. Dort können Nutzer die Titel mit einer Reihe von Facetten nach Genre, Alters- oder Zielgruppe sowie Sprache filtern. Alle Staff Picks werden auf den Online-Marketingkanälen der NYPL aktiv „verkauft", um Leute auf die Seite zu bringen und Interesse an der Auswahl zu wecken. Diese Kanäle umfassen verschiedene Newsletter-Formate, Facebook, Twitter, Instagram und LinkedIn.

Um festzustellen, ob die persönlich kuratierten Titel in den Staff Picks eine nachweisbar höhere Ausleihe erreichen und um diese zu quantifizieren, wurden die „Summer Staff Picks" 2018 untersucht. Diese Analyse wurde vom Strategic Research & Analytics Team in Zusammenarbeit mit den Reader Services durchgeführt. Es galt zu beweisen, dass Titel, die als Staff Picks beworben wurden, mehr Ausleihen generieren als vergleichbare Titel, die in diesem Zeitraum nicht beworben wurden.

Für diese Analyse wurden 106 Titel für Erwachsene untersucht, die in 53 Paare unterteilt wurden:

Jedes Paar bestand aus zwei Titeln, die von den Reader Services und Fachkollegen so ausgewählt wurden, dass sie in Bezug auf Genre, Erscheinungsdatum, Zielgruppe und Popularität möglichst vergleichbar waren. Jeweils ein Titel aus jedem Paar wurde nach dem Zufallsprinzip – wie in einer medizinischen randomisierten Studie – ausgewählt, um auf NYPL.org als Summer Staff Pick zu erscheinen. Die anderen 53 Titel, die Kontrollgruppe, wurden nicht beworben und waren über eine Suche im Katalog zu finden.

Vor der Veröffentlichung der Summer Staff Picks wurden die Gesamtausleihen aller 106 Titel sowie die Gesamtzahl der in Umlauf befindlichen Exemplare erfasst, um die durchschnittlichen Ausleihen pro Exemplar als *Baseline* zu etablieren. Dieser Vorgang wurde nach der Ablösung der Sommerausgabe durch die Herbstausgabe der Staff Picks erneut durchgeführt und die neuen Werte für die Gesamtausleihen wurden mit der Baseline vor Erscheinen der Sommerausgabe verglichen.

Aufgrund von Veränderungen im Bestand hatte sich die Anzahl der Exemplare einzelner für den Test ausgewählter Titel im Verlauf des Sommers verändert. Um Abweichungen zwischen den beworbenen Titeln und der Kontrollgruppe zu vermeiden, wurden nur Titel in der finalen Auswertung zugelassen, die zu Beginn und am Ende des Untersuchungszeitraums dieselbe Anzahl von Exemplaren aufwiesen. Deshalb wurden insgesamt nur 86 der 106 Titel ausgewertet – immer noch genug Titel, um eine statistisch relevante Aussage zu treffen.

Für die Auswertung wurden die Ausleihen pro Exemplar zwischen den beworbenen Titeln und den Titeln in der Kontrollgruppe verglichen, um festzustellen, ob die beworbenen Titel eine höhere Anzahl von Ausleihen erreichten.

Das soll anhand der folgenden Beispiele illustriert werden:

Die Bibliothek verfügte zum Zeitpunkt der Studie über 16 Exemplare des beworbenen Titels „A Mind at Play: How Claude Shannon Invented the Information Age" von Jimmy Soni. Dieser Titel wurde 214 Mal ausgeliehen, bevor er als Staff Pick beworben wurde, was einer durchschnittlichen Ausleihe von 13,4 pro Exemplar entspricht. Am Ende des Untersuchungszeitraums hatte der Titel eine durchschnittliche Ausleihe von 15,5 pro Exemplar, was einer Differenz von +2,1 entspricht. – Zum Vergleich wurde „The Last Man Who Knew Everything: The Life and Times of Enrico Fermi" von David N. Schwartz, der korrespondierende Titel aus der Kontrollgruppe, ausgewertet. Dieser erreichte eine Steigerung von +1,5 Ausleihen pro Exemplar während des Untersuchungszeitraums.

Der Vergleich dieser Ergebnisse zeigt, dass sowohl der Titel in den Staff Picks als auch der Kontrolltitel eine höhere Ausleihe erzielte, der über NYPL.org beworbene Titel aber den größeren Anstieg verzeichnete.

Am Ende des Untersuchungszeitraums der Summer Staff Picks 2018 verzeichneten 72 % oder 31 der 43 beworbenen Titel einen höheren Anstieg der Ausleihe als deren Pendants in der Kontrollgruppe. Im Vergleich der zwei Gruppen erreichten die beworbenen Titel einen durchschnittlichen Anstieg der Ausleihe pro Exemplar von +1,91, während die Titel in der Kontrollgruppe einen durchschnittlichen Anstieg von +1,22 verzeichneten.

Damit konnte festgestellt werden, dass die beworbenen Titel besser abschneiden als die Titel, die nur über den Katalog auffindbar waren. Die Wahrscheinlichkeit, dass dieses Ergebnis durch Zufall zustande kam, lag bei unter 1 % – ein Beweis für die Hypothese, dass sich die Werbung auf der Webseite positiv auf die Ausleihe dieser Titel auswirkt.

Dieses Resultat wurde auch durch die Erkenntnisse einer früheren Studie der Staff Picks im Herbst 2017 untermauert, die zum gleichen Ergebnis kam, jedoch mit etwas weniger Aussagekraft. In dieser Studie schnitten nur 62 % der beworbenen Titel besser als ihre entsprechenden Titel aus der Kontrollgruppe ab. Das Testdesign dieser Studie enthielt möglicherweise Faktoren, die dieses Ergebnis negativ beeinflusst haben könnten. So wurde für die Analyse im Jahr 2017 die Zuordnung ähnlicher Titel in beworbene oder Kontrolltitel nicht zufällig und gleichzeitig gemacht. Die Auswahl der vergleichbaren Titel erfolgte eher nach subjektiven Kriterien und diese Titel wurden auch nicht zeitgleich gemessen, sondern erst nach Ende des Untersuchungszeitraums der beworbenen Titel. Die Wahrscheinlichkeit ist hoch, dass in vielen Fällen diejenigen Titel, die als Staff Picks ausgewählt und im Rahmen dieses Tests beworben wurden, bessere Beispiele ihres Genres in Bezug auf Handlung, Stil oder Leseerlebnis waren als jene Titel aus der Kontrollgruppe, die nachträglich zugeordnet wurden. Der potenziell niedrigere Gütegrad der Kontrolltitel könnte also dazu beigetragen haben, dass sie im Durchschnitt weniger ausgeliehen wurden.

Um diesen Störfaktor auszuschließen bzw. zu minimieren, wurden für die zweite Studie im Sommer 2018 daher zwei ähnliche Bücher gleichzeitig als Paar ausgewählt, wovon eines der beiden nach dem Zufallsprinzip als Staff Pick bestimmt wurde. Trotz der zufälligen Zuordnung der Titel in die beiden Gruppen und trotz der Berücksichtigung von Genre, Erscheinungsdatum, Zielgruppe und Popularität bei der Auswahl der Vergleichstitel kann eine gewisse Subjektivität in Bezug auf die Ähnlichkeit der Titel nicht komplett ausgeschlossen werden, sodass die Ergebnisse der zweiten Studie möglicherweise ebenso verzerrt sein könnten.

Darüber hinaus gibt es einen weiteren Faktor, der nicht mit der Auswahl der Titel zusammenhängt, aber dennoch in beiden Studien zu berücksichtigen ist: Die Popularität eines Titels kann jederzeit durch externe Einflüsse, wie z. B. die Veröffentlichung einer Filmadaption, einer Schullektüre oder der Auswahl eines Titels für eine Lesegruppe, beeinflusst werden.

Für die Bewertung der Ergebnisse der beiden Staff-Picks-Studien bedeutet dies, dass das Kuratieren eines Titels für die Staff Picks und der daraus resultierenden Bewerbung mit hoher Wahrscheinlichkeit höhere Ausleihzahlen erzeugt, diese aber nicht unbedingt der einzige Grund für diese Steigerung ist.

4 Insta Novels: Kuratierung auf Social Media

Die ersten beiden Beispiele für das Kuratieren im digitalen Raum waren auf eigene Plattformen der New York Public Library beschränkt, die zumeist von Nutzern der Bibliothek oder aber auch von NYPL-Fans aus der ganzen Welt besucht werden. Das folgende Beispiel stellt dar, welche Auswirkungen digitales Kuratieren auf einer populären Social-Media-Plattform auf Bibliothekskennzahlen und die Bekanntheit der SimplyE-App haben kann.

Im Jahr 2018 ist die digitale Agentur Mother[14] an die NYPL mit der Idee herangetreten, Bücher mit dem Story-Feature[15] auf dem sozialen Netzwerk Instagram zu publizieren.

Die Bibliothek war von dieser in weiten Teilen bereits ausgearbeiteten Idee begeistert und beide Partner begannen einen kollaborativen, kreativen Prozess. Die Abteilung Kommunikation & Marketing erarbeitete ein Design für dieses Projekt und das Team Reader Services wählte mögliche gemeinfreie Werke aus, die dafür infrage kamen. Gemeinsam mit der Agentur wurden sodann Werke in die engere Wahl genommen, die aufgrund ihrer Länge, den grafischen Anforderungen und der Möglichkeit Animationen einzubauen, bei den Popkultur-hungrigen Instagram-Nutzern gut ankommen würden. Die Werke sollten außerdem von allgemeiner Bekanntheit sein und aus unterschiedlichen Genres kommen.

In dieser Phase einigten sich die beiden Partner auf fünf Werke:
- „Alice's Adventures in Wonderland" („Alice im Wunderland") von Lewis Carroll
- „The Yellow Wallpaper" („Die gelbe Tapete") von Charlotte Gilman Perkins
- „The Raven" („Der Rabe") von Edgar Allen Poe
- „The Metamorphosis" („Die Verwandlung") von Franz Kafka
- „A Christmas Carol" („Eine Weihnachtsgeschichte") von Charles Dickens.

Alle fünf Werke sind auch über die SimplyE Collection gemeinfreier Werke in der NYPL SimplyE E-Book-App frei verfügbar und die Bewerbung dieser App war eines der Ziele der Kampagne.

Mother schlug für diese Titel jeweils Illustratoren vor und die Bibliothek bestimmte, in welche Richtung die Gestaltung gehen sollte. Die gesamte grafische Umsetzung, die sehr zeitaufwendig war, erfolgte bei der Agentur. Jedes Werk erhielt eine Animation auf der Titelseite und grafische Elemente, die beim schnellen Durchblättern der Stories sich wie in einem Daumenkino bewegten. In „A Christmas Carol" sieht man zum Beispiel im Verlauf der Erzählung eine immer

---

14 Vgl. https://mothernewyork.com/ (20.02.2020).
15 Vgl. https://help.instagram.com/1660923094227526/ (20.02.2020).

weiter abbrennende Kerze, in „Alice's Adventures in Wonderland" verschiedene, animierte Gegenstände aus der Geschichte oder in „The Metamorphosis" einen umherkrabbelnden Käfer. Alle Werke enthielten einen Hinweis darauf, dass dieses und viele andere E-Books in der SimplyE-App zum Download und Lesen zur Verfügung stehen.

Die Bücher lassen sich wie normale E-Books lesen, allerdings blättern nach wenigen Sekunden die Seiten von selbst weiter. Das automatische Blättern kann durch das Halten eines Daumens in der unteren rechten Ecke des Bildschirms pausiert werden. Ein Berühren der rechten Bildschirmseite blättert vor, ein Berühren der linken Taste blättert zurück. In allen Stories erscheinen zwischendurch animierte Seiten, die der Nutzer über das Heben und Senken des rechten Daumens abspielen bzw. anhalten kann. Diese Funktionalitäten waren allen Insta Novels gemein. Durch das Halten eines Fingers und einer seitlichen Bewegung kann zwischen den Stories, bzw. Insta Novels, gewechselt werden.

Abb. 3: Die Cover der fünf NYPL Insta Novels.[16]

Abb. 4: Die jeweils erste Seite der fünf Insta Novels.[17]

---

16 https://www.instagram.com/nypl/ (20.02.2020).
17 https://www.instagram.com/nypl/ (20.02.2020).

Ab August 2018[18], machte die NYPL die Insta Novels über die Story-Funktion von Instagram sukzessive auf ihrem Kanal[19] verfügbar. Diese Funktion hat allerdings zwei wesentliche Einschränkungen:

a) Stories stehen Nutzern von Instagram nur innerhalb der ersten 24 Stunden nach Erscheinen zur Verfügung. Die Bibliothek bediente sich daher der Highlights-Funktion[20], die die Rolle eines virtuellen Bücherregals übernahm. In den Highlights sind die Insta Novels, sowie ein Tutorial[21], das die Funktionen erklärt, bis dato verfügbar.

b) Stories können nur bis zu 100 Bilder pro Tag enthalten. Das bedeutete, dass die längeren Werke nacheinander über jeweils zwei Tage publiziert wurden. „The Yellow Wallpaper", eine Kurzgeschichte, und „The Raven", ein erzählendes Gedicht, erschienen jedoch jeweils als komplettes Werk an einem Tag.

Die Stories wurden jeweils morgens vor Beginn der New Yorker Rushhour online gestellt, wenn viele Pendler in den Zügen, der U-Bahn oder in Bussen auf ihre Mobilgeräte schauen. Das erhöhte die Chancen, dass Menschen die Stories entdecken und sie mit anderen Instagram-Nutzern teilen.

Aufgrund von Erfahrungen mit anderen Aktionen auf sozialen Medien und der hohen Anzahl von NYPL-Abonnenten, -Followers und -Fans erwarteten Mitarbeiter eine gute Resonanz dieser Kampagne. Sie konnten aber nicht ahnen, wie groß das Echo tatsächlich sein würde. Das Zusammenspiel von viralen Teilungen auf Instagram und anderen Social Media einerseits und Medienberichten andererseits sorgten dafür, dass die Insta Novels wie eine Bombe einschlugen. Die Bibliothek hatte offensichtlich einen Nerv getroffen.

„Alice's Adventures in Wonderland", die erste Insta Novel, wurde im August 2018 in zwei Teilen veröffentlicht und zog 93 000 Follower an. Das Projekt erhöhte auch die Anzahl der Downloads der SimplyE-App um fast 70 %.[22] Die Beliebtheit der Geschichte machte diesen Erfolg möglich.

---

18 Vgl. https://www.nypl.org/blog/2018/08/22/instanovels (20.02.2020).
19 Vgl. https://www.instagram.com/nypl/ (20.02.2020).
20 Vgl. https://www.nytimes.com/2018/10/05/arts/design/instagram-literature-new-york-public-library.html (20.02.2020)
21 Vgl. https://www.instagram.com/s/aGlnaGxpZ2hOOjE3OTUxNDc4MjUzMDk0MzI1? igshid=ild3r2o6foai&story_media_id=1850741808080201944 (20.02.2020)
22 Vgl. https://www.nytimes.com/2018/10/05/arts/design/instagram-literature-new-york-public-library.html (20.02.2020)

Abb. 5: Die Web-Ansicht des NYPL Instagram-Kanals mit den als Highlights sichtbaren Insta Novels.[23]

---

23 https://www.instagram.com/nypl/ (20.02.2020)

Die weiteren Veröffentlichungen waren weniger populär und der Neuheiten-Effekt der Insta Novels verpuffte langsam. Außerdem konnte festgestellt werden, dass Nutzer die anderen Geschichten weniger gelesen haben, wie eine Analyse der Pageviews zeigte.

Auf Instagram konnte nach der Kampagne ein Zuwachs an Interaktionen gemessen werden. Die Interaktionen pro Posting hängen aber nach wie vor sehr von den individuellen Inhalten ab. Die Content-Strategie der Bibliothek ist deshalb weiterhin – in einem kollaborativen Ansatz mit Mitarbeitern aus der ganzen Bibliothek –, hochwertige, kuratierte Inhalte zu erarbeiten und zu teilen.

Die Anzahl der Downloads der SimplyE-App ging zur Zeit der Kampagne ebenfalls nach oben.

Ein Zusammenhang zwischen der Kampagne und einem Zuwachs an aktiven Bibliotheksausweisen konnte allerdings nicht bewiesen werden, obwohl ein kleiner Zuwachs festgestellt worden war.

Die NYPL war mit dem Experiment der Insta Novels und dem Erfolg zufrieden, besonders weil es eine gute Möglichkeit darstellte, Lesen auf neuen, anderen Plattformen auszuprobieren. Die Kampagne ist in lokalen, nationalen und internationalen Medien wahrgenommen worden – sogar Deutschlandfunk Kultur berichtete über die Aktion.[24]

Fazit

Die Beispiele für das Kuratieren im digitalen Raum zeigen, dass die Auswahl und das Bewerben von Titeln, das App-Design und die Nutzung von externen Plattformen das Leseverhalten und die Ausleihe messbar beeinflussen können: Werke wurden öfter gelesen, eine breitere Auswahl von Titeln wurde ausgeliehen, wodurch sich der ROI in Sammlungen erhöht, und Menschen konnten bekannte Geschichten auf neuen Wegen wieder für sich entdecken. Was die Studien allerdings auch zeigen, ist, dass die Steigerungen in der Ausleihe zwar statistisch relevant, aber dennoch relativ klein sind.

Für Organisationen im Kultur- und Bildungssektor ist eine Erfolgsbewertung, die sich auf die Arbeit des Kuratierens und die technische Umsetzung und deren direkte Ergebnisse – also mehr ausgeliehene Titel und besserer ROI der Sammlungen – beschränkt, deshalb nicht weitreichend genug.

---

24 Vgl. https://www.deutschlandfunkkultur.de/insta-novels-der-new-york-public-library-lesehaeppchen.2165.de.html?dram:article_id=463505 (20.02.2020)

Eine Entscheidung über die Fortführung von Initiativen wie der NYPL Reader Services und der kuratierten Empfehlungen im Allgemeinen sollten deshalb nicht nur auf derartigen Auswertungen beruhen, sondern auch aus strategischer Sicht entschieden werden, auch wenn man das idealistisch nennen mag. Die Bibliothek verfolgt deshalb weiterhin ihren Kurs unter der Maxime „More People Reading More" für Nutzer und Bürger aller Altersgruppen.

Die größte Hürde, die wir als Kuratoren in diesem Sektor zu nehmen haben, ist, wie man die Veränderung, die solche strategischen Ziele bewirken, beurteilen kann. Anders gesagt, gilt es zu ermessen, welche Veränderung das Kuratieren im Leben der Menschen herbeiführen kann. Ein Schlaglicht für den Autor war deshalb die Rückmeldung einer Leserin, die der New York Public Library dafür dankte, dass sie ihr Leseverhalten neu herausgefordert hat.

Bernhard Cella & Klaus Ulrich Werner

Der kuratierte Kunstbuchsalon –
Ein Gespräch

Der Konzeptkünstler Bernhard Cella[1] studierte an der Wiener Akademie der bildenden Künste, an der Universität für künstlerische und industrielle Gestaltung Linz und an der Hochschule für bildende Künste Hamburg. 2007 erklärte er sein Atelier zum Modell einer Buchhandlung im Maßstab 1:1 als Salon für Kunstbuch und realisierte das Projekt 2012 als gebaute Architektur, als Ausstellungs- und Geschäftsbetrieb im *Belvedere 21 – Museum für zeitgenössische Kunst*, einer Dependance des Wiener Belvedere. Er initiierte die Sammlung NO-ISBN[2] und kuratiert seinen *Salon für Kunstbuch*[3] in Wien, ein vielschichtiges künstlerisches Werk. Seine Formate dort heißen u. a. „Open Studio Days", „Exhibition Parcours", „Teach-Talks", er ist in seinem Salon auch Gastgeber für Salons, auch zum Thema Kuratieren wie mit dem Kurator Bar Yerushalmi. Bernhard Cellas multimediale Arbeit umfasst ein vielseitiges zeichnerisches, bildhauerisches und textil- und buchgestalterisches Werk; er lehrt, diskutiert, veranstaltet, kuratiert zu den Themen Produktion und Distribution von Kunst heute, Künstlerbuch, Self-Publishing von Künstlern, ist Herausgeber, Gestalter und selbst Sammler von künstlerischen Buchprojekten.

Werner: Ich freue mich, dass Sie Zeit für mich und mein Buchprojekt haben. Ich gestehe es gleich, wir haben in der Buchgestaltung nicht viel Spielraum, der Sammelband erscheint mit festgelegtem Layout und in einer Reihe mit einem vorgegebenen Reihencover, und dann auch noch in Orange! Und einschränkend möchte ich betonen, dass die Beiträge sehr heterogen sind, der Band versucht eben erstmals ein neues Feld abzustecken.

Cella: Das ist doch gut, das Buch macht ein Thema auf, was bringt der Begriff „Kuratieren" für Ihr Thema, öffnet die Augen für neue Praktiken in Bibliotheken.

---

1 http://www.salon-fuer-kunstbuch.at/blog/cat/cella/ (14.06.2020).
2 NO-ISBN (2015). Hrsg. von Bernhard Cella, Leo Findeisen & Agnes Blaha. Köln: Verlag der Buchhandlung Walther König.
3 http://www.salon-fuer-kunstbuch.at (14.06.2020).

Hinweis: Das Gespräch fand am 19.11.2019 im Atelier des Künstlers, Luftbadgasse 16, Wien VI statt. Cella = Bernhard Cella, Werner = Klaus Ulrich Werner.

https://doi.org/10.1515/9783110673722-009

Werner: Ja, das Buch hätte man auch „Bibliotheken als Orte kuratorischer Praktiken" nennen können, das klang mir aber ein bisschen zu aufgebrezelt für ein Bibliotheksthema … – Nach unserem Gespräch muss ich aber hier noch Herumschauen, es gehen einem die Augen über! Der *Salon für Kunstbuch*: war das früher der im 21er Haus des Museums Belvedere hier in Wien?[4]

Cella: Nein, es war anders. 2007 habe ich mein Atelier umgebaut zum Modell einer Buchhandlung im Maßstab 1:1. Ich hatte mich damals zu einer anderen künstlerischen Praxis entschlossen als ich das „gelernt" habe, es war eine Zäsur. Ziel war einerseits konzeptionell-skulptural zu arbeiten und andererseits zu untersuchen, wie man heute als Künstler in einem größeren Kontext überhaupt agieren kann. Wie kann ich Dinge realisieren, wie komme ich an die richtigen Orte, wie schaffe ich eine Öffentlichkeit für die Themen, die mich selber interessieren.

Werner: und das haben Sie mal „Versuchsanordnung" genannt, diese 1:1-Anordnung.

Cella: Ja, das hatte für mich auch sehr stark einen Laborcharakter, ein Experiment, und ich habe dann beschlossen, ich drehe das jetzt um: ich gehe nicht nachts aus, um mich darum zu keilen, dass die richtigen Personen, die wichtigen Kuratoren, zu mir kommen, sondern ich baue eine Bühne für die mich interessierenden Themen und versuche diesen Ort so attraktiv zu machen, dass neue Formen der Begegnung und Kommunikation möglich werden. Die Folge war, dass sehr viele Besucher mit ihren eigenen Anliegen und Publikationen diese Bühne besuchten und in letzter Konsequenz führte das dazu, dass Gespräche auf Augenhöhe möglich wurden. Also durchaus in Anknüpfung an die Salonkultur des 19. Jahrhunderts. Der sonst übliche oftmals hierarchisch geprägte Umgang fällt in so einem Moment weg, weil man dann im Inhalt landet. Das finde ich z. B. auch das Schöne an der Konzentration in Bibliotheken. Bibliothek, das ist so wie eine gigantisch komprimierte Ausstellungsreihe, die an einem Ort zu sehen ist. Denn die vielen Publikationen sind nicht angelegt wie Kataloge, sondern eher wie eine Art Arbeitsüberblick, eine Art Ausformung einer Überlegung zu einer Arbeit, egal in welcher Disziplin. Da hat sich einiges verändert und entwickelt in der Kunst: Was sind Konzepte für Bücher?

Werner: Von der Idee her ist Ihr Salon für Kunstbuch eine Art Buchhandlung? Hier gibt es aber auch den Kommunikationsaspekt, Leute treffen sich und sprechen miteinander, diskutieren über Themen, und es gibt auch anderes als Bücher. Ist Ihr Salon eher ein Concept Store?

---

4 https://www.belvedere.at/das-museum/geschichte-belvedere-21 (14.06.2020).

Abb. 1: Salon für Kunstbuch, Wien VI, Luftbadgasse 16. © Bernhard Cella.

Cella: Es ist weder das eine noch das andere. Mir war zunächst wichtig, dass es keine Bibliothek ist, mir war wichtig, dass es keine Buchhandlung und ebenso dass es kein Offspace ist – und was man sich nun unter Concept Store vorstellt, weiß ich nicht: ich würde es am ehesten noch als Showroom bezeichnen. Es musste da etwas zu kaufen geben, damit es nicht den Status einer Bibliothek erhielt. Das heißt, der Faktor Verkauf war ganz entscheidend. Auf der anderen Seite war aber klar, dass es Dinge gibt, die nicht für den Verkauf gedacht sind. Das Spiel mit den veränderten Regeln und der Umgang mit diesen war ein wichtiger Moment bei so ritualisierten Vorgängen wie dem Besuch einer „Buchhandlung". Ich habe hier mit der Erwartungshaltung und deren Bruch gearbeitet, was sich in der Situation dann sozusagen aufgelöst hat. Zum Beispiel war vor kurzem jemand bei mir, der suchte ein bestimmtes Buch von Félix González-Torres mit einem Interview von Tim Rollins. Es ist ein Buch, das ich von einem amerikanischen Sammler geschenkt bekommen habe, es war nie in den Verkauf gelangt, Künstler und Verlag hatten sich damals gestritten, haben die gedruckten Bücher in Kisten stehenlassen, und irgendwer hat dann, nachdem González-Torres gestorben war, die Kisten aus dem Keller geholt und begonnen, die Bücher zu verkaufen. Da es in einer kleinen Auflage erschien, wurde es zu einem Sammlerstück. Ich habe es bei einer Reise in die USA von einem Sammler, dem meine Arbeit gefiel, geschenkt bekommen und es wurde von mir nach meiner Rückkehr in die Installation integriert.

Werner: Man kann das Buch aber nicht kaufen?

Cella: Nein! Aus Anlass einer Tagung im Mumok[5] hier in Wien waren dann eine Reihe von Kuratoren und Museumsmitarbeitern bei mir im Salon. Einer von ihnen wollte dieses Buch unbedingt haben. Ich habe es aber nicht hergegeben. Er ist aber am nächsten Tag wiedergekommen und hat dann versucht, den Innenteil zu klauen, indem er diesen zwischen zwei andere Bücher gelegt hat, und als ich das gemerkt habe, habe ich ihm das Buch wieder aus der Tasche gezogen. Die Besucher empfinden den Ort nicht als Modell, sondern als real. Deswegen auch das ständige Missverständnis: „Ich komme mal bei Dir im Laden vorbei." Und da sage ich: „was ist denn das für ein Laden, wenn er keine Öffnungszeiten hat ...!".

Werner: Ich habe mich auch schon gewundert, als ich hier ankam, ein „Atelier mit Öffnungszeiten".

Cella: Naja, es verknüpft diese Tradition des Salons mit einer Buchhandlung. Alles am selben Ort: „Versammlungen", Diskussionen, Artist- und Curator-Talks.

Werner: Es sind sicher Leute, die immer wiederkommen, es ist aber doch auch offen für alle?

Cella: Es ist beides. Es hat aber keine akademische Anmutung, denn dann wären wir ja wie an der Uni, also in einem ganz anderen Kontext. Es ist eher der Versuch, ein Zwischenformat zu etablieren, das zumindest nach außen nicht neu, sondern bekannt klingt, d. h. der Besucher weiß mehr oder weniger, worauf er sich einlässt, es ist aber auch ein Ort, wo man etwas gustieren kann, wo man sich Sachen anschauen kann, die einen interessieren. Dieses Spiel war mir wichtig und dass die Leute das Gefühl haben, sie können sich frei bewegen. Das führt zu der Illusion, dass jeder Dritte seufzt: „Ach, hier könnte ich ja Wochen verbringen ..." – Aber macht natürlich keiner! Das ist so eines der Bilder, die in der Luft hängen, wie, „ich habe auch eine Bibliothek zuhause ...".

Werner: Das ist ja auch nicht von Ihnen intendiert. Sie wissen genau, dass es hier an diesem Ort sehr inspirierend ist, Schauen, Blättern, Staunen – dann geht man aber auch wieder ...

---

5 Museum moderne Kunst Stiftung Ludwig Wien.

Cella: Ja genau.

Werner: Sozusagen als Ort der Inspiration.

Abb. 2: Sortierung ROT, Salon für Kunstbuch. © Bernhard Cella.

Cella: Ja, die sagen dann „ah, die Farben, toll!", weil ich ab 1 000 Büchern begonnen habe, nach Farben zu sortieren. – Das ist ein anderer Zugang zum Thema. Das ist durchaus beabsichtigt. Gerade, wenn künstlerische Arbeiten komplex werden, ist es wichtig, dass es immer verschiedene Zugänge gibt, dass man auf unterschiedlichsten Interessensebenen Lust haben kann, damit umzugehen. Denn ohne Lust macht niemand ein Buch auf, weil Bücher immer anstrengend sind.

Werner: Aber das funktioniert doch nur deshalb so gut, weil zum einen sozusagen ihre Kuratoren-Energie drinsteckt, weil sich die Gestaltung immer wieder ändert: Denn eine Buchhandlung ist ja anders, da wird zwar das Schaufenster jahreszeitlich oder mit Bestsellern umdekoriert, aber drinnen ist es ja immer irgendwie gleich. Hier passiert aber mehr.

Cella: Eine andere Art von Schaufenster in eine Welt, wo die Leute nicht so recht wissen, wo sie anfängt und wo sie aufhört.

Werner: Es ist aber auch eine künstlerische Intervention in dem öffentlichen Raum dieser Straße hier, eine tolle Alt-Wiener Straße zwischen Mariahilfer und der rechten Wienzeile, man denkt *Luftbadgasse*, nanu, das war doch kein Kurort hier?!?

Cella: Hier war mal ein großes öffentliches Bad! Genau an dieser Stelle wo jetzt dieses Gebäude steht, war bis 1991 ein Tröpferlbad, aber auch vorher schon ein Heilluftbad. Hier war ja auch eine Böschung zum Schutz gegen den Wienfluß, denn die Wiener haben ja Angst vor dem Wasser.

Werner: So wie sich deshalb die Stadt Wien ja auch von der Donau abwendet! – Aber zurück zum Konzept der „Buchhandlung"...

Cella: Das war also die ursprüngliche Idee, ein Modell einer Buchhandlung zu bauen, wobei man fragen kann, was denn ein „Modell" ist, und die zweite Frage, was beschreibt den Ort Buchhandlung? In meiner Sammlung geht es darum, ein Spektrum zu zeigen, aber auch konkret um das Thema der bildenden Kunst und deren Übersetzung in das Medium Buch. Es finden sich Literatur, Performance, Theater, Architektur, alle Sparten der Kunst.

Werner: Aber es geht nicht so sehr um das Thema Typografie?

Cella: Nicht unbedingt, es ist aber einfach da. Es gibt Titel, die sich explizit damit beschäftigen, auch aus historischer Perspektive, z. B. über die Geschichte der Fanzine-Kultur. Mein Interesse war immer, eine Laufrichtung anzulegen, sonst ist das Ganze nicht lesbar! Und diese Laufrichtung sollte sich auch in den Veranstaltungen zeigen: Fragen der bildenden Kunst und was das Buch für die Kunst leisten kann. Was ist ein Buch heute, was könnte es sein, was kann es sein nach der Durchsetzung des Internets als Massenmedium? Wir sind ja heute mit einem totalen Entleerungsprozess konfrontiert: Nahezu 600 Jahre Entwicklung, mit dem Wissen, wie man im Medium Buch komplexe Inhalte herunterbricht, und auf einmal ist es aus, alles rutscht ins Netz und plötzlich ist das

Buch leer. Und schwups haben die Kunst und die Künstler begonnen, das Buch neu zu befüllen und dieses Medium anders zu nutzen, als es bisher üblich war, was dann ganz konkret zu den vielen Mini-Reihen mit Kleinstauflagen geführt hat.

Werner: Und die Künstler haben begonnen, das selbst in die Hand zu nehmen.

Cella: Ja, DIY, der direkte Kontakt zum Betrachter, es gibt dann kein Lektorat. Es gibt damit gleichzeitig einen Auf- und einen Abstieg in der Buchkultur.

Werner: Wir haben uns ja auf der Messe *Friends with Books*[6] in Berlin im Hamburger Bahnhof – Museum für Gegenwart kennengelernt, wo die Produzenten selbst mit ihren Produkten sitzen, mit Büchern und Buchobjekten, und wo Sie auch präsent waren.

Cella: Ja, ich bin auf solchen Veranstaltungen international dabei. – Ich habe in diesem Modell immer auch als Künstler weitergearbeitet, ich betrachte das als Ausdruck meiner künstlerischen Arbeit: die Publikationen im Atelier zu präsentieren, eine bestimmte Art von Oberfläche zu entwickeln, die immer auf dieselbe Frage rekurriert, darüber eine Art Öffentlichkeit herzustellen. Es erfüllt nicht die Kriterien einer Galerie oder eines Geschäfts oder einer Bibliothek oder eines Offspaces oder eines Ateliers.

Werner: Hier ist alles weiß, wie in einem White Cube.

Cella: Nein, grau! Ein helles Grau, ich habe nie Weiß verwendet! Ich habe mich am 19. Jh. orientiert, als Bildhauer-Ateliers nicht weiß waren. Der White Cube in der Kunst ist eine Erfindung des 20. Jahrhunderts. Weiß halte ich für zu hart für ein Atelier, denn es ist ja eine Studio-Situation.

Werner: Also keine Buchhandlung, eher eine Meta-Ebene, auch nicht eine der heute so typischen sehr spezialisierten Läden, wie die hippen thematischen Buchhandlungen …

Cella: Sie meinen so wie „do you read me"[7]? Nein – einfach ein Labor situiert in einem Atelier.

Werner: Gibt es denn Institutionen, die man mit Ihrem Salon vergleichen könnte? So etwas wie „PrintRoom"[8] in Rotterdam?

Cella: Ich betreibe den Salon für Kunstbuch als Installation. Ein entscheidender Moment war, als das *Belvedere* 2011 meine Arbeit für das *Belvedere21* angekauft

---

6 https://www.friendswithbooks.org (14.06.2020).
7 Beispielhaft für diese Art: https://doyoureadme.de (14.06.2020).
8 http://www.printroom.org (14.06.2020).

hat, nicht den Entwurf, sondern eine Installation als feste Form im Verbund mit einem Konzept, wie der Ort bespielt werden sollte. Diese Arbeit ist ein Maßan-zug für die Institution – also speziell auf die architektonisch inhaltlichen Gege-benheiten zugeschnitten. Eine 10 Meter lange Filmwand, die viele Aspekte ver-eint, eine Versammlung von Büchern in einer anderen Form. Das Betrachten von Büchern ist etwas Intimes, etwas Singuläres für jedes Individuum, da möchte man einen ungestörten Moment der Konzentration. Deshalb habe ich viele kleine Inseln zum Betrachten mit der Installation geschaffen. Eine Skulp-tur, die Bücher aufnehmen kann.[9] So wurde ich Kurator meiner eigenen Arbeit.

Werner: Der Künstler als Kurator!

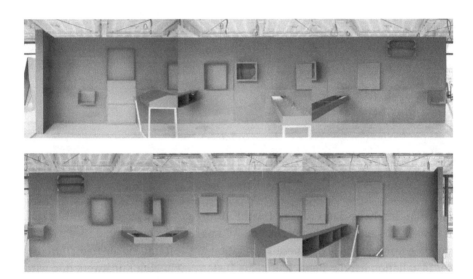

Abb. 3: Bernhard Cella „Salon für Kunstbuch", Modell eines Museumsshops im Maßstab 1:1, Ansicht Ostflügel (oben) und Westflügel (unten), Karton, Holz, 10 x 2,80 x 0,2 m, Wien 2011. © Bernhard Cella.

---

9 http://salon-fuer-kunstbuch.at/blog/cat/cella/post/kartonbaustein/ ?SID=93699817d54a9bdea60b840b7a7997c7 (14.06.2020).

Abb. 4: Bernhard Cella „Salon für Kunstbuch", Installationsansicht, 21er Haus, Westflügel, Wien 2011. © Bernhard Cella.

Cella: Ja, ich habe dann für die Durchführung des Projekts ein Salär bezogen und habe das acht Jahre lang gemacht. Alle waren sehr erstaunt, dass ein Museum eine Konzeptarbeit wie diese Installation ankauft und sie „betreibt"! In dieser Installation hat der Betrachter keine Distanz mehr zum Kunstwerk und wird Teil des Werkes, was auch zu Irritationen führte. Der Unterschied zu einem klassischen Museumsshop zeigte sich im Nutzungskonzept der zur Verfügung gestellten Fläche. So gab es z. B. keine für einen Museumsshop typischen Mitnahmeartikel. Bestimmte Produkte wurden speziell für den Ort entwickelt: Ich hatte beispielsweise Künstler eingeladen, Geschenkpapier zu gestalten. So sind Editionen entstanden, ein direktes Marketing von Künstler-Produkten, das wollte ich einfließen lassen. Irritierend und sehr speziell. Das lief so lange gut, bis eine neue Museumsdirektorin des Belvedere an diesem Ort lieber ein Kaffeehaus einrichten wollte. Das Museum war ja der Betreiber und konnte das alleine entscheiden. Der Irrtum, ich würde den Salon für Kunstbuch im *Belvedere 21* als Dependance meines Ateliers selbst betreiben und ich würde es als Geschäft führen, war von mir intendiert! Das Belvedere als Betreiber hat mit seinen dafür eingestellten Mitarbeiterinnen und Mitarbeitern den täglichen Betrieb organisiert. Meine Aufgabe bestand darin, für die Umsetzung des Konzepts, also das Anlegen einer Sammlung von Buchtiteln, das Zusammenstellen eines Sortiments von Produkten für den Verkauf und der Organisation von Leben in der Installation Sorge zu tragen. Die letzte Präsentation war dem Fotokünstler Wolfgang Tillmans und seinem publizistischen Werk gewidmet.[10] Jetzt ist die Installation abgebaut und in einem bestimmten Zustand eingefroren magaziniert.

Werner: Die Seh- und Rezeptionsgewohnheiten wurden völlig unterlaufen: Kein Museums-Shop, weder Buchhandlung noch Kunstbuch-Bibliothek.

Cella: Ja, man hat keinen eigenen Begriff dafür! Diese Begrifflosigkeit führt dazu, zu fragen: was passiert da, was mache ich als Betrachter da und was eröffnet mir eine solche Installation? Ich habe z. B. ab ca. 1 000 Büchern begonnen, nach Farben zu sortieren, was zunächst zu Gelächter geführt hatte und zu Kritik. Kunst, gerade wenn sie gedruckt wird, muss ja ernsthaft sein! Meine Entscheidung führte zu einem anderen Wahrnehmen als ich vermutet hatte. Erfunden habe ich das ja nicht, aber der Kontext war neu. Und Kunstbücher erscheinen ja selten in Reihen mit festgelegter Aufmachung, so wie der Band, den Sie gerade vorbereiten.

Werner: Man kann sich in ihrem Online-Katalog[11] die vorhandenen Bücher nach Farben sortiert anzeigen lassen, man kann nach Farben suchen.

Cella: Ja, auch nach Größe und Gewicht!

Werner: Das erinnert an die kuriose Beratungssituation in einer Bibliothek: „Ich suche ein Buch, es war rot und ungefähr soundso groß und nicht sehr dick …"

Cella: Mich hat als Künstler natürlich die Farbe gereizt. Und wichtig ist, dass die Bücher meist von den Künstlern mitgestaltet worden sind – Format, Typografie, Farbe. Da entsteht eine unglaubliche Vielfalt. Und das sehen Sie gleich, wenn Sie die Installation betreten. Das sieht man so sonst nirgends, diese Bücher verschwinden aufgrund ihrer kleinen Auflagen sonst sehr schnell aus der Öffentlichkeit. Es ist aber auch eine Art Entspannungsübung mittels Farbgebung, das macht wieder neugierig, man fühlt sich nicht durch Büchermengen erschlagen. Ich fand dasschlüssig.

---

10 https://z-m-www.facebook.com/belvedere21/photos/gm.402526840510745/2148415175195195/?type=3&theater (14.06.2020).
11 http://salon-fuer-kunstbuch.at/books.html (14.06.2020).

Ich habe auch immer alles, was sich in diesem Zusammenhang ergab, versucht, als Material für neue Arbeiten zu verstehen: Fotoarbeiten, Skulpturales, Videos, Tapisserien und neue Displays.

Werner: Das ist ganz etwas anderes als die statischen Präsentationsformen in Bibliotheken.

Cella: Es entstehen im Nebeneinander auch neue Verwandtschaften über einen Farbton, was einen auf einen ganz anderen Weg führen kann. Ich dokumentiere die Konzepte häufig mit 3D-Scans, um sie nach dem Abbau digital besuchen zu können, auch für Ausstellungen. Es entstehen veränderte Wahrnehmungen, auch durch die physische Nähe der Bücher zueinander.

Werner: Diese Methode ist alles andere als willkürlich, nicht banal, mir scheint das ein interessantes Arrangement zu sein, ein Neugier-weckender neuer Einstieg. Wenn man bedenkt, dass für junge Menschen heute die klassischen Zugänge zu Büchern über Kataloge, über Klassifikationen am Regal, über Bibliografien oder referenzierende Fußnoten nicht mehr vertraut, weitgehend uninteressant sind, ist das auf diese künstlerische Weise reizvoll und führt so aber auch thematisch weiter.

Cella: Ich habe ja schon lange die Idee für eine farbkodierte Buchinstallation in einer Bibliothek. 2014 war ich eingeladen zu einer Ausstellung im MAK [Museum für angewandte Kunst Wien], was mir die Gelegenheit gab, einen schon lang gehegten Wunsch, den Druckprozess eines neuen Buches, in einem Museum auszustellen.[12]

Eine andere Arbeit realisierte ich in der Galerie Charim in Wien, wo man als Betrachter über einen von mir gebauten Laufsteg in ein Meer von aufgeschlagenen Büchern blickte. Manche Besucher haben sich hinuntergebeugt und auch hingesetzt und zu lesen begonnen, was in gewisser Weise absurd war, denn es ging ja um den Objektcharakter. Bei dieser Installation spielte Typografie eine Rolle, teilweise habe ich bis zu zehn gleiche Exemplare übereinander geschichtet. Es entstand mit dieser gelegten Formation eine Art Körper, der eine andere Art von Wahrnehmung, ein ästhetisches Erleben ermöglichte.
Eine Installation mit Kunstbüchern, aber ohne das Material Buch selbst zu verändern. Bücher selbst zu deformieren wie verkleben, bemalen, durchbohren, mit Schrauben durchdringen und sie dadurch zur Skulptur zu transformieren – das ist mir alles völlig fremd. Ich komme vom Konzept. Und die logische Konsequenz der Konzeptkunst ist das Publizieren. Bereits in den 1960er Jahren in der

---

12 MAK = Museum für angewandte Kunst Wien. http://salon-fuer-kunstbuch.at/blog/cat/cella/ post/Charim/ (14.06.2020).

amerikanischen Konzeptkonzept gab es das, nur war damals die Distribution das große Problem – heute ist es mit dem Internet eine völlig andere Situation, es ist viel einfacher, Sichtbarkeit zu erzeugen.

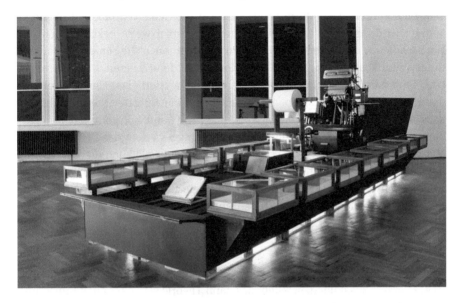

Abb. 5: Bernhard Cella „How to Disappear Completely and Never be Found", Installation und Performance, MAK Wien, November-Dezember 2013. © Bernhard Cella.

Werner: … und das selbst ohne ISBN![13]

Cella: Absolut! – Aber in Zukunft werden nicht nur die Künstler nie mehr die rein analoge Erfahrungswelt wahrnehmen. Ich würde mich als „halb-analog" bezeichnen, da ich ja noch über rein analoge Lebenserfahrung verfüge, zumindest in der Erinnerung; Schreibmaschine habe ich schon am PC gelernt.

Werner: Geht es bei Ihrer Arbeit auch darum, diese beiden Erfahrungswirklichkeiten zusammenzubringen: Analoge Erfahrungen vielleicht auf künstlerischem Wege neu zu ermöglichen, neu zu erschließen und mit dem Digitalen zu verknüpfen? Wir in den Hochschulbibliotheken stehen bei der jungen Generation der Herausforderung gegenüber, das digitale Wissen mit dem Analogen, dem Gedruckten zusammenzubringen und mit der Bibliothek als analogem, physischem Ort: für den haben die Jungen allerdings ein Faible, den nehmen sie

---

13 Vergl. NO-ISBN. On self-publishing. Hrsg. von Bernhard Cella, Leo Findeisen & Agnes Blaha. Köln: Verlag der Buchhandlung Walther König 2015.

wahr. Aber Bücherregale werden zur Tapete. Mich interessieren neue, überraschende Zugänge, das Buch in die hybride oder gar rein digitale Erfahrungswelt hineinzubekommen.

Cella: Ich glaube, das geht nur mit der Erfahrung realer Funktionen. Wenn es konkret wird, entwickelt sich ein Interesse. Beispielsweise bekomme ich von Hochschulen immer wieder Anfragen zu Kooperationen für Semesterveranstaltungen zum Thema Film, Foto, Kunst, Konzept und Publizieren. Dazu müsste es eine Professur geben! Die Kunststudenten interessiert das Thema aber erst dann, wenn sie es brauchen. Heute machen viele Künstler diese Erfahrung, dass Ausstellungen häufig einen irrsinnigen Aufwand mit geringer Resonanz darstellen, weil nur wenige Leute die Ausstellung sehen. In das Desaster dieses Missverhältnisses von Aufwand und Wirkung kommt plötzlich die Entdeckung der Publikation. Die Option einer guten Publikation, die man vorzeigen und weitergeben kann, entdecken derzeit sehr viele Künstler, die eigentlich nicht mehr mit der analogen Buchkultur vertraut sind.

Werner: Kommen Sie dabei auch in Kontakt mit den Bibliotheken dieser Hochschulen?

Cella: Bibliothekarinnen und Bibliothekare kommen auf mich zu mit dem Auftrag, Literatur zusammenzustellen, das kann Theorie sein oder auch Kunst- und Künstlerbücher. Ich habe durch meine permanenten Recherchen in diesem Bereich einen recht großen Überblick über das, was entsteht. Es kommen aber auch viele Zeitgenossen auf mich zu, die mir interessante Publikationen anbieten. Ich bin da, wo diese Szene ist, ich weiß, was läuft und wer da läuft!

Werner: Ist es dabei auch zu dauerhaften Kontakten mit Bibliotheken gekommen?

Cella: Ja!

Werner: Sie kuratieren sozusagen für Bibliotheken, für Museumsbibliotheken, für Sammlungen, sie betreuen von außen auch Erwerbungsprofile?

Cella: Ja, nicht nur in Wien, aber in erster Linie Österreich betreffend. Systematisch und regelmäßig, aber häufig ergibt sich das auch aufgrund meiner Kontakte, dass ich etwas entdecke, das für eine Sammlung interessant sein könnte. Das ist ja nicht neu, viele Künstler haben sich auch in der Vergangenheit schon als Händler einen Namen gemacht! In Österreich haben wir ein sehr breites Spektrum im Bereich Künstlerbücher und künstlerischer Publikationen, die dann schnell Sammlerobjekte werden. In Deutschland habe ich versucht, meine Dienstleistungen in diesem Bereich anzubieten, das hat aber bislang zu wenig

Erfolg geführt, was vielleicht am Ungewohnten, an fehlendem Budget oder auch an mangelndem Interesse liegt.

Werner: Vielleicht ist dieser Bereich aber sogar bei den Fachreferenten, die für Kunst verantwortlich sind, wie auch in den Sammlungen nicht so im Fokus: das Programm auch von fachspezifischen Antiquariaten wie z. B. das der Berliner Kunstbuchhandlung Barbara Wien wird von diesen Institutionen nicht recht wahrgenommen, sondern eher von Privatsammlern.

Cella: Ich sage den Verantwortlichen immer: Kauft in der Zeit, im Jetzt! Sonst sind die Bücher später schwer oder gar nicht mehr zu bekommen und sehr viel teurer. Mir scheint, dass Bibliothekare viel zu viel mit technischen Dingen, wie Datenverwaltung u. a. beschäftigt sind! Solche Publikationen sind für sie ja auch in vielerlei Hinsicht herausfordernd. Es gibt aber in Bibliotheken auch Vorbehalte, manche sagen dann „Wir kaufen keine Bücher, die keine ISBN haben", das sei „graue" Literatur. Und ich sage dann: „Aber alles vor 1948 hat keine ISBN!" Bibliothekare sagen oft, sie hätten die Buchhandlung ihres Vertrauens und dort würden sie alles bestellen, was sie bräuchten. Aus meiner Perspektive betrachtet, steht die Verwaltung dieser Sammlungen im Fokus des Interesses. Veränderung wird zu gerne als Irritation verstanden. Eine Erweiterung des Konzepts bedeutet Arbeit!

Werner: Automatisierter Metadaten-Austausch zwischen Buchhandlung und Bibliothek ist für uns mittlerweile leider ein entscheidendes Kriterium für eine Zusammenarbeit mit einer Buchhandlung geworden. Aber wenn die Inhalte nicht mehr das Entscheidende sein sollten, das wäre furchtbar!

Cella: Und das ist im Bereich der Kunst besonders absurd. Publikationen im wissenschaftlichen Bereich sind halt etwas anderes, da ist eine anders strukturierte Öffentlichkeit und traditionell alles in Verlagen erschienen. Was macht denn die spezifische Qualität einer Bibliothekssammlung aus? Die wenigsten haben wahrscheinlich eine völlige Kontinuität der Profilbildung, es hängt halt meistens an den verantwortlichen Personen, an den Bibliothekaren, ob sie sozusagen „spannend" oder weniger spannend gesammelt haben. Das gilt es zu analysieren und dann könnte man ein Konzept zur Weiterentwicklung der Sammlung an Publikationen erstellen und überlegen, wie man sie in Kontexte auch anderer Bibliotheken stellt. Die alte Idee der Bibliothek, die das gesamte Wissen zu einem Thema beinhaltet, ist naturgegeben vorbei, jetzt glaubt man an das digitale Datenbuch im Internet, das sich ständig weiterfrisst. Diese Art von Bibliothek, symbolisiert z. B. durch die französische Nationalbibliothek François Mitterand in Paris, das ist wie ein Beamtenstaat, ein gigantisches Gebäude, ein monumentaler Ausdruck von Bürokratie, eine mögliche Bibliothek?

Oft entsteht eine recht gesichtslose Architektur wie die der Stadtbibliothek in Salzburg, ein Gebäude, das gar nicht in Würde altern wird, denn alle Materialien sind glatt wie ein Screen und alterslos. Ich habe für diese Bibliothek eine neue Arbeit realisiert und versucht, diesen armen Zustand abzumildern. Ein Teppich könnte interessant sein für diese spezielle Umgebung, dachte ich. Meine Frage war, wie könnte das Auge stimuliert werden, wie kann man einen solchen halböffentlichen Raum gestalten?[14]

Abb. 6: Bernhard Cella „Avant la Lettre", Stadtbibliothek Salzburg, Wandteppich, 25 x 5 m, Salzburg 2015. © Bernhard Cella.

---

14 Bernhard Cella gewann 2015 in einem Wettbewerb für die vom Architektenbüro Halle 1 entworfene Stadtbibliothek Salzburg mit einem 130 m² großen Wandteppich mit dem Titel „Avant la lettre" für die Eingangshalle (siehe Abb. 6).

Werner: Das Gegenbild sind Bibliotheken, die zeigen, dass sie Benutzer als Gäste einladen, die auf den Austausch abzielen, für Künstler zum Beispiel *Residencies* anbieten, das sichtbar machen, was in der Bibliothek entsteht.

Cella: In der Zukunft wird es bei Bibliotheken viel darum gehen, dass dieser öffentliche Bereich der Verbiedermeierlichung entgegenwirken kann, die dadurch droht, dass ja alle daheimbleiben können – es gibt ja das Netz! Der Fernseher hat die Welt ins Heim gebracht, der Rechner bringt jetzt jede Form von Kommunikation in die eigenen vier Wände. Das schafft eine andere Art von Öffentlichkeit, von der man nicht weiß, wo sie eigentlich ist. Bibliothek kann ein öffentlicher gesellschaftlicher Ort sein, wo man sich auch als Gemeinschaft erlebt.

Werner: Die öffentlichen Bibliotheken haben das aber erkannt, auch hier in Wien gibt es dafür ein tolles Beispiel. *OBA*, *LocHal* oder *Oodi*, da wo man einfach ist (sein kann), und auch ißt!

Cella: Das stimmt, man kann einfach hingehen, auch mit dem Rechner, egal ob man dort Hausaufgaben macht oder etwas anderes, das ist alles legitim. Bibliothek muss ständig in Bewegung bleiben, man muss etwas öffentlich vorstellen, was zeigen. Auch als Veranstaltungs- und Erlebnisorte, ein Ort der Verhandlung mit sich und anderen und ein Ort der Begegnung mit Büchern, ohne Bevormundung. Aber was bietet mir dagegen Google an: an diesem Rechner bekomme ich dies, am andern was völlig anderes. Das Buch wird halt noch mehr zurückgedrängt. Ich habe das jetzt gerade in Paris gesehen: Da lassen neue Boutiquen, die in ehemaligen Buchhandlungen einziehen, das alte Schild „Librairie" hängen, weil es schick ist! Ich befürchte, da wandert etwas in eine Zwei-Klassen-Gesellschaft ab: für die breite Masse das Netz im Sinne von versorgt und informiert sein, aber anderes gibt es nur gedruckt. Ich war kürzlich schockiert in einer Öffentlichen Bibliothek, in der im Publikumsbereich zu zwei Dritteln nur noch „Medien" standen, es war wie in einem Filmverleih, weil das angeblich gefragt sei. – Publiziert nicht selbst die MIT Press bestimmte Sachen nur in gedruckter Form?! Ich möchte in einer Bibliothek Dinge finden, die ich nicht gesucht habe! Und als Jugendlicher würde ich doch in einer Bibliothek etwas finden wollen, was aktuell ist, was heute entsteht, das ist cool! Und viele Bibliotheken kümmern sich sehr stiefmütterlich darum, weil sie sich darin nicht wirklich auskennen! Es hängt halt immer an Bibliothekarinnen und Bibliothekaren, die etwas bewegen wollen. Ich erwarte eigentlich eine Orientierung auf das Heute und das Morgen bei den Neuanschaffungen in Bibliotheken.

Werner: Das ist ein deutliches Plädoyer!

Cella: Da hat mal die Prorektorin einer Kunstakademie zu mir gesagt: ich kaufe keine Bücher, ich erhalte lieber die Bäume! Was sagt man dazu?! Kunstbibliotheken hatten in der Vergangenheit sehr oft eine Wertschätzung für Fragestellungen in allen Wissensgebieten, das ist ein bestimmter kultureller Ansatz, eine ganz wichtige Funktion.

Werner: In Ihren Augen eine Kernkompetenz von Bibliotheken?

Cella: Ja, eine Kompetenz, die oftmals versickert. Die Bibliothekare haben traditionell viel Wissen über den Bestand. Ich wollte mal ein Projekt, Gruppenfotos mit Bibliothekaren, machen, oder Leselisten von Bibliothekaren veröffentlichen, was sich nicht realisieren ließ.

Werner: Die Buchhandlungen machen das ja jetzt wieder, Empfehlungen, „Das hat unser Azubi gelesen …" Wir meinen das ja ernst, wir sind keine Influencer, wir sind seriös ...

Cella: ... und das mögen die Menschen! Ein Bibliothekar darf nicht nur Verwalter sein. Ich fahre z. B. immer zur Buchmesse. Es geht um Überblick und Austausch.

Werner: Wir kuratieren heute mehr Daten statt Inhalte! Wir haben in unserer Bibliothek ja auch keinen Katalog mehr, sondern ein Discovery-System.

Cella: Was ist das?

Werner: So eine Art kleines eigenes Google zum Katalog mit Anreicherungen und nicht durchschaubaren Algorithmen im Hintergrund, Texte heißen jetzt „Ressourcen"...

Cella: Es gibt interessante neue Entwicklungen, wenn es um Publikationen geht. Man kann heute z. B. auf eine „Book Party" gehen und dort wird gemeinsam ein Fanzine hergestellt. Es geht ums Selbermachen, weil die Menschen sonst das gar nicht mehr selbst erleben. Von der Idee bis zur Umsetzung. Das Selbertun-Wollen führt zu Praxis, auch wenn es noch nicht um Inhalte geht, und durch die Demokratisierung der gesamten Drucktechnik entstehen völlig neue Möglichkeiten durch die leichte Verfügbarkeit. Dadurch entsteht auch wirklich ein neues Klima, nicht als bloße „Bewegung". Es geht da nicht um „gemeinsames Lesen" oder Dinge aus dem Kanon. Die traditionellen (Bildungs-)Resonanzräume sind heute mit Anderem gefüllt. Bestimmte Dinge schlummern aber und werden neu interpretiert. So hat meine mexikanische Praktikantin einen Koffer voll mit Fanzines aus Mexiko-City mitgebracht: dort hat das Fanzine als Format eine reale Funktion, das wird da als 1:1-Talk auf der Straße für die Straße produziert. Und ich war geschockt, welche Themen da verhandelt werden, was da zu Papier gebracht wird. Da geht es nicht um Kunst, sondern um gesellschaftliche Anliegen, in Druckform veröffentlicht. Das habe ich hier vielen Bibliotheken angeboten und selbst auch etwas dazu publiziert.

Werner: Das lässt mich an die vorletzte Frankfurter Buchmesse 2018 denken: dort wurde bei der Präsentation der Gastregion Flandern täglich ein Fanzine produziert mit Autoren, Künstlern, Cartoonisten, geschrieben, gezeichnet und gedruckt, und nachmittags um 17 Uhr wurde das Heft kostenlos verteilt. Ich war nur einen Tag auf der Messe und habe diese eine Nummer und nach meiner Rückkehr habe ich versucht, von unseren gewieften Bibliothekarinnen die anderen Hefte besorgen zu lassen: aber das ging nicht! Es ist einfach nicht zu besorgen und keine andere Bibliothek hat das angeschafft, aus, vorbei!

Cella: Da sind wir wieder bei dem Thema: keine ISBN, das ist zu künstlerisch, kann nicht klassifiziert werden, macht zu viel Arbeit – das wollen wir nicht! – Für die mexikanischen Fanzines habe ich übrigens eine Box gebaut und der eine ISBN gegeben! So konnte das Konvolut, von mir mit einem Meta-Text versehen, mit einem Fanzine zu den Fanzines, von mir doch auch verkauft werden.

Werner: Gibt es noch andere künstlerische Bereiche in ihrer Arbeit, gibt es noch andere Aktivitäten, oder fließt alles in das große Projekt des Salons ein?

Abb. 7: Beispiel des gewebten Covers eines gestohlenen Buches aus der Serie „manquants" von Bernhard Cella. © Bernhard Cella.

Cella: Ich arbeite auch mit textilen Materialien. Ich habe Weben in der Jacquard-Technik gelernt, das war übrigens die allererste Anwendung von Lochkarten-Technologie. Übersetzung in andere Materialien ist für mich immer ein spannendes Thema. Ich habe einmal begonnen, die hier in meinem Salon gestohlenen Bücher zu dokumentieren, indem ich Buchcover in Jacquard webe, das Projekt heißt „manquants"[15]. Das ist ein solcher Übersetzungsprozess.

Oder hier: ich habe gerade eine Edition entwickelt, einen kleinen multifunktionalen Tisch. Es gibt 20 verschiedene mit unterschiedlichen Oberflächen. Oder ein anderes Projekt mit Buchcovern: Die Bücher von Hans Ulrich Obrist, die ich hier eigentlich nicht im Salon für Kunstbuch gesammelt hatte, aber das Thema gehört hierhin: ergo habe ich die Cover aller Obrist-Bücher gezeichnet[16], das ist meine Art der Aneignung.

Werner: Lieber Bernhard Cella, herzlichen Dank für das Gespräch!

---

15 http://salon-fuer-kunstbuch.at/blog/cat/cella/post/gestohlen/ (14.06.2020).
16 http://salon-fuer-kunstbuch.at/blog/cat/cella/post/Hans/ (14.06.2020).

Teil III: **Data Curating / Content Curating**

Simone Waidmann

Benutzer/-innen als Kurator/-innen: Crowdsourcing in Bibliotheken

Kuratorisches Handeln kann vielfältige Formen annehmen: Auswählen, (An-) Ordnen, Transkribieren, Beschreiben, Kontextualisieren, Zugänglichmachen, In-Beziehung-Setzen. Nicht nur für Ausstellungsmacher und -macherinnen, sondern auch für Beschäftigte in Bibliotheken gehören diese Tätigkeiten zum Alltag. Aber auch Bibliotheksbenutzer und -benutzerinnen können im Rahmen von Crowdsourcing kuratorisch tätig werden.

Während das Phänomen schon etwas älter ist, wurde der Begriff „Crowdsourcing" erst 2006 vom amerikanischen Journalisten Jeff Howe in seinem Artikel *The Rise of Crowdsourcing* im Magazin *Wired* geprägt.[1] Er bezieht sich darin insbesondere auf den Einsatz von Crowdsourcing im kommerziellen Bereich. Während dort teils auch üppige Honorare üblich sind, arbeiten die Freiwilligen im Non-Profit-Sektor rein ehrenamtlich aus meist intrinsischer Motivation. Bekanntestes Beispiel hierfür ist die 2001 gegründete Wikipedia, für die Freiwillige Artikel verfassen, übersetzen oder korrigieren. Solche unbezahlten Aufgaben setzen häufig, aber nicht immer, kein besonderes Spezialwissen voraus und wenden sich potenziell an alle, die das Internet nutzen. Der Begriff selbst setzt sich aus den englischen Begriffen „crowd" für Menge, Masse oder auch Schwarm, und „outsourcing", also der Auslagerung von Aufgaben an externe Dienstleister, zusammen. Viele Definitionen sind seit Howes Artikel vorgeschlagen worden. Aufgrund seines Ursprungs und Einsatzes in der freien Wirtschaft wird Crowdsourcing häufig als Methode für Innovationsmanagement und Trendermittlung oder als Marketinginstrument beschrieben.[2] Während Crowdsourcing auch in Bibliotheken all das sein kann, wäre es fahrlässig, sich allein darauf zu beschränken. Eine der umfassendsten und für den Kulturbereich nützlichsten Definitionen ist daher immer noch die von Enrique Estellés Arolas und Fernando González Ladrón de Guevara aus dem Jahr 2012.[3] Kernelemente dieser

---

1 Howe 2006.

2 So z. B. Gassmann 2013.

3 "Crowdsourcing is a type of participative online activity in which an individual, an institution, a non-profit organization, or company proposes to a group of individuals of varying knowledge, heterogeneity, and number, via a flexible open call, the voluntary undertaking of a task. The undertaking of the task, of variable complexity and modularity, and in which the crowd should participate bringing their work, money, knowledge and/or experience, always entails mutual benefit. The user will receive the satisfaction of a given type of need,

https://doi.org/10.1515/9783110673722-010

Definition sind: Die Aufgabe ist online-basiert, der Aufruf zur Mitarbeit erfolgt über einen sogenannten *open call* und richtet sich an eine nicht definierte, heterogene Gruppe von Individuen, die Aufgabe ist freiwillig und immer zum gegenseitigen Nutzen aller Beteiligten – der *Crowdsourcer* erhält Lösungen für seine Aufgabenstellung, dem *Crowdworker* werden ökonomische (im Falle von Bezahlung) und/oder andere Bedürfnisse erfüllt, wie soziale Anerkennung oder der Erwerb bestimmter Fähigkeiten, wobei dieser Aspekt des gegenseitigen Nutzens besonders zu betonen ist. Für Bibliotheken kann gerade in Zeiten knapper werdender Budgets und Personalausstattung – bei gleichzeitiger Zunahme von zu verwaltenden Informationsressourcen und von neuen Aufgaben – der Outsourcing-Aspekt von Crowdsourcing relevant sein, um manche Projekte überhaupt realisieren zu können.

Darüber hinaus sind aber die Nutzerpartizipation und das Eintreten in einen Dialog von entscheidender Bedeutung. Trevor Owens von der Library of Congress sieht in der sinnvollen Auseinandersetzung der Öffentlichkeit mit kulturellen Sammlungen das eigentliche Ziel von Crowdsourcing in Kulturerbeeinrichtungen. Arbeitsergebnisse, wie z. B. Transkriptionen, seien nur „ein wundervolles Nebenprodukt": „If the goal is to get people to engage with collections and with the past, then the transcripts are actually a wonderful by-product of offering meaningful activities for the public to engage in."[4] Weiter argumentiert er mit Blick auf digitalisierte Sammlungsbestände: „crowdsourcing is the best way actually to engage our users in the fundamental reason that these digital collections exist in the first place"[5]. Rose Holley von der National Library of Australia erklärt das aktive Einbeziehen von Benutzerinnen und Benutzern gar zur Überlebensfrage für Bibliotheken: „If libraries want to stay relevant and valued, offer high quality data and continue to have a significant social impact they must develop active engagement strategies and harness crowdsourcing techniques and partnerships to enhance their services."[6] Nutzerinnen und Nutzer erbringen im Rahmen von Crowdsourcing nicht nur irgendeine Dienstleistung, sondern sie engagieren sich ehrenamtlich, bringen ihre Zeit und Expertise zum Wohle aller ein, ohne dabei an bestimmte Orte und Geschäftszeiten gebunden zu sein. Sie erweitern ihre Fähigkeiten und vernetzen sich mit einer (gegebenenfalls weltweiten) Interessensgemeinschaft. Sie werden von reinen Konsumentinnen/Kon-

---

be it economic, social recognition, self-esteem, or the development of individual skills, while the crowdsourcer will obtain and utilize to their advantage what the user has brought to the venture, whose form will depend on the type of activity undertaken." Estellés Arolas & Gonzáles Ladrón de Guevara 2012, S. 197.

4 Owens 2014, S. 278.
5 Owens 2014, S. 279.
6 Holley 2009a, S. 1.

sumenten zu Produzentinnen/Produzenten (oder *Prosumern*[7]) – zu Kuratorinnen und Kuratoren der Bibliothek und ihrer Bestände. Befürchtungen wie etwa das mögliche Ausbleiben von Freiwilligen oder Missbrauch, wie z. B. die mutwillige Manipulation von Daten, haben sich bei den genannten Beispielen bisher nicht bestätigt,[8] im Gegenteil wurden die Erwartungen an Qualität und Umfang der freiwillig erbrachten Leistungen meist übertroffen.[9]

OPAC-Anreicherung durch Crowdsourcing

Es gibt viele Möglichkeiten, Benutzer und Benutzerinnen im Rahmen von Crowdsourcing an der Kataloganreicherung zu beteiligen, sei es durch das Schreiben von Rezensionen, das Hinzufügen von Titelbildern und weiteren beschreibenden Angaben, oder durch sogenanntes *Social* oder *Collaborative Tagging*, bei dem Benutzer/-innen Katalogeinträge mit freien, nicht normierten Schlagworten versehen. Die Gesamtheit aller innerhalb eines Systems vergebenen Tags wird als *Folksonomy* (aus dem Englischen: *folk* plus *taxonomy*, dt.: Laientaxonomie), die Gesamtheit aller von einer individuellen Person vergebenen Tags gelegentlich auch als *Personomy* bezeichnet.[10] Je nach System können eigene und fremde Tags durchsucht werden. Üblich ist auch die Visualisierung in einer *Tag Cloud*, auch Wortwolke oder Schlagwortwolke genannt, wobei die Größe eines abgebildeten Begriffs mit der Häufigkeit seiner Verwendung korreliert. So wird ein alternativer Browsing-Einstieg in die Suche ermöglicht. In der Regel sind solche *Social Tagging* Systeme mit Funktionen ausgerüstet, die man auch aus anderen sozialen Medien kennt, wie die Vernetzung mit anderen Nutzern und Nutzerinnen und weiteren Interessengruppen.

Obwohl Social Tagging längst nicht mehr neu und im Web weit verbreitet ist, fällt es Bibliothekarinnen und Bibliothekaren häufig immer noch schwer, den eigenen, sorgfältig gepflegten Katalog für (vermeintliche) Laien zu öffnen, gilt die intellektuelle Verschlagwortung und Klassifizierung von Informationsressourcen durch Fachleute doch immer noch als Goldstandard der Sacherschließung. Doch in Zeiten zunehmender Text-Produktion, in der jeder Internetnutzer ohne großen Aufwand selbst zum Produzenten/zur Produzentin werden kann, lassen sich komplementäre Ansätze zur traditionellen Sacherschließung

---

7 Vgl. beispielsweise Hohmann 2009, S. 7.
8 Für eine ausführlichere Liste möglicher Risiken und Strategien zu deren Abschwächung vgl. Holley 2009c, S. 5–6.
9 Vgl. Holley 2009a, S. 11.
10 Vgl. Hohmann 2009, S. 8.

nicht mehr vermeiden. Die Deutsche Nationalbibliothek (DNB) erschließt digitale Medienwerke bereits seit 2010 überwiegend maschinell.[11] 2017 wurden erstmals auch körperliche Medienwerke der *Reihen B* und *H* in die rein maschinelle Erschließung einbezogen[12] (für die *Reihe B* wurde das Verfahren 2019 aufgrund mangelhafter Ergebnisse allerdings wieder eingestellt). Und auch im Buchhandel erschienene Monographien und Periodika der *Reihe A* werden nur noch teilweise und auch nur für eine Übergangszeit von drei bis fünf Jahren weiterhin intellektuell erschlossen.[13] Die Tendenz weg von der traditionellen intellektuellen Sacherschließung ist also klar zu erkennen. Neben der von der DNB praktizierten maschinellen Erschließung könnte man aber auch die Chance nutzen, um Nutzer/-innen durch das oben beschriebene *Social Tagging* aktiv in die bibliothekarische Arbeit einzubeziehen, sie an der Inhaltserschließung zu beteiligen und sich dabei die sogenannte Schwarmintelligenz zunutze zu machen. Die Nachteile dieser Methode sind bekannt: so werden Begriffe sowohl im Singular als auch im Plural oder in verschiedenen Sprachen benutzt, Synonyme werden nebeneinander verwendet, Homonyme nicht getrennt, Abkürzungen und Akronyme kommen zum Einsatz und dies oft auch noch uneinheitlich.[14] Andererseits sind gerade im wissenschaftlichen Bereich die Nutzer/-innen häufig diejenigen mit der ausgewiesenen Expertise, insbesondere in den naturwissenschaftlichen und technischen Fächern, in denen sich das Fachvokabular oft sehr schnell um neue Begriffe erweitert. Fachreferentinnen und Fachreferenten, deren Studium schon einige Zeit zurückliegt, und die Fachreferate häufig auch fachfremd betreuen, sind hier gegenüber der aktiven Wissenschaftscommunity klar im Nachteil. Zentralredaktionen erreicht neues Fachvokabular in der Regel erst mit einiger Zeitverzögerung, sodass das Social Tagging in solchen Fällen eine sehr viel schnellere Erschließung ermöglicht. In jedem Fall entsprechen die kollaborativ vergebenen Begriffe dem tatsächlichen Sprachgebrauch der Nutzer/-innen, auch wenn sie gegebenenfalls weniger präzise sind. Social Tagging ist flexibel, beliebig erweiterbar (eine Begrenzung der Anzahl von Tags zu einer Ressource ist in der Regel nicht vorgesehen), Erschließungstiefe und Erschließungsbreite entsprechen den Nutzerbedürfnissen und auch vorkommende Fehler können bei ausreichender Tag-Menge kompensiert werden.[15] Es sei hinzugefügt, dass bibliothekarisch vergebene Schlagworte und kollaborativ erstellte Tags getrennt

---

11 Mödden u. a., S. 1.
12 Grundzüge und erste Schritte der künftigen inhaltlichen Erschließung von Publikationen in der Deutschen Nationalbibliothek, S. 3.
13 Veränderungen in der Inhaltserschließung der Deutschen Nationalbibliothek ab 1. Juli 2019, S. 2.
14 Vgl. z. B. Mitis-Stanzel 2008, S. 24 f. sowie Hänger 2008, S. 66.
15 Vgl. z. B. Mitis-Stanzel 2008, S. 26–29 und Hänger 2008, S. 66.

voneinander verwaltet und mit ihren jeweiligen Eigenheiten sichtbar gemacht werden sollten. Crowdsourcing und traditionelle Sacherschließung sind unterschiedliche Herangehensweisen an die Inhaltserschließung mit jeweils spezifischen Eigenschaften, die sich gegenseitig ergänzen, nicht jedoch 1:1 ersetzt werden können. Zudem lässt die beschriebene Fokussierung auf *precision* und *recall* einer Suchanfrage die Bedeutung von Nutzerpartizipation außer Acht. Durch die Öffnung der Kataloge werden Nutzer/-innen von reinen Konsumentinnen und Konsumenten eines vordefinierten Angebots zu aktiven Gestaltern und Gestalterinnen der Bibliothek. Der Erfolg von Crowdsourcing wird dabei immer auch maßgeblich davon abhängen, welchen persönlichen Nutzen die freiwilligen Beitragenden daraus ziehen können. Übersichtliche und leicht zu bedienende Systeme, die möglichst keiner Anleitung bedürfen, die als persönliche Arbeitsinstrumente (z. B. zur eigenen Literatur- und Aufgabenverwaltung) genutzt werden können und eine Vernetzung der Benutzer/-innen untereinander (gegebenenfalls auch über die eigene Institution hinaus) ermöglichen, scheinen dafür besonders geeignet zu sein.

Grundsätzlich besteht die Möglichkeit, solche Crowdsourcing-Funktionen direkt in den Bibliothekskatalog zu integrieren oder den eigenen OPAC in Form eines *Mashups* mit bestehenden Diensten zu verknüpfen. Die *Ann Arbor District Library* hat erfolgreich den ersten Weg bestritten und bietet in ihrem Online-Katalog Funktionen für Tagging, das Verfassen von Rezensionen und die Vergaben von Sternebewertungen an.[16] Gerade für den Bereich der Literaturverwaltung und des *Social Bookmarking* gibt es aber auch bereits etablierte Systeme und Dienste, die in Abhängigkeit von den vorhandenen Schnittstellen[17] grundsätzlich mit dem eigenen OPAC verknüpft werden können. *Delicious*[18] dürfte der weltweit älteste und bekannteste Dienst dieser Art sein.

Im deutschsprachigen Raum ist für den wissenschaftlichen Bereich außerdem das an der Universität Kassel entwickelte System *Bibsonomy* von Bedeutung. Nutzer/-innen können darin Publikationen und Lesezeichen verwalten und mit eigenen freien Schlagworten nach ihren Bedürfnissen organisieren. Darüber hinaus können Publikationen für alle sichtbar kommentiert, rezensiert und bewertet werden. Nutzer/-innen des Systems können sich, wie in anderen sozialen Medien, gegenseitig folgen, befreunden oder in Gruppen zusammenarbeiten. Nach Recherchen der Verf. wird bibliotheksseitig allerdings meist nur die Möglichkeit angeboten, Metadaten aus dem Onlinekatalog in das jeweilige Bookmarking-System zu übernehmen, die Bearbeitung der Titel durch die Nut-

---

16 https://aadl.org/ (10.08.2019).
17 Zur Schnittstellenproblematik vgl. Schneider 2009.
18 https://del.icio.us/ (11.08.2019).

zer/-innen geschieht dann in diesem externen System, ohne dass die erzeugten Inhalte in den OPAC zurückfließen. Die Erschließungsleistung kann auf diese Weise von der Bibliothek nicht nachgenutzt werden, für die Nutzer/-innen ist es dennoch eine sinnvolle Art, sich mit Bibliotheksangeboten auseinanderzusetzen und ihren eigenen Bedürfnissen anzupassen.

Einen speziellen Fall des partizipativen Umgangs mit Bibliotheksdaten stellt *LibraryThing* dar – mit über 2,5 Millionen Nutzerinnen und Nutzern weltweit und mehr als 145 Millionen verzeichneten Büchern (Stand Mai 2020)[19] das größte soziale Netzwerk, das sich speziell der Katalogisierung und Diskussion von (insbesondere belletristischer) Literatur widmet. Angemeldete Benutzer/-innen können einen Katalog ihrer eigenen privaten Bibliothek anlegen und dabei auf zahlreiche Bibliotheks- und Buchhandelsdatenbanken zurückgreifen oder, z. B. im Fall von grauer Literatur, die Daten manuell eingeben. Titeldaten können mit Coverbildern, Rezensionen und Tags versehen werden, man kann sich anzeigen lassen, welche Titel man mit den Bibliotheken anderer Nutzer/-innen gemeinsam hat oder in Gruppen über bestimmte Bücher und Themen diskutieren. Regelmäßig werden auch Autoren-Chats angeboten, bei denen man mit den eigenen Lieblingsautoren und -autorinnen ins Gespräch kommen kann. Mit *LibraryThing for Libraries*[20] steht ein spezieller (kostenpflichtiger) Dienst bereit, über den Bibliotheken die von Nutzerinnen und Nutzern erzeugten Metadaten in ihre eigenen Kataloge integrieren können. Eine direkte Nutzerbindung an die Bibliothek besteht in diesem Fall nicht. Anders sieht es aus, wenn *LibraryThing* selbst als Bibliothekskatalog genutzt wird; dies ist allerdings nur eine Option für kleine Einrichtungen oder ausgewählte Sammlungen, z. B. für Nachlassbibliotheken, da die Größe der in *LibraryThing* zu verwaltenden Sammlungen auf maximal 20 000 Einträgen begrenzt ist. Größere Kollektionen werden gelegentlich auf Anfrage genehmigt.[21] Beispielsweise erfasst die Stadtbücherei Nordenham seit Ende 2005 alle Neuzugänge des Erwachsenen-Bestands (zusätzlich) in *LibraryThing*,[22] daneben wird auch noch ein klassischer OPAC betrieben. Ein weiteres Anwendungsbeispiel: Das Autonome Feministische Referat des AStA der Universität Bremen verwendet für seine kleine Spezialsammlung von Literatur, Filmen und anderen Materialien *LibraryThing* als alleinigen Onlinekatalog.[23] Der Bibliothekskatalog wird so selbst zum sozialen Netzwerk, die Nutzer/-innen werden ganz selbstverständlich zu Kuratoren und Kuratorinnen der von ihnen benutz-

---

19 Vgl. https://www.librarything.de/zeitgeist (08.05.2020).
20 Vgl. https://www.librarything.com/forlibraries (08.08.2019).
21 Vgl. https://wiki.librarything.com/index.php/Organizational_accounts (08.08.2019).
22 Vgl. Dudeck 2010, S. 264.
23 Vgl. https://www.asta.uni-bremen.de/referate/autonomes-feministisches-referat/ (08.08.2019) und Czerwinski & Voß 2010, S. 346.

ten Bestände. Ein vollwertiges Lokalsystem ersetzt dies nicht, andere Funktionen, wie die Nutzerverwaltung oder Ausleihe, müssen anderweitig organisiert werden.[24]

Bearbeitung von Sonderbeständen durch die Crowd

Eine weitere Möglichkeit, Nutzer/-innen aktiv in Kuratierungsprozesse einzubinden, bietet sich Bibliotheken mit Sonderbeständen wie Karten- und Bildsammlungen, historischen Drucken, Handschriften oder Nachlässen und ihren Digitalisierungsprojekten. Die Digitalisierung und Nutzbarmachung im Netz stellt bereits einen großen Fortschritt für die Sichtbarkeit und Zugänglichkeit dieser Bestände dar, sind sie doch auf diese Weise jederzeit und von jedem Ort der Welt aus verfügbar, während die Originale im Sinne der Bestandserhaltung geschont werden. Häufig sind sie allerdings nur rudimentär, mit wenigen Metadaten erschlossen. Digitale Volltexte bei Textquellen oder inhaltliche Beschreibungen im Falle von visuellen Beständen fehlen häufig, sind aber etwa für die darauf aufsetzenden Digital Humanities unabdingbar. Während für gedruckte Werke die OCR-Bearbeitung zwar keine perfekten, aber doch brauchbare und immer besser werdende Ergebnisse liefert, scheidet diese Technik für Handschriften, insbesondere die sehr individuellen neuzeitlichen Handschriften, meist aus. Ebenso sind Bild- und Tonquellen einer maschinellen Bearbeitung in der Regel (noch) nicht zugänglich. An einer Erschließung durch menschliche Bearbeiter führt hier meist kein Weg vorbei.[25] Durch Crowdsourcing können nicht nur fehlende personelle und finanzielle Ressourcen teilweise kompensiert, sondern auch das Schwarmwissen fruchtbar genutzt werden. Zudem entscheiden die Nutzer/-innen selbst, welche Materialien und in welcher Reihenfolge diese bearbeitet werden, sodass die Bearbeitung auch der tatsächlichen Nutzung entspricht. Dabei hat sich gezeigt, dass Menschen, die sich an solchen Crowdsourcing-Aktionen von Gedächtnisinstitutionen beteiligen, diese Aufgabe als sehr bereichernd empfinden, tragen sie doch auf diese Weise zum Erhalt des kulturellen Erbes bei und tun etwas zum Wohle der Allgemeinheit.[26] Auch persönliche Interessen wie z. B. Ahnenforschung oder Lokalgeschichte werden häu-

---

24 Vgl. Czerwinski & Voß 2010, S. 345.
25 Vgl. Waidmann 2014, S. 33.
26 Vgl. z. B. Proctor 2013, S. 105–106.

fig von solchen Projekten aufgegriffen, was zu einer hohen Motivation der Beteiligten führt.[27]

Eines der ersten und erfolgreichsten Crowdsourcingprojekte von Bibliotheken ist das *Australian Newspapers Digitisation Program* im Rahmen von *Trove*, der digitalen Bibliothek Australiens. Mit Projektbeginn 2006 wurden sämtliche urheberrechtsfreien australischen Zeitungen von 1803 bis (zunächst) 1954 digitalisiert (weitere Zeitungen kommen kontinuierlich hinzu) und mit OCR bearbeitet. Beides erfolgte durch externe Dienstleister. Aus Kostengründen wurden nicht die Originale, sondern bereits vorhandene Mikrofilme digitalisiert.[28] Die Qualität der Vorlagen war häufig schlecht, weshalb auch die OCR-Bearbeitung rasch an ihre Grenzen stieß. Im Laufe des Projekts entschied man sich daher dafür, die Bevölkerung in die Korrektur der OCR-Ergebnisse mit einzubeziehen. Aus Sorge, einem möglichen Benutzeransturm nicht gewachsen zu sein, wurde diese neue Funktion nicht beworben, sondern lediglich Mitte 2008 für die Benutzung freigeschaltet. Innerhalb kurzer Zeit entwickelte sich eine aktive Community von Korrektoren und Korrektorinnen, die sich darüber hinaus auch selbst organisierte und mit der Zeit eigene Bearbeitungsregeln entwickelte.[29] Der Funktionsumfang wurde im Laufe der Zeit entsprechend den Bedürfnissen der Community erweitert, beispielsweise um Möglichkeiten der gegenseitigen Vernetzung und um ein Ranking der „fleißigsten" Beiträger und Beiträgerinnen. Bis Anfang August 2019 hatten sich über 290 000 Nutzer/-innen registriert, wobei eine Bearbeitung grundsätzlich auch ohne Registrierung, aber mit eingeschränktem Funktionsumfang, möglich ist. Diese haben bisher fast 320 Millionen fehlerhafte Zeilen aus den OCR-Bearbeitungen der digitalisierten Zeitungen und Amtsblätter korrigiert, knapp 244 000 Kommentare verfasst und über sieben Millionen Tags vergeben.[30] Da das Projekt nicht den Anspruch einer wissenschaftlichen Edition hat, sondern lediglich die Nutzbarkeit des Textkorpus verbessern will, werden die Korrekturen nicht redaktionell geprüft, sondern sind nach dem Speichern sofort für alle sichtbar. Allerdings werden ältere Textversionen nicht überschrieben, sie bleiben weiterhin gespeichert und durchsuchbar.[31]

Das *Australian Newspapers Digitisation Program* war und ist sicher auch deshalb so erfolgreich, weil gedruckter Text keine große Hürde darstellt: Korrektu-

---

27 Vgl. Rose Holleys Checkliste für Crowdsourcing, wonach historische oder naturwissenschaftliche Crowdsourcingprojekte besonders erfolgreich sind: Holley 2009a, S. 14. Auch von den fünf Top-Textkorrektoren des *Australian Newspapers Digitisation Program* gaben vier an, sich besonders für Geschichte und Genealogie zu interessieren. Ebd., S. 12 und S. 19.

28 Vgl. Holley 2009c, S. 3 und Holley 2009b, S. 286 f.

29 Holley 2009c, S. 7.

30 https://trove.nla.gov.au/system/stats?env=prod#annotations (07.08.2019).

31 Vgl. Holley 2009b, S. 289.

ren lassen sich sehr viel schneller und einfacher erledigen als komplette Transkriptionen; zudem ist motivierend, dass Zeitungen für vielfältige Fragestellungen eine interessante Quelle darstellen. Schwieriger wird es bei handschriftlichen Quellen, die meist ein Mindestmaß an paläografischen Kenntnissen erfordern, von Grund auf transkribiert werden müssen und einen höheren Aufwand an Zeit und Konzentration erfordern. Häufig kommt dafür nur ein eingeschränkter Nutzerkreis in Betracht, der zudem intensiver betreut werden muss. Diesen Herausforderungen hat man sich beispielsweise im Rahmen der von ETH-Bibliothek Zürich, Universitätsbibliothek Basel und Zentralbibliothek Zürich gemeinsam betriebenen Plattform *e-manuscripta.ch* gestellt, die digitalisierte handschriftliche Quellen aller Schweizer Bibliotheken und Archive zusammenführt. Die Plattform ging 2013 online und wurde 2018 um eine Crowdsourcing-Komponente zur gemeinschaftlichen Transkription der Texte erweitert. Benutzer/-innen, die sich an den Transkriptionen beteiligen möchten, müssen sich zunächst mit Namen und E-Mail-Adresse registrieren, womit auch sichergestellt wird, dass eine Kontaktaufnahme mit den Nutzern und Nutzerinnen möglich ist.[32] Texte, die bereits in Bearbeitung sind, werden für andere Nutzer/-innen gesperrt. Nach Abschluss der Transkription wird diese an die Redaktion geschickt und dort geprüft. Kleinere Fehler werden redaktionsseitig direkt korrigiert und die so geprüften Dokumente dann freigeschaltet. Sollten größere Überarbeitungen notwendig sein, kann die Redaktion den Text mit Hinweisen versehen an den Bearbeiter zurückschicken.[33]

Ähnlich verfahren auch andere Handschriften-Transkriptionsprojekte, wie das an der Staatsbibliothek zu Berlin angesiedelte zur Volltexterschließung des Nachlasses des Lexikografen Franz Brümmer[34] oder das Projekt *Transcribe Bentham*[35] des University College London. Während diese beiden Projekte jeweils eigene Transkriptionswerkzeuge entwickelt haben – die auch spezifische Ansprüche wissenschaftlicher Editionen erfüllen, wie die Auszeichnung von Marginalien und Durchstreichungen sowie deren Durchsuchbarkeit – und als Open-Source-Software auch anderen Einrichtungen zur Verfügung stehen, setzt *e-manuscripta.ch* auf der proprietären Software *Visual Library* auf. Ein bereits bestehendes Modul wurde dabei um spezielle Anforderungen erweitert.[36] Auch die Workflow- und Präsentationssoftware *Goobi* von Intranda bietet bereits ein

---

32 Vgl. Renggli 2018, S. 62.
33 Vgl. Renggli 2018, S. 63–66.
34 http://bruemmer.staatsbibliothek-berlin.de/nlbruemmer/ (09.08.2019).
35 https://blogs.ucl.ac.uk/transcribe-bentham/ (09.08.2019).
36 Vgl. Renggli 2018, S. 58.

Crowdsourcing-Modul an.[37] Für das ebenfalls häufig in Bibliotheken eingesetzte *Kitodo* steht eine solche Entwicklung noch aus.

Für die Erschließung des Swissair Fotoarchivs nutzte die ETH-Bibliothek 2009–2013 eine sehr spezifische Form des Crowdsourcing. Dabei wurden nicht anonyme Internetanwender zur Mitarbeit aufgerufen, sondern gezielt ehemalige Mitarbeiter und Mitarbeiterinnen der Schweizer Fluglinie angesprochen. Das Fotoarchiv der Swissair umfasst 355 000 Einzelbilder, welche die technische und personelle Entwicklung der Luftfahrtgesellschaft sowie den Arbeitsalltag von Mitarbeiterinnen und Mitarbeitern aus allen Bereichen (Technik, Flugbegleitung, Verwaltung, etc.) ab Mitte der 1930er Jahre bis 2001 dokumentieren.[38] Insgesamt 138 000 Bilder wurden digitalisiert, da man bei Bildreihen desselben Motivs eine Auswahl traf.[39] Die Ehemaligen der Swissair wurden über die Zeitschriften *Swissair News* und *Oldies News* sowie auf der jährlichen Hauptversammlung der Pensionäre um Mithilfe bei der inhaltlichen Beschreibung der Bilder gebeten. Diese Freiwilligen erhielten einen exklusiven Online-Zugang zu den Digitalisaten und ergänzten die Fotos um Orts- und Jahresangaben, identifizierten Flugzeugtypen und Personen und verfassten detaillierte Beschreibungen der abgebildeten Gegenstände und Handlungen. Die so erzeugten Zusatzinformationen wurden vom Mitarbeiterteam des Bildarchivs auf inhaltliche Konsistenz und Orthografie hin überprüft und einzelne Angaben auf die jeweils passenden Metadatenfelder verteilt. Die Originalangaben der Freiwilligen bleiben zusätzlich unverändert im System gespeichert.[40] Unter den Ehrenamtlichen waren ehemalige Piloten, Flugbegleiter, Techniker und Verwaltungsmitarbeiter. Gemeinsam brachten sie eine Expertise ein, die sich Projektmitarbeiter/-innen niemals hätten so umfassend und detailgenau aneignen können. Die Betreuung der Beiträger und Beiträgerinnen war allerdings sehr intensiv und erfolgte im engen Telefon- oder E-Mail-Kontakt.[41] Das Swissair Bildarchiv ist inzwischen über *e-pics*, das digitale Bildarchiv der ETH Zürich allgemein zugänglich. In *e-pics* werden außerdem alle Nutzer/-innen dazu aufgerufen, weitere Informationen auch zu anderen Bildbeständen beizutragen. Bilder, die durch Mitarbeiter/-innen des Bildarchivs nicht genau datiert oder beschrieben werden konnten und somit besonders von Benutzerhinweisen profitieren würden, wurden besonders gekennzeichnet. Die Meldung erfolgt einfach über E-Mail an die ETH-Bibliothek,

---

37 https://www.intranda.com/digiverso/goobi-viewer/crowdsourcing/ (09.08.2019).
38 Graf 2016, S. 26.
39 Graf 2016, S. 27 f.
40 Graf 2016, S. 29.
41 Graf 2016, S. 30.

womit die technisch unaufwendigste Form des Crowdsourcing ermöglicht wird.[42]

Die amerikanische Library of Congress nutzte hingegen als erste große Bibliothek den etablierten Dienst *Flickr* als Crowdsourcing-Plattform. In einem Pilotprojekt wurde 2008 damit begonnen, urheberrechtsfreie Bildbestände auf *Flickr* hochzuladen und von Freiwilligen mit den dort vorhandenen Funktionen des Social Tagging und Kommentierens bearbeiten zu lassen. Daraus entstand *The Commons*, dem sich seitdem zahlreiche Kulturerbe-Einrichtungen weltweit angeschlossen haben, um ihre urheberrechtsfreien Bildbestände auf einfache Weise öffentlich zugänglich zu machen.[43]

Als letztes sei noch ein Beispiel aus dem Museumsbereich erwähnt, das die Dimensionen des Kuratierens durch Crowdsourcing umfassend augenscheinlich werden lässt. *Click!* ist eine von der Crowd kuratierte Ausstellung des *Brooklyn Museum*. Bereits die Ausstellungsgegenstände wurden durch Crowdsourcing generiert, indem mit einem Open Call unter dem Motto „Changing Faces of Brooklyn" zur Einreichung von Fotografien und einem kurzen Statement der Künstler und Künstlerinnen aufgefordert wurde. Die 389 eingereichten Fotos konnten anschließend auf einer Onlineplattform von jedem Interessierten evaluiert und mit Hilfe eines verschiebbaren Balkens bewertet werden, wobei darum gebeten wurde, Ästhetik, Technik und Relevanz für das Ausstellungsthema zu berücksichtigen. Jede Person konnte nur einmal abstimmen, die Fotos wurden während des Abstimmungsprozesses nur einmal in zufälliger Reihenfolge gezeigt. Einzelne Bilder konnten nicht übersprungen und zu einem einmal bewerteten Bild konnte nicht zurückgekehrt werden. Zusätzliche Informationen zu Bild oder Künstler/-in wurden während des Abstimmungsprozesses nicht angezeigt, auch keine Bewertungen und Kommentare anderer Nutzer/-innen. Alle, die an der Abstimmung teilnahmen, gaben auch eine Selbsteinschätzung zum eigenen Wissen über darstellende Kunst ab – von „nicht vorhanden" bis „Experte".[44] Die 78 Fotos mit den höchsten Bewertungen (20 % der eingereichten Aufnahmen) wurden in einer Galerie des *Brooklyn Museum* ausgestellt, wobei die Darstellungsgröße der Bilder ihrer Platzierung im Ranking entsprach. Auf zwei Laptops im Ausstellungsraum wurden die Statements der Künstler/-innen sowie die Bewertungsergebnisse und Kommentare aller eingereichten Fotos verfügbar gemacht.[45] Viele Kunstexperten kritisierten die Ausstellung als minderwertig, zu prosaisch oder

---

42 http://ba.e-pics.ethz.ch/#1565185399955_0 (11.08.2019).
43 https://www.flickr.com/commons#faq (09.08.2019).
44 Für eine detaillierte Beschreibung des Projektablaufs vgl. Bernstein 2014, S. 19–25.
45 Vgl. Autry 2010, S. 46.

gar langweilig.[46] Auch wurde in Fachkreisen diskutiert, ob man überhaupt von einer durch die Crowd kuratierten Ausstellung sprechen könne, waren die Einflussmöglichkeiten der Teilnehmer/-innen doch stark eingeschränkt. Klassische kuratorische Aufgaben wie die Wahl des Themas, die Konzeption und Durchführung des Projekts, das Design der physischen Ausstellung bis hin zur Erstellung des Ausstellungskatalogs wurden von Shelley Bernstein übernommen, der damaligen Vizedirektorin für Digitalisierungsprojekte des Brooklyn Museum.[47] Bernstein weist aber zurecht darauf hin, dass Ausgangspunkt und eigentliches Ziel der Ausstellung darin bestanden, dass das Museum auf neue Art und Weise zum Nutzen der „community" und einem besseren Besuchererlebnis beiträgt, wie es das „*mission statement*" des Brooklyn Museum vorsieht.[48]

Die vorangegangenen Beispiele können einen Eindruck für die Bandbreite von Crowdsourcing in Bibliotheken und anderen Kulturerbe-Einrichtungen vermitteln. Weitere Projekte könnten genannt werden, etwa aus den Bereichen Georeferenzierung, Sammlungsergänzung oder *Gamification*.[49] Dabei soll nicht verschwiegen werden, dass die Planung und Umsetzung solcher Projekte, der Betrieb (und gegebenenfalls die erstmalige Entwicklung) entsprechender Plattformen, die Betreuung der Freiwilligen, die Verwaltung der von den Beiträgerinnen und Beiträgern erzeugten Inhalte und deren Archivierung personelle und finanzielle Ressourcen binden; je nach Gegenstand und Zielsetzung des Projekts sogar in ganz erheblichem Maße. Doch neben dem Mehrwert, den die von den Freiwilligen erzeugten Inhalte für die Erschließung von Informationsressourcen liefern, bietet Crowdsourcing neue, kreative Möglichkeiten, mit Nutzerinnen und Nutzern zu interagieren und sie zu aktiven Gestalterinnen und Gestaltern der Bibliothek werden zu lassen. Gerade Sonderbestände ziehen häufig das Interesse einer weltweit verstreuten Bearbeitergemeinde auf sich, wodurch der Kreis der Bibliotheksnutzer/-innen erheblich erweitert wird. Die eigene Institution wird international sichtbar und relevant.

Literatur

Autry, La Tanya S. (2010). Collaborative Curation? The Brooklyn Museum's Click! St. Andrews Journal of Art History and Museum Studies 14, 45–54.

---

46 Vgl. Autry 2010, S. 46.
47 Vgl. Autry 2010, S. 47.
48 Vgl. Bernstein 2014, S. 17.
49 Eine Übersicht über weitere Crowdsourcingprojekte findet man beispielsweise bei Ridge 2014; Georgy 2015 und Mayr 2018.

Bernstein, Shelley (2014). Crowdsourcing in Brooklyn. In: Mia Ridge (Hrsg.), Crowdsourcing Our Cultural Heritage (S. 17–43). Farnham, Burlington: Ashgate.

Czerwinski, Silvia & Voß, Jakob (2010). LibraryThing – die kollaborative Bibliothek 2.0. In: Julia Bergmann & Patrick Danowski (Hrsg.), Handbuch Bibliothek 2.0 (S. 333–351). Berlin, New York: De Gruyter Saur (Bibliothekspraxis 41). DOI:10.1515/9783110232103.333

Dudeck, Jochen (2010). Web 2.0 in einer Kleinstadtbibliothek. In: Julia Bergmann & Patrick Danowski (Hrsg.), Handbuch Bibliothek 2.0 (S. 261–267). Berlin, New York: De Gruyter Saur (Bibliothekspraxis 41). DOI:10.1515/9783110232103.261

Estellés-Arolas, Enrique & Ganzáles-Ladrón-de-Guevara, Fernando (2012). Towards an Integrated Crowdsourcing Definition. Journal of Information Science 38(2), 189–200. DOI:10.1177/0165551512437638

Gassmann, Oliver (2013). Crowdsourcing. Innovationsmanagement mit Schwarmintelligenz. 2. Aufl. München: Hanser.

Georgy, Ursula (Hrsg.) (2015). Crowdsourcing. Ein Leitfaden für Bibliotheken. Wiesbaden: Dinges & Frick (b.i.t.online – Innovativ 52).

Graf, Nicole (2016). Crowdsourcing. Die Erschließung des Fotoarchivs der Swissair im Bildarchiv der ETH-Bibliothek, Zürich. Rundbrief Fotografie: Analoge und digitale Bildmedien in Archiven und Sammlungen 23(1), 24–32.

Grundzüge und erste Schritte der künftigen inhaltlichen Erschließung von Publikationen in der Deutschen Nationalbibliothek. https://www.dnb.de/SharedDocs/Downloads/DE/Professionell/Erschliessen/konzeptWeiterentwicklungInhaltserschliessung.pdf;jsessionid=7E1892E1AF20F1B647F50914AE79F6F1.internet282?__blob=publicationFile&v=4 (11.08.2019).

Hänger, Christian (2008). Good tags or bad tags? Tagging im Kontext der bibliothekarischen Sacherschließung. In: Birgit Gaiser, Thorsten Hampel & Stefanie Panke (Hrsg.), Good tags – bad tags. Social Tagging in der Wissensorganisation (S. 63–71). Münster [u. a.]: Waxmann (Medien in der Wissenschaft 47).

Hohmann, Georg: Social Tagging (2009). Inhaltliche Erschließung durch freie Verschlagwortung und die „Klugheit der Masse“. AKMB-News: Informationen zu Kunst, Museum und Bibliothek 15(1), 7–12. http://nbn-resolving.de/urn:nbn:de:bsz:16-artdok-15938

Holley, Rose (2009a). Crowdsourcing and Social Engagement: Potential, Power and Freedom for Libraries and Users. Research Paper. http://eprints.rclis.org/13968/1/Rose_Holley_PRDLA_Crowdsourcing_Nov_2009_Final_version.pdf (09.08.2019).

Holley, Rose (2009b). A Success Story – Australian Newspapers Digitisation Program. Online Currents 23(6), 283–295. http://eprints.rclis.org/14176/1/j21_v023_OLC_pt06_Holley.pdf (09.08.2019).

Holley, Rose (2009c). Many Hands Make Light Work: Public Collaborative OCR Text Correction in Australian Historic Newspapers. National Library of Australia. https://www.nla.gov.au/ndp/project_details/documents/ANDP_ManyHands.pdf (09.08.2019).

Howe, Jeff (2006). The Rise of Crowdsourcing. Wired 14(6), 176–183.

Mayr, Michaela (2018). Crowdsourcing für Bibliotheken. Best Practices und Handlungsempfehlungen. Master-Thesis. Wien. http://othes.univie.ac.at/52684/1/55526.pdf (11.08.2019).

Mitis-Stanzel, Irene (2008). Social Tagging in Bibliotheken. Master-Thesis. Wien. http://eprints.rclis.org/11900/1/Social_Tagging_in_Bibliotheken-wordle.pdf (10.08.2019).

Mödden, Elisabeth, Schöning-Walter, Christa & Uhlmann, Sandro. Maschinelle Inhaltserschließung in der Deutschen Nationalbibliothek. https://www.dnb.de/SharedDocs/

Downloads/DE/Professionell/Erschliessen/maschinelleInhaltserschliessung.pdf?
__blob=publicationFile&v=1 (11.08.2019).

Owens, Trevor (2014). Making Crowdsourcing Compatible with the Missions and Values of
Cultural Heritage Organisations. In: Mia Ridge (Hrsg.) Crowdsourcing Our Cultural
Heritage (S. 269–280). Farnham, Burlington: Ashgate.

Proctor, Nancy (2013). Crowdsourcing – an Introduction: From Public Goods to Public Good.
Curator. The Museum Journal 56(1), 105–106. DOI:10.1111/cura.12010

Renggli, Alexa (2018). e-manuscripta.ch: Volltext – Crowdsourcing mit Qualitätssicherung.
o-bib. Das offene Bibliotheksjournal 5(4), 58–70.

Ridge, Mia (Hrsg.) (2014). Crowdsourcing Our Cultural Heritage. Farnham, Burlington: Ashgate.

Schneider, René (2009). Zwischen Skylla und Charybdis. Sacherschließung als Schnittstellen-
problem. Churer Schriften zur Informationswissenschaft 33, 51–57.

Veränderungen in der Inhaltserschließung der Deutschen Nationalbibliothek ab 1. Juli 2019.
https://www.dnb.de/SharedDocs/Downloads/DE/Professionell/Erschliessen/
veraenderungenInhaltserschliessungDnbJuli2019.pdf?__blob=publicationFile&v=4
(11.08.2019).

Waidmann, Simone (2014). Erschließung historischer Bestände mittels Crowdsourcing: Eine
Analyse ausgewählter aktueller Projekte. Perspektive Bibliothek 3(1), 33–58.
DOI:10.11588/pb.2014.1.14020

Manuel Hora

Erschließung von Bibliotheksbeständen

Das Kuratieren von Beständen – hier im Sinne des Erschließens von Bibliotheks-beständen – ist seit jeher eine bibliothekarische Kernaufgabe. Die vorangehen-den Beiträge haben dargelegt, dass zum Kuratieren die Vergabe und Aufberei-tung von Metadaten gehören, um einen Mehrwert zu schaffen. In diesem Sinne sind sowohl Formal- als auch Sacherschließung kuratorische Leistungen, um das Retrieval von Monografien, Aufsätzen und anderen Bibliotheksbeständen zu ermöglichen. Neben der Vergabe von Metadaten spielt hier auch eine Rolle, wie die Metadaten genutzt werden – typischerweise in klassischen OPACs oder in Discovery-Systemen. In diesem Beitrag soll dargestellt werden, wie Erschlie-ßung und Katalog zusammenspielen. Nach einem kurzen Überblick über die Er-schließung werden aktuelle Herausforderungen aufgezeigt. Diese bestehen in veränderten Erwerbungsprofilen, Technologien der Discovery-Systeme oder ver-änderten Erwartungen der Nutzerinnen und Nutzer. Bereits vorhandene Lö-sungswege werden aufgezeigt und einige Ansätze zur Diskussion gestellt.

Obwohl der Autor um Objektivität bemüht ist, sei darauf hingewiesen, dass dieser Beitrag aus der Sicht eines naturwissenschaftlichen Fachreferenten an ei-ner technischen Universitätsbibliothek geschrieben ist. Die technischen Ausfüh-rungen zu Relevanz-Ranking und automatischer Erschließung sind auf alle Bi-bliothekstypen übertragbar. Die Motivationen und Erwartungen können für Nut-zer und Nutzerinnen Öffentlicher Bibliotheken oder für andere Fachkulturen abweichen.

1 Formal- und Sacherschließung und ihre Anwen-dungsfelder

Die Formalerschließung umfasst alle Elemente, die zur eindeutigen Identifikati-on eines Titels dienen können. Entsprechend liegt ihr zentraler Nutzen in der Recherche nach bereits bekannten Titeln. Die Sacherschließung ist im Gegen-satz dazu hilfreich für explorative und inhaltliche Suchen. Beide Bereiche der Erschließung unterliegen in Deutschland detaillierten Regelwerken – RDA und RSWK. Idealerweise sollten die Bestände einer Bibliothek vollständig und ein-heitlich nach diesen Regeln erschlossen sein. Unter diesen Voraussetzungen er-möglicht die Formalerschließung im OPAC eine schnelle Überprüfung, ob ein Ti-

https://doi.org/10.1515/9783110673722-011

tel vorhanden ist und wenn ja, wo. Die Sacherschließung ermöglicht bei richtiger Verwendung der Rechercheinstrumente eine Suche mit gleichermaßen hoher *Precision* und hohem *Recall*.

2 Veränderungen im Titelangebot und Neuerungen durch Discovery-Systeme

Schon früher wies die Erschließung der eigenen Bestände häufig Lücken auf. Mittlerweile gibt es jedoch Entwicklungen, durch welche die vollständige Erschließung in weite Ferne rückt. Dazu tragen elektronische Medien bei, insbesondere E-Book-Pakete, deren Sacherschließung oft nicht klar geregelt ist. Außerdem ermöglichen Discovery-Systeme auch die Recherche nach Aufsätzen, die an deutschen Bibliotheken meist gar nicht erschlossen werden. Als Alternative zu regelkonformer Erschließung werden hier Fremddaten verwendet, z. B. nicht normierte Stichwörter, Schlagwörter aus anderen Normdateien und auch – oft in Kombination – Sacherschließungen aus automatischen Verfahren.

Die Realität sieht daher so aus, dass eine große Anzahl an Titeln, die an sich schon sehr heterogen sind, mit unterschiedlichen Erschließungstiefen, unterschiedlichen Qualitäten der Erschließung und unterschiedlichen oder gar keinen zu Grunde liegenden Normdateien beschrieben werden. Dieser Heterogenität versucht man nun mit Discovery-Systemen zu begegnen. Der klassische OPAC prüft Suchbegriffe nur auf ihr Vorkommen und zeigt sie auf dieser Grundlage an oder nicht an. Im Gegensatz dazu verwenden Discovery-Systeme Suchmaschinentechnologie. Damit werden Suchanfragen nicht mehr entweder ganz oder gar nicht erfüllt, stattdessen sind auch teilweise Übereinstimmungen möglich, die dann in das Relevanzranking einfließen. Entsprechend haben Discovery-Systeme großes Potenzial für die Recherche in sehr großen Beständen und im Umgang mit heterogener Erschließung.

Für Details, wie Discovery-Systeme Treffer bewerten, sei auf die einschlägige Literatur dazu verwiesen.[1] Viele Ideen zur Verbesserung des Rankings wurden auch im DFG-Projekt LibRank diskutiert.[2] Hier soll nur ein kurzer Überblick über den Rankingprozess gegeben werden: Grundlage der Bewertung ist das Text-Matching. Hierfür werden sowohl Suchterme als auch Erschließungsdaten prozessiert, z. B. durch Lemmatisierung (d. h. Rückführung eines flektierten

---

1 Hora 2018; Manning, Ragahvan & Schütze 2009; Maylein & Langenstein 2013; Turnbull & Berryman 2016.
2 http://www.librank.info.de

Wortes in die Grundform). Anschließend wird mit Methoden wie der Cosinus-Ähnlichkeit oder dem BM25-Algorithmus ermittelt, wie gut Suchanfrage und Dokument zueinander passen. Dabei fließt mit ein, ob alle Suchbegriffe vorkommen, wie häufig die Begriffe im Dokument sind oder wie selten die Suchbegriffe im ganzen Suchraum sind. Weitere Kriterien sind, in welchen Indexfeldern die Suchterme auftauchen: Normierte Schlagwörter haben z. B. ein höheres Gewicht als vom Autor vergebene Stichwörter oder Treffer im Volltext.[3] An dieser Stelle wird also wieder die Bedeutung der bibliothekarischen Sacherschließung sichtbar. Abgesehen von diesen Kriterien für inhaltliche Übereinstimmung fließt in das Ranking mit ein, wie aktuell der Titel ist, um welche Art von Medium es sich handelt (Monografie, wissenschaftlicher Aufsatz oder Zeitungsartikel), evtl. auch die Zugänglichkeit (Print oder elektronisch) oder die Popularität (z. B. anhand von Zitationszahlen).[4] Das Ranking führt alle diese Faktoren zu einer Zahl zusammen und sortiert danach – nach Relevanz.

Dieser Ansatz führt immer wieder zu Problemen, da Relevanz für die Nutzer/-innen etwas Subjektives ist, da die Ranking-Algorithmen selbst noch Probleme haben und aufgrund der heterogenen Erschließungslage. Trotzdem stufe ich das Relevanz-Ranking als hilfreiche Methode ein, um die Vielzahl an Titeln in den Suchbeständen nutzbar zu machen. Gründe dafür sind, dass die Prozessierung (hauptsächlich das Abschneiden oder Normieren von flektierten Wörtern, aber auch Erweiterungen um Synonyme) allein schon dazu beiträgt, Medien anhand des Titels zu finden, wenn es keine Sacherschließung gibt. Auch Fremddaten in der Sacherschließung können so besser genutzt werden. Zum anderen stufe ich eine Sortierung, die mehr Aspekte als nur das Erscheinungsjahr umfasst, als essenziell ein, wenn eine Suchanfrage zu unübersichtlich vielen Treffern führt. Experten mögen hier einwenden, dass bei zu vielen Treffern die Suchanfrage selbst überarbeitet werden sollte. Die Alltagserfahrung zeigt allerdings, dass dies nur selten geschieht.

Um dies ein Stück weit zu abstrahieren: Recherchen mit Discovery-Systemen haben einen höheren Recall als Recherchen im OPAC, aber eine niedrigere Precision. Letzteres kann leicht zu Frustration führen. Problematisch sind lange Trefferlisten, wenn nach einem konkreten, bekannten Titel gesucht wird und dieser nicht in den vorderen Treffern steht. Ähnlich schwierig sind Trefferlisten, bei denen nicht nachvollziehbar ist, warum bestimmte Titel auf prominenten Plätzen landen. Es wäre interessant zu untersuchen, inwieweit Nutzerinnen und Nutzer durch Internetsuchmaschinen bereits an lange Trefferlisten mit geringer

---

3 EBSCO, o. J.
4 ExLibris 2015; ProQuest 2013.

Precision gewöhnt sind und was eher den Erwartungen entspricht: hoher Recall oder hohe Precision.

Wenn Treffer von Nutzenden als irrelevant eingestuft werden oder das Ranking nicht offensichtlich nachvollziehbar ist, kommt schnell der Wunsch nach einem transparenten Ranking-Algorithmus auf. Auch als Maßnahme, um Vertrauen in die Zuverlässigkeit von Discovery-Systemen zu schaffen, werden transparente Ranking-Verfahren diskutiert.[5] In meinen Augen ist dies natürlich ein Ideal, darf aber nicht zu hoch bewertet werden, wenn ein nachvollziehbareres Ranking bei uninformierten Nutzern und Nutzerinnen zu schlechteren Ergebnissen führen würde. Abseits der bibliothekarischen Community gibt es vermutlich wenig Bereitschaft, sich tiefergehend mit der Funktionsweise des Relevanz-Rankings von Discovery-Systemen auseinanderzusetzen. In diesem Sinne postuliere ich: Für die durchschnittlichen Nutzenden sind subjektiv relevante Treffer auf vorderen Positionen wichtiger als ein transparentes Ranking.

An dieser Stelle sei noch auf einen paradoxen Sachverhalt hingewiesen: Je komplexer Nutzer/-innen ihre Suchanfragen formulieren und verfeinern, desto schlechter können die Ergebnisse werden, wenn die Erschließung lückenhaft ist. Nutzt jemand zum Beispiel Schlagwörter, die Stichwortsuchen prinzipiell überlegen wären, kann er nur Titel finden, die auch verschlagwortet sind. Analog kann ein Drill-Down mit Facetten viele relevante Titel ausschließen, bei denen einfach die entsprechenden Metadaten fehlen.

3 Entwicklungen in der intellektuellen Sacherschließung

Nach diesem Exkurs zu Discovery-Systemen komme ich zurück zur Sacherschließung. Discovery-Systeme leiden zwar unter heterogenen Erschließungsdaten, sind hier aber aufgrund des Relevanz-Rankings robuster als klassische Kataloge. Problematisch bleibt trotzdem, dass eine vollständige Sacherschließung der Bestände in immer weitere Ferne rückt. Im Folgenden sollen aktuelle Vorhaben diskutiert werden, wie wieder eine größere Abdeckung bei der Erschließung erreicht werden kann. Die Erschließung ist vor allem ein Personalproblem, da Fachreferenten und Fachreferentinnen heute zunehmend weitere Aufgaben neben dem „klassischen" Fachreferat zu bewältigen haben. Die naheliegende Lösung besteht in effizienterer Arbeitsteilung auf überregionaler Ebene. Ein wich-

---

5 Niedermair 2014.

tiger Schritt dahin war die Einführung des *K10plus*.[6] Ein gemeinsamer Datenpool von zehn Bundesländern reduziert Doppelarbeit und wird voraussichtlich zu homogeneren Metadaten führen. Der Weg zum K10plus hat deutlich vor Augen geführt, wie unterschiedlich selbst die Erschließungsdaten aus sehr ähnlich arbeitenden Verbünden wie SWB und GBV waren. Nun, da der Zusammenschluss geglückt ist, bringt der K10plus Vorteile ohne Qualitätseinbußen. Auch abseits dieser Kooperation werden in Deutschland bereits seit Längerem viele Fremddaten aus anderen Verbünden übernommen. Dies reduziert den Arbeitsaufwand, ohne die Datenqualität zu beeinträchtigen.

In der klassifikatorischen Sacherschließung gibt es analoge Tendenzen. Mehr und mehr Wissenschaftliche Bibliotheken erschließen mit der Regensburger Verbundklassifikation (RVK), während die Verwendung von Haussystematiken abnimmt. Diese Vereinheitlichung ermöglicht mehr Fremddatenübernahmen. Gleichzeitig werden Klassifikationsdaten dadurch überregional homogener.

Neben diesen Modellen zur direkten Nachnutzung oder Arbeitsteilung gibt es weitere Ansätze, um den Aufwand für die Erschließung zu reduzieren. Als Beispiel sei hier der Digitale Assistent angeführt.[7] Dieses Webtool ermöglicht nicht nur eine einfache und komfortable Fremddatenübernahme, sondern liefert auch Vorschläge für die Schlagwortvergabe. Für Letztere werden geeignete Schlagwörter aus der Gemeinsamen Normdatei (GND) aufgrund von Konkordanzen zu anderen Normdateien ausgewählt. Der Digitale Assistent erleichtert also die intellektuelle Erschließung und ermöglicht die Nachnutzung von ausländischen Erschließungsarbeiten.

Eine weitere Quelle für Erschließungsdaten können die Autorinnen und Autoren der Werke selbst sein. Bei der Publikation von Beiträgen in Repositorien oder beim Veröffentlichen von Aufsätzen in einer Zeitschrift werden häufig Stichwörter oder Klassifikationen gefordert. Bei den Stichwörtern kann von inhaltlich guter Qualität ausgegangen werden, Fachkenntnis und Detailwissen über den Inhalt sind in diesem Fall garantiert. Aus bibliothekarischer Sicht bedauernswert ist die meist fehlende Normierung. Eine RSWK-konforme Verschlagwortung kann jedoch von den Nutzern und Nutzerinnen nicht erwartet werden. Als Mittelweg könnte die Vergabe normierter Schlagwörter erfolgversprechend sein, für die nicht die strengen RSWK befolgt werden müssen. Formal korrekte Schlagwortfolgen sind für das Ranking in Discovery-Systemen irrelevant, ein kontrolliertes Vokabular hingegen ist sehr hilfreich. Intrinsisch gegeben ist die Normierung, wenn Autoren und Autorinnen selbst klassifikatorisch

---

6 GBV 2019.
7 Beckmann & Hinrichs 2018; Hinrichs, Milmeister, Schäuble & Steenweg 2016.

erschließen. Die angewandte Klassifikation ist dabei allerdings oft grob, beispielsweise mit der DDC bis zur zweiten oder dritten Stelle. Zur Qualitätskontrolle bietet sich eine Arbeitsteilung an: Verfasser/-innen kennen den Inhalt und können Metadaten für die Sacherschließung vorschlagen. Vor der Veröffentlichung kann die Bibliothek mit dem Wissen über die Normdaten diese Vorschläge überprüfen.

Als Sonderfall der intellektuellen Erschließung seien noch Folksonomies erwähnt.[8] Hier geht es um nicht normierte Stichwörter, die von Nutzern und Nutzerinnen für Titel im OPAC vergeben werden. Bei diesem Social Tagging ist zu bedenken, dass Tags mitunter subjektiv sind. Im Extremfall vergeben Nutzer/-innen Tags, die nur für sie selbst hilfreich sind. Andererseits können Tags aktueller als Normdaten sein, falls die nötigen Schlagwörter in der GND noch nicht angelegt sind. Dazu kommt, dass Tags näher an der Alltagssprache der Zielgruppe sein können, wohingegen die starke Formalisierung gemäß RSWK manchmal zur Verwendung von nicht geläufigen Schlagwortfolgen führt. Synergien könnten sich ergeben, wenn Tags als Vorlage zum Ansetzen neuer Schlagwörter verwendet werden.

Social Tagging gilt als Werkzeug zur engeren Bindung der Community an die Bibliothek, braucht dafür aber auch einiges an Personalaufwand, um die Motivation aufrechtzuerhalten. Für Beispiele zum Social Tagging im OPAC von Universitätsbibliotheken sei auf die Erfahrungen der Universität Hildesheim verwiesen.[9] Die Bedeutung des Taggings für die Sacherschließung insgesamt scheint allerdings gering zu sein,[10] wenn man von Spezialsammlungen absieht. Verbreitet sind auch Bedenken wegen möglichen Missbrauchs der Tagging-Funktion.[11] Die weitere Entwicklung bleibt abzuwarten. Es fällt allerdings auf, dass Social Tagging an deutschen Universitätsbibliotheken immer noch sehr wenig verbreitet ist. Für die Erschließung könnten Folksonomies eine Bereicherung sein, werden die Bibliotheken aber nicht entlasten, sondern deren Erschließung allenfalls ergänzen.

Keine Erschließung im engeren Sinne sind Recommender-Systeme. Sie können allerdings sehr wohl beim Retrieval unterstützen, indem sie auf hoffentlich relevante Titel hinweisen. Für die Funktionsweise gibt es zwei Ansätze: Möglich ist das Erstellen von Vorschlägen auf Basis des Nutzerverhaltens (z. B. *BibTip*)[12] oder aufgrund ähnlicher Erschließungsmetadaten (als Mischform z. B.

---

8 Der Abschnitt zu Folksonomies entstand unter freundlicher Mitwirkung von Džulia Terzijska.
9 Heuwing 2010.
10 Lee & Yang 2012.
11 Benoit III & Munson 2018.
12 http://www.bibtip.com/de

Mr. DLib),[13] Ersteres kann oft hilfreich sein, um die populären Titel zu finden, birgt aber die Gefahr von Matthäus-Effekten. Letzteres ist ein objektiverer Ansatz, der mehr Wert auf inhaltliche Ähnlichkeit legt. Voraussetzung dafür sind aber – wie schon für das Ranking im Katalog – hochwertige, vollständige und homogene Metadaten.

4 Automatische Sacherschließung

Eine möglichst vollständige und einheitliche Erschließung könnte durch automatische Verfahren erreicht werden. Aufsehenerregend und kontrovers diskutiert war die Ankündigung der Deutschen Nationalbibliothek (DNB), die intellektuelle Verschlagwortung deutscher gedruckter Verlagspublikationen nur noch in buch-affinen Fächern zu garantieren.[14] Aktuell (Sommer 2020) werden auch nicht buch-affine Fächer weiterhin intellektuell bearbeitet, aber ohne Garantie auf umfassende Abdeckung. Eine maschinelle Verschlagwortung erfolgt seitens der DNB momentan nur für Online-Publikationen. Perspektivisch ist mit einer größeren Bedeutung der maschinellen Erschließung zu rechnen.

Vor diesem Hintergrund ist ein genauerer Blick darauf nötig, wie die maschinelle Erschließung funktioniert und was sie aktuell und in Zukunft leisten kann. Matthias Nagelschmidt erläuterte in einem Konferenzbeitrag anschaulich und verständlich, wie die automatische Erschließung an der DNB abläuft:[15] Digital vorliegende Volltexte werden im ersten Schritt computerlinguistisch aufgearbeitet. Dadurch werden einzelne Wörter erfasst und in ihre unflektierte Form gebracht – so, wie auch Discovery-Services Suchanfragen prozessieren. Wenn bei einem Print-Titel kein digitaler Volltext vorliegt, dann muss z. B. mit dem Inhaltsverzeichnis gearbeitet werden. Alle linguistisch aufbereiteten Wörter werden dann mit der GND abgeglichen und unter anderem nach Position im Text und nach Häufigkeit bewertet. Schlagwörter, die hierbei einen Schwellenwert für die Konfidenz erreichen, werden vergeben. Bei zu vielen Schlagwörtern werden die sieben besten Treffer verwendet.

Es ist selbstverständlich, dass solch ein Verfahren Fehler macht. Häufige Fehler sind die Vergabe von Sach- oder geografischen Schlagwörtern aufgrund von Nachnamen oder Metaphern. Ebenso kann der Algorithmus offensichtlich kein Schlagwort vergeben, dass zwar zutreffend ist, aber im Text schlicht und

---

13 http://mr-dlib.org/
14 Wiesenmüller 2019; Henze, Junger & Mödden 2019.
15 Nagelschmidt 2018.

einfach nicht vorkommt.[16] Ein weiteres Problem ist die Begrenzung auf Inhaltsverzeichnisse bei Print-Titeln – hier nach Worthäufigkeiten zu bewerten, läuft ins Leere.

Trotz dieser offensichtlichen Schwächen gibt es auch viele Titel, bei denen die Erschließung einfach möglich ist. Hier könnte die automatische Erschließung zu einer spürbaren Entlastung und besseren Abdeckung führen. Um Für und Wider abzuwägen, hier ein kleines Gedankenexperiment: Angenommen, sechs von zehn maschinell vergebenen Schlagwörtern wären hilfreich, zwei wären in Ordnung, aber nicht schädlich und zwei wären schlicht und einfach falsch. Wenn ein Nutzer somit sechs zusätzliche, hilfreiche Titel bei der Recherche findet, dürfte er die zwei falschen Treffer dafür wohl kopfschüttelnd in Kauf nehmen. So ein Ergebnis fände ich besser, als wenn diese Titel gar nicht erschlossen wären.

Die letzten von der DNB publizierten Fehlerraten erachte ich allerdings als zu hoch für einen Mehrwert bei der Recherche: Laut Erhebung der DNB waren 2016 in der Reihe O (Online-Ressourcen) 45 % der Schlagwörter aus maschineller Erschließung sehr nützlich oder nützlich, 33 % wenig nützlich und 22 % falsch.[17] Nicht berücksichtigt in dieser Statistik ist, wie viele wichtige Schlagwörter nicht vergeben wurden. Zu bedenken ist auch, dass in der Reihe O digital auswertbare Volltexte vorliegen – also gute Voraussetzungen für die automatische Erschließung. Für Print-Monografien erwarte ich schlechtere Ergebnisse. Vor diesem Hintergrund scheint mir die automatische Erschließung im Moment noch nicht reif für den flächendeckenden Einsatz.

Ein Einsatz für ausgewählte Titel ist schwierig: Wie identifiziert man die einfachen Titel, bei denen die maschinelle Erschließung bereits zufriedenstellend funktioniert? Vor allem: Zu einer Entlastung im Fachreferat führt auch das nur, wenn man rechtzeitig abschätzen kann, wo eine maschinelle Erschließung erfolgen wird. Interessant könnte ein Modell sein, bei dem Fachreferentinnen und Fachreferenten zeitnah zur Bestellung direkt die automatisch vergebenen Schlagwörter sehen könnten. Auch, wenn so vielleicht wichtige Schlagwörter nicht vergeben werden: Falsche Schlagwörter sind oft als offensichtlich falsch erkennbar und könnten bei einer intellektuellen Prüfung abgefangen werden.

Wenn die maschinelle Erschließung in Zukunft im größeren Stil eingesetzt wird, dann sind noch weitere Fragen zu klären: Wer kümmert sich um die Ansetzung neuer Schlagwörter? Wer leistet die intellektuelle Erschließung, die nötig ist, um Trainingsdaten für die maschinelle Erschließung zu haben? Wenn es auf

16 Wiesenmüller 2018a.
17 Busse 2018.

diese beiden Fragen keine befriedigenden Antworten gibt, dürfte die Qualität der GND und der vergebenen Schlagwörter abnehmen statt besser zu werden.

5 Wie geht es weiter mit der Erschließung?

Nachdem nun die aktuelle Lage der Sacherschließung dargestellt wurde, stellt sich die Frage: Wie geht es weiter?

Sacherschließung ist und bleibt weiterhin wichtig. Auch, wenn nur die Wenigsten gezielt mit Schlagwörtern suchen, so werden doch viele Titel nur aufgrund der vergebenen Schlagwörter gefunden. Das Bewusstsein für die Bedeutung der Sacherschließung ist unter Bibliothekarinnen und Bibliothekaren weit verbreitet, Meinungsverschiedenheiten gibt es eher über die Erschließungspraxis, die Normdaten und die Regelwerke.

Meiner Meinung nach sollte die Erschließung mittelfristig weiterhin intellektuell erfolgen, zumindest in gewissen Bereichen. Automatische Erschließung kann auch von anderen Anbietern erbracht werden, sei es Google oder Amazon. Nachdem diesen großen Playern mehr IT-Ressourcen zur Verfügung stehen, sehe ich keinen Sinn darin, dass Bibliotheken hier in Konkurrenz treten und komplett auf die intellektuelle Erschließung verzichten. Würden Bibliotheken der Erschließung durch andere Einrichtungen eine eigene Erschließung von mittelmäßiger Qualität entgegenstellen, sehe ich das als Arbeit ohne nennenswerten Mehrwert. Eine tiefe intellektuelle Erschließung hingegen kann ein großer Mehrwert sein, wie man bei verschiedenen Fachdatenbanken sehen kann. So etwas ist allerdings für das deutsche Bibliothekswesen nicht zu leisten. Dementsprechend sollten wir weniger diskutieren, welche Erschließungstätigkeiten leicht oder schwer automatisiert werden können. Stattdessen sollte eher die Leitfrage sein, welche Erschließungen den größten Nutzen bieten und wo Bibliotheken effizient und effektiv Arbeit investieren sollten. Dazu dienen zum Schluss einige Betrachtungen, was Bibliotheken tun können und wie die Technik von Discovery-Systemen weiterentwickelt werden kann.

Für Discovery-Systeme lassen sich Metadaten-Indices einkaufen, vor allem für Aufsätze. Diese basieren üblicherweise nicht auf der GND. Ein Mehrwert könnte sich hier ergeben, wenn Konkordanzen zwischen GND und den Normdateien solcher Indizes erstellt werden. Ähnlich sehe ich die Situation bei fremdsprachigen Monografien: Falls bereits Sacherschließungen durch ausländische Bibliotheken vorliegen, könnte auch hier die Fremddatenübernahme verstärkt werden. Voraussetzung ist die Erarbeitung und Pflege einer Konkordanz. Der Arbeitsaufwand dafür ist groß, dieses Vorgehen erscheint aber effizienter und zukunftsweisender als die mehrfache Erschließung einer Vielzahl von Titeln. Alexander Haffner geht detailliert auf Konkordanzen zwischen GND und anderen Normdateien ein, auch auf Möglichkeiten, die sich hier durch das *Semantic Web* ergeben.[18] Anna Kasprzik und Jürgen Kett zeigen auf, wie so eine semantische Umsetzung der GND auch für Plausibilitätsprüfungen in der automatischen Erschließung genutzt werden könnte.[19] Hier ist noch viel Potenzial für die Nachnutzung von Metadaten, sei es durch automatische Übernahmen oder auch als Unterstützung für die intellektuelle Arbeit. Gleichzeitig könnte die Verknüpfung von Normdateien auch die mehrsprachige Recherche unterstützen. So ist momentan die sehr eingeschränkte englische Recherchemöglichkeit in den deutschen Bibliotheksbeständen ein Manko, vor allem in den naturwissenschaftlich-technischen Fächern.

Diesen Überlegungen folgend würden Bibliotheksbeschäftigte in Zukunft weiterhin immer noch auch einzelne Titel erschließen, aber in deutlich geringerem Umfang. Die Arbeit würde sich verschieben zum Kuratieren der Normdateien und der Pflege der Konkordanzen, um mehr Zusammenarbeit zu ermöglichen.

Wenn so auf diesem Weg ein hoher Grad an Abdeckung in der Erschließung erreicht wird, dann könnten ausgewählte Titel tiefer erschlossen werden. Dieser Gedanke folgt dem Schalenmodell nach Krause, laut dem jene Titel, die für die Bibliothek höhere Relevanz haben, detaillierter erschlossen werden sollten.[20] Somit wird eine bewusste Entscheidung über die Erschließungstiefe selbst zum Teil des Kuratierens.

Neben den eigentlichen Erschließungsarbeiten sind auch noch Verbesserungen bei den Discovery-Systemen nötig. Heidrun Wiesenmüller kritisiert zurecht, dass die hierarchische Struktur der GND im Relevanz-Ranking nicht angemessen berücksichtigt wird.[21] Das bedeutet, dass Über- und Unterbegriffe von Schlagwörtern vermutlich nicht in das Ranking einfließen. Die durchaus wertvollen Informationen in der GND, die auch Mehraufwand bei der Verschlagwortung bedeuten – Prinzip des engsten Schlagwortes – werden also vom Rechercheinstrument nicht genutzt. In diesem Sinne braucht es eine transparente und gemeinsame Weiterentwicklung von RSWK, Erschließungsmethodik und Rechercheinstrumenten: Die auf intellektuelle Erschließung ausgelegten RSWK sollten so modernisiert werden, dass sie auch für maschinelle Erschließung und unterschiedliche Erschließungstiefen anwendbar sind. Die Rechercheinstru-

18 Haffner 2012.
19 Kasprzik & Kett 2018.
20 Stumpf 2015.
21 Wiesenmüller 2018b.

mente wiederum müssen die wichtigen Informationen der Titelmetadaten und auch der GND an sich sinnvoll auswerten und nutzbar machen. Das Zusammenspiel dieser Aspekte ist es, was in meinen Augen in Zukunft das so verstandene Kuratieren des Bibliotheksbestandes ausmachen wird.

Literatur

Beckmann, R. & Hinrichs, I. (2018). Die nächste Generation des Digitalen Assistenten DA-3. In Workshop „Computerunterstützte Inhaltserschließung". Stuttgart. Retrieved from https://ec.europa.eu/futurium/en/system/files/ged/socientize_white_paper_on_citizen_science.pdf

Benoit III, E. & Munson, A. L. (2018). Proceed with Caution: Deepening Practitioner Concers about Social Tagging within Digital Collections. Libraries and the Academy, 18(4), 759–779.

Busse, F. (2018). Einführung in die maschinelle Erschließung. Retrieved from https://www.sportwissenschaft.de/fileadmin/AGSB/2018busse.pdf

EBSCO. How is relevance ranking determined in EBSCO Discovery Service (EDS)? (o. J.). Retrieved from https://help.ebsco.com/interfaces/EBSCO_Discovery_Service/EDS_FAQs/relevance_ranking_determined_in_EDS

ExLibris (2015). Primo Discovery: Search, ranking, and beyond. Retrieved from https://knowledge.exlibrisgroup.com/@api/deki/files/26778/Primo_Search_and_Ranking.pdf?revision=1

GBV. (2019). K10plus – die gemeinsame Verbunddatenbank ist online. Retrieved from http://www.gbv.de/news/pdf/BSZ-GBV-Mitteilung-K10plus-2019-03-27.pdf

Haffner, A. (2012). Internationalisierung der GND durch das Semantic Web. Retrieved from https://wiki.dnb.de/download/attachments/43523047/20120716_internationalisierungDerGndDurchDasSemanticWeb.pdf

Henze, V., Junger, U. & Mödden, E. (2019). Veränderungen in der Inhaltserschließung der Deutschen Nationalbibliothek ab 1. Juli 2019. Retrieved from https://www.dnb.de/SharedDocs/Downloads/DE/Professionell/Erschliessen/veraenderungenInhaltserschliessungDnbJuli2019.pdf?__blob=publicationFile&v=4

Heuwing, B. (2010). Social Tagging in Bibliotheken – Erfahrungen an der Universitätsbibliothek Hildesheim. Information – Wissenschaft und Praxis, 61(6–7), 383–387.

Hinrichs, I., Milmeister, G., Schäuble, P. & Steenweg, H. (2016). Computerunterstützte Sacherschließung mit dem Digitalen Assistenten (DA-2). O-Bib, (4), 156–185. DOI:10.5282/O-BIB/2016H4S156-185

Hora, M. (2018). Methoden für das Ranking in Discovery-Systemen. Perspektive Bibliothek, 7(2), S. 2–23. DOI:10.11588/pb.2018.2.57797

Kasprzik, A. & Kett, J. (2018). Vorschläge für eine Weiterentwicklung der Sacherschließung und Schritte zur fortgesetzten strukturellen Aufwertung der GND. O-Bib, (4), S. 127–140. DOI:10.5282/o-bib/2018H4S127-140

Lee, Y. Y. & Yang, S. Q. (2012). Folksonomies as Subject Access. IFLA Annual Conference, 1–12.

Manning, C. D., Ragahvan, P. & Schütze, H. (2009). An introduction to information retrieval. Cambridge: Cambridge University Press.

Maylein, L. & Langenstein, A. (2013). Neues vom Relevanz-Ranking im HEIDI-Katalog der Universitätsbibliothek Heidelberg. B.I.T. Online, 16(3), 190–200.

Nagelschmidt, M. (2018). Die automatische Erschließung in der Deutschen Nationalbibliothek. In Workshop „Computerunterstützte Inhaltserschließung". Retrieved from https://blog.ub.uni-stuttgart.de/wp-content/uploads/2018/09/Nagelschmidt_Automatische-Erschliessung-DNB_Workshop-Stuttgart_2018-09-04.pdf

Niedermair, K. (2014). Gefährden Suchmaschinen und Discovery-Systeme die informationelle Autonomie? Mitteilungen Der VÖB, 67(1), 109–125.

ProQuest (2013). Relevance Ranking in the Summon Service. Retrieved from http://media2.proquest.com/documents/Summon-RelevanceRanking-Datasheet.pdf

Stumpf, G. (2015). „Kerngeschäft" Sacherschließung in neuer Sicht. Retrieved from https://core.ac.uk/download/pdf/34001774.pdf

Turnbull, D. & Berryman, J. (2016). Relevant search. Shelter Island: Manning.

Wiesenmüller, H. (2019). DNB-Sacherschließung: Neues für die Reihen A und B. Retrieved from https://www.basiswissen-rda.de/dnb-sacherschliessung-reihen-a-und-b/

Wiesenmüller, H. (2018a). Maschinelle Indexierung am Beispiel der DNB. O-Bib, (4), 141–153. DOI:10.5282/o-bib/2018H4S141-153

Wiesenmüller, H. (2018b). RSWK reloaded. Forum Bibliothek Und Information, (1), 26–29.

Alle Internetquellen wurden zuletzt am 22.06.2020 aufgerufen.

Teil IV: **Bürgerwissenschaften in Bibliotheken**

Eva Bunge
Kontrolle oder Beteiligung? Der Einsatz von Citizen Science in Bibliotheken

Citizen Science, auf Deutsch auch oft Bürgerwissenschaft genannt, ist ein mit dem Crowdsourcing verwandtes Konzept, das den Einsatz von Freiwilligen in der wissenschaftlichen Forschung bezeichnet. Als Teil der Open-Science-Bewegung erfährt Citizen Science inzwischen auch breite politische Unterstützung und steigende Akzeptanz in den jeweiligen Fachdisziplinen. Entsprechend sehen sich immer mehr Bibliotheken von solchen bürgerwissenschaftlichen Projekten herausgefordert oder initiieren sie auch selbst. Insbesondere die umfassende und tiefe Erschließung verschiedener Bibliotheksbestände ist oft zentraler Bestandteil bibliothekarisch organisierter Projekte und soll einen Schwerpunkt dieses Beitrags bilden. Im Folgenden wird ein kurzer Blick auf den Einsatz von Citizen Science in Bibliotheken geworfen – welche Möglichkeiten und Handlungsfelder sich dadurch auftun, aber auch welche Schwierigkeiten und Probleme aufgeworfen werden. Dazu wird erst eine kurze Einführung in das Thema gegeben, um den Kontext zu umreißen, in dem sich Bibliotheken bewegen. Anschließend wird der Einsatz bürgerwissenschaftlicher Projekte in Bibliotheken diskutiert. Abschließend wird ein kurzes Fazit gezogen.

1 Kontext

1.1 Historischer Hintergrund

Citizen Science ist kein neues Phänomen, wenn auch sicherlich die Etablierung des Internets in den letzten Jahrzehnten völlig neue Perspektiven und Möglichkeiten eröffnet hat. Vielmehr betreiben Laien schon seit Jahrhunderten wissenschaftliche Forschung und beteiligen sich am fachlichen Diskurs. Man denke nur an Benjamin Franklin, Wilhelm und Caroline Herschel oder Ada Lovelace. Mit der zunehmenden Institutionalisierung der Wissenschaft nahm die Bedeutung dieser wissenschaftlichen Autodidakten im Wissenschaftsbetrieb schrittweise ab, verschwand jedoch nie vollständig. Einige heute noch existierende Citizen-Science-Initiativen arbeiten schon seit mehr als 100 Jahren: Dazu zählen beispielsweise die *American Association of Variable Star Observers*, die seit 1911

https://doi.org/10.1515/9783110673722-012

Beobachtungen helligkeitsvariabler Sterne anfertigt sowie der *Christmas Bird Count*, bei dem seit 1900 jedes Jahr um Weihnachten Vogelzählungen durchgeführt werden.

Das Internet vereinfachte schließlich signifikant die Vernetzung und Kommunikation vieler aktiver Bürgerinnen und Bürger im Rahmen gemeinschaftlicher Projekte. Die Bürgerwissenschaft erfreut sich heute wieder großer Popularität: Die drei bekannten Citizen-Science-Plattformen eBird[1] für die Vogelbeobachtung, iNaturalist[2] für Tier- und Pflanzenbeobachtungen sowie Zooniverse[3] für Projekte aller Art vereinen inzwischen mehr als zwei Millionen registrierte Freiwillige und haben so mehrere hundert Millionen Naturbeobachtungen dokumentiert und Klassifikationen für die Wissenschaft erzeugt.[4]

1.2 Definition

Was genau verbirgt sich aber heute hinter dem Begriff Citizen Science? Tatsächlich gibt es verschiedene Definitionen, die sich in Details oft unterscheiden. So wurde Citizen Science 2014 in das Oxford English Dictionary aufgenommen, wo kurz und knapp definiert wird: „scientific work undertaken by members of the general public, often in collaboration with or under the direction of professional scientists and scientific institutions"[5]. Eine durch die Europäische Kommission veröffentlichte Definition wird etwas ausführlicher:

> Citizen Science refers to the general public engagement in scientific research activities when citizens actively contribute to science either with their intellectual effort or surrounding knowledge or with their tools and resources. Participants provide experimental data and facilities for researchers, raise new questions and co-create a new scientific culture. While adding value, volunteers acquire new learning and skills, and deeper understanding of the scientific work in an appealing way. As a result of this open, networked and trans-disciplinary scenario, science-society-policy interactions are improved leading to a more democratic research based on evidence-informed decision making.[6]

Demnach sollen die Freiwilligen also nicht nur zur wissenschaftlichen Forschung beitragen, sondern auch neue Fähigkeiten erlernen, ein tieferes Ver-

---

1 https://ebird.org/home
2 https://www.inaturalist.org/
3 https://www.zooniverse.org/
4 Cornell Lab of Ornithology 2019; iNaturalist 2019; Zooniverse 2019.
5 Zooniverse 2014.
6 Societize Consortium 2014.

ständnis für wissenschaftliche Methoden entwickeln und allgemein zur Demokratisierung der Forschung sowie der Schaffung einer neuen wissenschaftlichen
Kultur beitragen.

Damit werden einige der Zielsetzungen thematisiert, die von Citizen-Science-Projekten verfolgt werden. Neben rein pragmatischen Aspekten (Kostener-
sparnis, Bearbeitung großer Datenmengen etc.) und wissenschaftlichen Zielen
(Erstellen von Datensets, Produktion von Veröffentlichungen etc.) verfolgen viele Projekte auch öffentlichkeitswirksame Zwecke wie die Vergrößerung der eigenen Sichtbarkeit und öffentlichen Wahrnehmung sowie die Sensibilisierung der
Bevölkerung für die von ihnen verfolgten Anliegen – beispielsweise den Natur-
schutz – oder die allgemeine Verbesserung der Scientific Literacy.[7]

1.3 Umsetzung

Heute gibt es tausende von Citizen-Science-Projekten, die hinsichtlich ihrer Zielsetzung, Methodik und Strategie sehr heterogen gestaltet sind, weshalb allge-
meingültige Aussagen schwer zu treffen sind. Generell lässt sich aber sagen,
dass sich wohl der größte Anteil der Projekte im Bereich der Lebenswissenschaf-
ten bewegt.[8] Um die Projekte über die thematische Ausrichtung hinaus zu kate-
gorisieren, können sie insbesondere auch entsprechend der Beteiligung der Freiwilligen gruppiert werden, wobei die Skala von Projekten reicht, die allein von
Freiwilligen organisiert werden, bis hin zu Projekten, in denen die Freiwilligen
lediglich Daten sammeln und kein weiteres Mitspracherecht haben.[9] Alternativ
können Projekte anhand ihrer Projektumgebung (Datenerhebung virtuell im Internet oder im physischen Raum) oder ihrer primären Zielsetzung (Forschung,
Öffentlichkeitsarbeit, Umweltschutz etc.) unterschieden werden.[10]

Inzwischen basiert eine wachsende Anzahl wissenschaftlicher Publikationen auf Daten, die von bürgerwissenschaftlichen Projekten erhoben wurden.[11]
Entsprechend wurde bereits eine Vielzahl von Methoden zur Qualitätssicherung
und Validierung der erhobenen Daten entwickelt.[12] Citizen Science ist also sozusagen im Mainstream der Wissenschaft angekommen und hat sich dort etabliert.
Wesentlich schwieriger ist es, die gesellschaftlichen Auswirkungen von Citizen
Science zu bewerten. Zwar haben es sich viele Projekte zum Ziel gesetzt, die Be-

---

7 Cohn 2008; Cox et al. 2015.
8 Follett & Strezov 2015.
9 Bonney et al. 2009.
10 Wiggins & Crowston 2011.
11 Kullenberg & Kasperowski 2016.
12 Wiggins, Newman, Stevenson & Crowston 2011.

völkerung für wissenschaftliche Themen zu interessieren und ein besseres Verständnis wissenschaftlicher Forschungsprozesse zu fördern, es fehlen aber noch umfassende Studien zur Effektivität dieser Maßnahmen. Erste Untersuchungen deuten darauf hin, dass hier durchaus noch ungenutzte Potenziale existieren. So gibt es für einige Projekte Studien, die aufzeigen, dass das Wissen der Freiwilligen über den Untersuchungsgegenstand durch die Teilnahme an einem Citizen-Science-Projekt angewachsen ist. Anhaltspunkte für ein wachsendes Verständnis der Teilnehmerinnen und Teilnehmer für wissenschaftliche Erkenntnisprozesse insgesamt sind dagegen schwerer nachzuweisen.[13]

Im politischen Kontext wird Citizen Science inzwischen – insbesondere im Rahmen der Open-Science-Bewegung – auf nationaler ebenso wie auf internationaler Ebene systematisch gefördert. Sowohl die Europäische Kommission als auch verschiedene nationale Wissenschaftsförderer setzen sich aktiv für die Bürgerwissenschaft ein. So hat das Bundesministerium für Bildung und Forschung in Deutschland eine eigene Förderlinie für Citizen-Science-Projekte etabliert. Internetplattformen zur Übersicht über die verfügbaren Projekte existieren ebenso wie eine Vielzahl von Apps zur mobilen Beteiligung. Durch breite Medienberichterstattung zu verschiedenen Projekten ist die Bürgerwissenschaft in den letzten Jahren auch in der öffentlichen Wahrnehmung angekommen.

2 In der Bibliothek

2.1 Anwendungsgebiete

Das Bibliothekswesen hat diverse Berührungspunkte mit den grundlegenden Prinzipien, aber auch mit der Umsetzung von Citizen Science. Viele Werte und Ziele, die von Bibliotheken unterstützt werden, finden sich auch in der Citizen-Science-Bewegung. Dazu zählen beispielsweise die Vermittlung von Information und Wissen und der gleichberechtigte Zugang dazu, die Entwicklung von Informationskompetenz, der freie Zugang zu Forschungsdaten, die Unterstützung guter wissenschaftlicher Praxis und ein Bekenntnis zu Open Access.[14]

Bibliotheken können – wie in der Wissenschaft insgesamt – auch bei bürgerwissenschaftlichen Projekten eine wichtige infrastrukturelle Rolle zur Unterstützung der durchgeführten Forschung spielen. Neben den üblichen Dienstleistungen wie Rechercheunterstützung, Vermittlung von Informationskompetenz

---

13 Bonney, Phillips, Ballard & Enck 2016.
14 European Citizen Science Association 2015.

oder auch die Bereitstellung von Räumlichkeiten und technischer Ausstattung kommt hier insbesondere ein Aspekt zum Tragen, für den Bibliotheken besonders geeignet scheinen und der auch im 2014 publizierten *White Paper on Citizen Science* der Europäischen Kommission zur Sprache kommt[15]: Die Integration bürgerwissenschaftlicher Forschungsergebnisse in traditionelle institutionelle Strukturen, sofern diese Ergebnisse von Citizen Scientists ohne direkte institutionelle Anbindung an eine wissenschaftliche Forschungseinrichtung entstanden sind. Viele der Freiwilligen verfügen schließlich über ein ausgeprägtes Expertenwissen in ihrem Fachgebiet, das jedoch verloren zu gehen droht, wenn keine systematischen Anstrengungen zur Archivierung unternommen werden. Dieses Wissen zu validieren, zu bewahren und einer breiteren Fachöffentlichkeit zur Verfügung zu stellen, ist keine einfache Aufgabe.

Es gibt bereits die ersten Projekte an Bibliotheken, die dieses Ziel umsetzen: Am Architekturmuseum der Technischen Universität Berlin – einer Sonderabteilung der Universitätsbibliothek – wird es der interessierten Öffentlichkeit beispielsweise ermöglicht, über eine Kommentarfunktion im Katalog Korrekturen und Ergänzungen zu den Metadaten der dargestellten Objekte und Dokumente anzubringen.[16] So können die Citizen Scientists ihre eigenen Forschungsergebnisse einbringen und zentral anderen Forschenden zur Verfügung stellen. Ein weiteres Beispiel: An der Sächsischen Landesbibliothek – Staats- und Universitätsbibliothek (SLUB) Dresden wird Citizen-Science-Projekten aus dem Bereich der Heimatforschung (*Saxonica*) Unterstützung bei der Recherche und dann bei der Veröffentlichung der Ergebnisse auf einem Publikationsserver angeboten.[17]

Diese Dienstleistung der SLUB Dresden ist insoweit interessant, dass sie externe Daten in die Bibliothek – oder zumindest in ihren Dokumentenserver – holt, ohne dass diese Daten einen expliziten Bezug zum bestehenden Bibliotheksbestand haben müssen. Im Gegensatz hierzu sind die meisten Citizen-Science-Projekte mit Bibliotheksbeteiligung bestandsfokussiert, das heißt, sie nutzen Teilbestände der Bibliothek als Ausgangspunkt für ihre Aktivitäten.[18] Ein bekanntes Beispiel hierfür ist die New York Public Library (NYPL), die in ihrem Projekt *NYC Space/Time Directory*[19] ihre Stadtpläne von New York durch Freiwillige erschließen lässt. Mit den Orten auf diesen Karten sollen dann weitere – ebenfalls von Freiwilligen erschlossene – Bestände der Bibliothek digital verknüpft werden. Dazu gehören beispielsweise Restaurantmenüs, Theaterpro-

---

15 Serrano Sanz, Holocher-Ertl, Kieslinger, Sanz García & Silva 2014.
16 https://architekturmuseum.ub.tu-berlin.de/index.php?p=18
17 Munke & Bemme 2019. Siehe hierzu auch den Beitrag der Autoren in diesem Band.
18 Bunge 2017.
19 http://spacetime.nypl.org/

gramme, Fotografien und Hypothekenunterlagen. So soll ein facettenreicheres Bild der Stadt in der Vergangenheit entstehen. Während sich dieses Projekt schwerpunktmäßig mit den Sonderbeständen der Bibliothek befasst, dreht sich dagegen im Projekt *Science Gossip*[20], das unter Beteiligung der *Biodiversity Heritage Library* durchgeführt wird, alles um einen essenziell bibliothekarischen Bestand: die wissenschaftliche Zeitschrift, genauer gesagt die Abbildungen in naturhistorischen Zeitschriften. Diese werden von Freiwilligen erschlossen und sollen so im Bibliothekskatalog durchsuchbar gemacht werden.

Während diese Projekte das Ziel verfolgen, zusätzliche Daten in die Bibliothek zu holen und anzureichern, so gibt es auch Projekte, die in die andere Richtung arbeiten und Daten aus Bibliotheksbeständen extrahieren und in externe Datenbanken einbringen. Ein Beispiel ist das Projekt *Old Weather*[21], das Klimadaten aus alten Schiffslogbüchern extrahiert und diese dann in die Forschungsdatenrepositorien der Klimaforschung integriert.

Viele dieser bestandsorientierten Projekte haben gemein, dass die beteiligten Bibliotheken – je nach verwendeter Definition des Begriffs Citizen Science – eher Crowdsourcing als Citizen Science im engeren Sinn betreiben: Sie erschließen ihre Bestände, stellen die daraus entstandenen Daten zur Verfügung und bauen damit neue Informationsangebote auf. Sie verfolgen allerdings keine konkrete Forschungsfrage und schreiben auch keine Aufsätze in (nichtbibliothekarischen) Fachzeitschriften – der unmittelbare Bezug zu einem wissenschaftlichen Vorhaben fehlt also vielerorts. In einigen Projekten wird diese wissenschaftliche Rolle von den Projektpartnern übernommen, die die erhobenen Daten in Forschungsvorhaben verwerten. Andere Bibliotheken dagegen übernehmen die Initiative und stellen neue Informationsressourcen bereit, in der Hoffnung, dass sie für die zukünftige Forschung von Nutzen sein werden – oder auch neue Forschungsansätze inspirieren. So wird auch im Rahmen von Citizen-Science-Projekten die Rolle der Bibliotheken als Infrastruktureinrichtungen für die institutionelle und bürgerwissenschaftliche Forschung deutlich.

2.2 Erschließung von Beständen

Die bereits angeführten Beispiele zeigen, dass schon einige Projekte zur Erschließung von Bibliotheksbeständen im Rahmen von Citizen-Science-Projekten existieren. Sie werfen aber auch eine Reihe von Fragen auf, die im Folgenden kurz der Reihe nach behandelt werden sollen: Welche Materialien können auf

---

20 https://www.sciencegossip.org/
21 https://www.oldweather.org/

diese Art erschlossen werden? Was ist dann unter dem Wort „erschließen" in diesem Kontext zu verstehen? Wie können die neu erhobenen Daten sinnvoll in bestehende bibliothekarische Strukturen eingebunden werden? Haben die erhobenen Daten überhaupt eine Qualität, die für unsere Zwecke ausreicht? Außerdem die ganz grundlegende Frage nach der Kontrolle: Inwieweit ist die Bibliothek bereit, den Freiwilligen echte Teilhabe zu gewähren und ein gewisses Maß an Kontrolle über ihre Daten abzugeben? Müssen die Freiwilligen also innerhalb der strikten Vorgaben der bibliothekarischen Regelwerke arbeiten oder ist die Bibliothek bereit, die Rückmeldungen und Erfahrungen der Freiwilligen aufzunehmen und ihre eigenen Strukturen gegebenenfalls anzupassen?

In bestehenden Citizen-Science-Projekten wurden wohl schon fast alle möglichen Materialarten erschlossen, die in Bibliotheken vorkommen, beispielsweise Abbildungen, Banknoten, Briefe, Fotografien, Gemälde, Herbarien, Laborbücher, Landkarten, Logbücher, Restaurantmenüs, Theaterprogramme und Zettelkataloge. Hier gibt es also viele Projekte, von denen man lernen und sich inspirieren lassen kann.

Abhängig von der Fragestellung kann der genaue Erschließungsmechanismus dann durchaus variieren. So können Fotografien beispielsweise entweder georeferenziert, mit beschreibenden Stichwörtern versehen oder einem Fotografen zugeordnet werden. Relativ weit verbreitet ist auch die Transkription handschriftlicher Texte beziehungsweise die Korrektur maschineller Texterkennung. Bei fremdsprachigen Materialien wird transliteriert und übersetzt. Aus Logbüchern und Laborbüchern können Messreihen extrahiert werden. Es gibt also viele verschiedene Varianten; die verbreitetsten Erschließungsmethoden sind aber wohl die Beschreibung mit Stichwörtern, die Georeferenzierung, die Metadatenergänzung und die Transkription/Transliteration.

Die Frage nach der Bereitstellung der erhobenen Daten und ihrer Integration in bestehende Infrastrukturen stellt Citizen-Science-Projekte und die daran beteiligten Bibliotheken doch immer wieder vor Probleme.[22] Oftmals werden Daten erhoben, die gegen Ende der Projektlaufzeit bereitgestellt werden sollen. Dauert das Projekt jedoch länger als gedacht und läuft die Förderung aus, so stehen oftmals keine Ressourcen mehr für die aufwendige Datenbereinigung und technische Integration zur Verfügung. Auch wenn zu Projektbeginn das Datenmodell nicht gut genug durchdacht und mit den bestehenden Infrastrukturen abgeglichen wurde, kann es gegen Projektende zu unangenehmen Überraschungen kommen. Viele bibliothekarische Infrastrukturen, Kataloge und Datenbanken sind ihrer traditionellen Aufgabe folgend recht starr. Daten aus bürgerwissenschaftlichen Projekten in solche Systeme zu integrieren ist also nicht

---

22 Bunge 2017.

immer ein triviales Problem. Solche Herausforderungen sollten jedoch mit guter Planung bewältigt werden können, schließlich besitzen viele Bibliotheken inzwischen sehr gute Lösungen für den Umgang mit Forschungsdaten. Textkorpora, Datenreihen und andere Forschungsdaten können auf Repositorien abgelegt werden und die automatische Einspielung von standardisierten Metadaten oder Schlagworten in Bibliothekskataloge ist inzwischen auch kein ungewöhnlicher Vorgang mehr. Denkt man jedoch noch einen Schritt weiter, so wird es wieder komplizierter. Die Daten sollen ja für die Fachwissenschaft und die allgemeine Öffentlichkeit möglichst gut auffindbar und ansprechend präsentiert sein. Dies kann bei einigen Daten durchaus die Notwendigkeit einer eigenen Webpräsentation nach sich ziehen, was wiederum mehr Ressourcen und Infrastrukturen benötigt. Dieses Problem ist selbstverständlich nicht auf Citizen-Science-Projekte begrenzt, sondern betrifft viele Projekte insbesondere der Drittmittelförderung. Eine Lösung kann in diesem Rahmen natürlich nicht präsentiert werden, aber es soll doch auf eine Besonderheit bei bürgerwissenschaftlichen Projekten hingewiesen werden: Citizen-Science-Projekte leben von ihren Freiwilligen. Ohne deren Mitarbeit wird kein Projekt erfolgreich sein. Damit das Interesse der Freiwilligen langfristig aufrechterhalten wird, müssen sie insbesondere das Gefühl haben, dass ihre Mitarbeit Wertschätzung erfährt, dass ihre Anliegen ernst genommen werden und dass sie eine Rückmeldung erhalten, wie und wofür ihre Arbeit eingesetzt wird.[23] Die Präsentation und Verwertung der Daten – und die Kommunikation mit den Freiwilligen insgesamt – sollte also mit besonderer Aufmerksamkeit verfolgt werden.

Wenn die Daten präsentiert und verwertet werden sollen, dann stellt sich natürlich die Frage nach deren Qualität. Wie bereits erwähnt, haben sich inzwischen verschiedene Methoden zur Qualitätssicherung und Datenvalidierung etabliert. Dazu zählen beispielsweise die Absolvierung einer Schulung oder eines Tutorials für die Freiwilligen sowie die Duplizierung, bei der alle Aufgaben von mehr als einer Person durchgeführt werden. Außerdem können die Daten oder zumindest ein Teil des Datensets von einem Experten oder einer Expertin gesichtet werden, um die Qualität abzuschätzen und systematische Fehlerquellen zu identifizieren. Ob die so erzeugten Daten die hohen Qualitätsansprüche erreichen, die Bibliotheken oft an sich stellen, oder nicht – oder ob sie sie vielleicht sogar übertreffen – hängt wohl sehr stark vom jeweiligen Projekt ab.

Die Frage nach der Qualität ist eng verknüpft mit der Frage nach der Kontrolle. Wer neben Bibliothekarinnen und Bibliothekaren auch Berufsfremde an der Erschließung beteiligt, der muss in Kauf nehmen, dass diese Freiwilligen Anweisungen missverstehen können oder gar auch schlichtweg ignorieren. Die

---

23 Rotman et al. 2012.

Entstehung von Fehlern ist unvermeidlich. Auch kann es sein, dass die Freiwilligen andere Schwerpunkte setzen, sich in eine unvorhergesehene Richtung bewegen oder Dinge anders interpretieren als vorhergesagt. Das muss jedoch nicht immer ein Nachteil sein – schließlich erfährt man so nicht nur etwas über die tatsächlichen Interessen seiner Nutzerinnen und Nutzer. Es ergibt sich auch die Möglichkeit, unerwartete Entdeckungen zu machen – per „Serendipity", was Bibliotheken gerne mit dem Stöbern am Bücherregel vergleichen. Ein schönes Beispiel dafür ist das Projekt *Old Weather*, in dem Freiwillige, über die eigentliche Projektaufgabe hinausgehend, in Eigenregie damit begannen, Beobachtungen von Polarlichtern zu sammeln, was schließlich Schlussfolgerungen über die Sonnenaktivität der Vergangenheit ermöglichte. Eine gewisse (Forschungs-) Freiheit kann also die Kreativität und neue Erkenntnisse über die eigenen Sammlungen hinaus fördern.

Die Bibliotheken scheinen zurzeit generell einen gewissen Grad an Kontrolle über ihre Inhalte abzugeben; sie delegieren Erschließungstätigkeit, lassen Nutzerinnen und Nutzer mitarbeiten, lassen „kuratieren". Erwerbung via *Patron Driven Acquisition*, Anreicherung von Katalogen durch Verlagsdaten und auch die automatische Inhaltserschließung nehmen in manchen Aspekten die Kontrolle aus den Händen des ausgebildeten Personals. In Anbetracht der großen Datenmengen, die heutzutage verarbeitet werden müssen, ist dies wohl auch unvermeidlich. Citizen Science hat – wie alle anderen Methoden auch – seine Fallstricke und Schwierigkeiten. Es bietet vor allem aber auch die für Bibliotheken heute sehr wichtige Möglichkeit, mit Nutzerinnen und Nutzern in Kontakt zu treten, ihre Bedürfnisse und Interessen zu erfahren und diese in die eigene Strategie zu integrieren. So entspricht ein von Freiwilligen vergebenes Stichwort in den Metadaten wohl nicht unbedingt den Anforderungen der Gemeinsamen Normdatei – es ist aber vielleicht genau das Wort, mit dem Nutzerinnen und Nutzer nach dem Gegenstand suchen würden und ist damit auf andere Weise sehr wertvoll für die Bibliothek. So können beispielsweise durch direkten Nutzer-Input Recherchemöglichkeiten passgenau erweitert, angepasst und getestet werden. Da selbst die Deutsche Nationalbibliothek sich inzwischen aus der intellektuellen Sacherschließung zurückzieht, diese aber insbesondere für forschungsrelevante Spezialbestände weiterhin von Bedeutung ist, können hier alternative Methoden des *Information Retrieval* aufgebaut werden, die zugleich die Bedürfnisse der Nutzerschaft berücksichtigen.

Schon rein aus praktischen Gründen ist es in der Regel zwar unvermeidbar, Rahmenbedingungen für Citizen-Science-Projekte vorzugeben und die Energie der Freiwilligen in nachvollziehbare, klar strukturierte und damit auch kontrollierte Bahnen zu lenken, damit das Ergebnis am Ende verwertbar ist. Generell tun sich die von hierarchischen Strukturen geprägten deutschen Bibliotheken mit einer nachhaltigen Partizipation schwer.[24] Um in einem bürgerwissenschaftlichen Projekt das Interesse der Freiwilligen langfristig an das Projekt zu binden, ihr Engagement und ihre Kreativität zu erhalten und zu fördern, ist eine echte Teilhabe aber ein wichtiges Werkzeug. Wertschätzung für die geleistete Arbeit ist – wie bereits erörtert – einer der wichtigsten Motivationsfaktoren der Freiwilligen. Dazu gehören die öffentliche Anerkennung ebenso wie prompte Kommunikation sowie die Berücksichtigung von Vorschlägen und Anregungen der Freiwilligen für die Verbesserung des Projekts und der zugrundeliegenden Strukturen. Hier muss also jedes Projekt für sich eine Balance finden, um das beste Ergebnis für die Bibliothek und die Freiwilligen zu realisieren.

3 Fazit

Lohnen sich Citizen-Science-Projekte also für die Erschließung in Bibliotheken? Dazu gibt es verschiedene Aussagen. Manche Bibliotheken haben ernüchtert festgestellt, dass bürgerwissenschaftliche Erschließung zumindest genauso teuer oder sogar wesentlich aufwendiger ist als die traditionelle Erschließung durch das Personal. Andere Bibliotheken haben sehr positive Effekte erlebt, sich besser mit ihren Nutzerinnen und Nutzern vernetzt und für geringe Kosten große Datenmengen produziert.[25] Wie bei allen anderen Projekten auch hängt es vom Einzelfall ab – es lohnt sich also, von den Fehlern und Erfolgen anderer zu lernen und sich an Best-Practice-Beispielen zu orientieren.

Citizen Science kann eine gute Möglichkeit sein, um größere und für die jeweilige (auch Fach-)Öffentlichkeit interessante Bestandsmengen zu erschließen und dabei die Bibliothek mit Nutzerinnen und Nutzern sowie der Fachwissenschaft besser zu vernetzen. Wichtige Impulse können von den Beteiligten ausgehen und von der Bibliothek aufgenommen werden, um so eine Rückmeldung zu Wünschen und Gewohnheiten wichtiger Zielgruppen zu erhalten und Angebote entsprechend passgerecht zuzuschneiden. In einer Zeit, in der weiterhin über die Relevanz der Bibliothek im digitalen Zeitalter diskutiert wird, können so auch die Inhalte bibliothekarischer Sammlungen und Bestände prägnant platziert und ihre heutige und zukünftige Relevanz aufgezeigt werden.

---

24 Schuldt 2019.
25 Bunge 2017.

Literatur

Bonney, R., Ballard, H., Jordan, R., McCallie, E., Phillips, T. & Wildermann, C. C. (2009). Public Participation in Scientific Research: Defining the Field and Assessing Its Potential for Informal Science Education. A CAISE Inquiry Group Report. https://eric.ed.gov/?id=ED519688

Bonney, R., Phillips, T. B., Ballard, H. L. & Enck, J. W. (2016). Can citizen science enhance public understanding of science? Public Understanding of Science, 25(1), S. 2–16. https://doi.org/10.1177/0963662515607406

Bunge, E. (2017). Citizen Science in der Bibliotheksarbeit: Möglichkeiten und Chancen. Wiesbaden: Dinges & Frick.

Cohn, J. P. (2008). Citizen Science: Can Volunteers Do Real Research? BioScience, 58(3), S. 192–197. https://doi.org/10.1641/B580303

Cornell Lab of Ornithology (2019). About eBird. https://ebird.org/ebird/about (27.12.2019).

Cox, J., Oh, E. Y., Simmons, B., Lintott, C., Masters, K., Greenhill, A. & Holmes, K. (2015). Defining and Measuring Success in Online Citizen Science: A Case Study of Zooniverse Projects. Computing in Science Engineering, 17(4), S. 28–41. https://doi.org/10.1109/MCSE.2015.65

European Citizen Science Association (2015). Ten Principles of Citizen Science. https://ecsa.citizen-science.net/sites/default/files/ecsa_ten_principles_of_citizen_science.pdf

Follett, R. & Strezov, V. (2015). An Analysis of Citizen Science Based Research: Usage and Publication Patterns. PLOS ONE, 10(11), e0143687. https://doi.org/10.1371/journal.pone.0143687

iNaturalist (2019). Seitenstatistik. https://www.inaturalist.org/stats (27.12.2019).

Kullenberg, C. & Kasperowski, D. (2016). What Is Citizen Science? – A Scientometric Meta-Analysis. PLOS ONE, 11(1), e0147152. https://doi.org/10.1371/journal.pone.0147152

Munke, M. & Bemme, J. (2019). Bürgerwissenschaften in wissenschaftlichen Bibliotheken: o-bib. Das offene Bibliotheksjournal / Herausgeber VDB, 6(4), S. 178–203. https://doi.org/10.5282/o-bib/2019H4S178-203

Rotman, D., Preece, J., Hammock, J., Procita, K., Hansen, D., Parr, C., Lewis, D. & Jacobs, D. (2012). Dynamic Changes in Motivation in Collaborative Citizen-science Projects. Proceedings of the ACM 2012 Conference on Computer Supported Cooperative Work, S. 217–226. https://doi.org/10.1145/2145204.2145238

Schuldt, K. (2019). Warum funktioniert mein partizipatives Projekt nicht richtig? Kritik und Fallstricke. https://nbn-resolving.org/urn:nbn:de:0290-opus4-162478

Serrano Sanz, F., Serrano Sanz, F., Holocher-Ertl, T., Kieslinger, B., Sanz García, F. & Silva, C. G. (2014). White Paper on Citizen Science for Europe. https://ec.europa.eu/futurium/en/system/files/ged/socientize_white_paper_on_citizen_science.pdf

Socientize Consortium (2014). Green Paper on Citizen Science. Citizen Science for Europe. Towards a better society of empowered citizens and enhanced research. https://ec.europa.eu/newsroom/dae/document.cfm?doc_id=4122

Wiggins, A. & Crowston, K. (2011). From Conservation to Crowdsourcing: A Typology of Citizen Science. Proceedings of the 44th Annual Hawaii International Conference on System Sciences, S. 1–10. https://doi.org/10.1109/HICSS.2011.207

Wiggins, A., Newman, G., Stevenson, R. D. & Crowston, K. (2011). Mechanisms for Data Quality and Validation in Citizen Science. 2011 IEEE Seventh International Conference on e-Science Workshops (eScienceW), S. 14–19. https://doi.org/10.1109/eScienceW.2011.27

Zooniverse. (2014, 16. September). „Citizen science" added to Oxford English Dictionary. https://daily.zooniverse.org/2014/09/16/citizen-science-in-dictionary/ (27.12.2019).

Zooniverse. (2019). Zooniverse. https://www.zooniverse.org/ (27.12.2019).

Jens Bemme & Martin Munke

Open Citizen Science: Leitbild für kuratorische Praktiken in Wissenschaftlichen Bibliotheken

Bibliotheken und Bibliotheksmitarbeiter/-innen bieten Ressourcen: Wissen, Räume, Personal und Beratung, Methoden, Zeit und Orientierung. Für das Handlungsfeld *Citizen Science* zeigen die Autoren im Folgenden beispielhaft, wie Entscheidungen über solche Ressourcen, ihre Bearbeitung und Benutzung, Verknüpfung und Rekombination sowie die betreffende Kommunikation kuratorische Praktiken beinhalten. Sie zeigen außerdem, dass Verknüpfungen offener Daten im Sinne von *Linked Open Data* nicht auf digitale Räume beschränkt bleiben. Herausforderungen bestehen für Bibliotheken insbesondere darin, für die Bürgerwissenschaften reale und digitale Räume zu verbinden und diverse Zugänge zu ermöglichen, denn *Digital Information Literacy* – die Fähigkeit mit digitalen Informationen souverän, verantwortlich und zielgerichtet umzugehen – ist für viele Bürger/-innen weitgehend Neuland. Sie unterscheiden sich damit nicht grundsätzlich von Bibliotheksangestellten. Die Aneignungen offener Bibliotheks- und digital offener Arbeitsumgebungen sollen nicht nur möglich sein; Offenheit und Kollaboration sind vielmehr die Voraussetzung und zugleich das Ziel für Forschungsprozesse in der Bürgerwissenschaft. Idealerweise sind Bibliotheksmitarbeiter/-innen deshalb zugleich Bürgerwissenschaftler/-innen, um Wissen für Citizen Science zu vermitteln. Die Autoren argumentieren vor dem Hintergrund ihrer Tätigkeiten in der Sächsischen Landesbibliothek – Staats- und Universitätsbibliothek Dresden (SLUB) und aus der Perspektive der Sächsischen Landeskunde.

1 Offene Kulturdaten als Gegenstand kuratorischer Praktiken

Der Dresdner Ingenieur Andreas Wagner[1] arbeitet seit September 2019 in seiner Freizeit jeden Sonnabend am Wikisource-Informationsstand in der Sächsischen Landesbibliothek – Staats- und Universitätsbibliothek Dresden (SLUB) an Tran-

---

1 Rück 2018.

skriptionen im deutschsprachigen Portal von Wikisource[2] – und er berät dort Nutzer/-innen zu dieser ehrenamtlichen Tätigkeit. An seinem Beispiel wird deutlich, wie an offenen Kulturdaten orientierte *Citizen-Science*-Initiativen von Angeboten einer Bibliothek profitieren – und darüber hinaus von weiteren Ressourcen der SLUB. Zugleich profitieren die Bibliothek als Institution und ihre Mitarbeiter/-innen durch die Kooperation.

Abb. 1: Andreas Wagner am Wikisource-Beratungsstand in der SLUB Dresden.[3]
Foto: Mr. N, CC BY-SA.

---

2 https://de.wikisource.org/wiki/Wikisource:Wikisource-Informationsstand_SLUB; https://www.slub-dresden.de/open-science/citizen-science/wikisource-beratung/ (09.01.2020).
3 https://commons.wikimedia.org/wiki/File:Wikisource-Infostand-Dresden.jpg (31.05.2020).

Andreas Wagners Engagement wirft Fragen auf, die Bürgerwissenschaften in Bibliotheken betreffen, z. B.: Wie hängen Bibliotheksräume und digitale Arbeitsumgebungen zusammen? Inwieweit kann seine Arbeit mit Wikisource als Blaupause fungieren für Citizen-Science-Kooperationen in und mit Bibliotheken? Was bedeutet Citizen Science im Zusammenhang mit der digitalen Transformation für das bibliothekarische Arbeiten?[4]

Andreas Wagner pflegt Kulturdaten: historische und zeitgenössische Texte – darunter viele Saxonica – unter anderem aus den gemeinfreien Katalogen der Jahresausstellungen der Kurfürstlich- bzw. Königlich-Sächsischen Akademie der Künste[5] sowie Daten und Texte internationaler Kulturabkommen. Er koordiniert und administriert Wikisource in Deutschland mit, und er hält für die deutschsprachige Wikisource-Community Kontakt zum Verein Wikimedia Deutschland e. V. Die SLUB profitiert davon durch Know-how in Bezug auf kollaborative Werkzeuge, durch Projektbeispiele für die Weiterverwendung und Bearbeitung von Objekten aus digitalen Sammlungen, durch Wissenszuwachs für die bibliografische Erschließung digitaler – und insbesondere landeskundlicher – Texte und Bilder mittels Wikidata sowie durch die öffentliche Profilierung in der *Open-GLAM*-Bewegung bei gleichzeitigem Ausbau der „Vernetzung mit den historisch verwandten Gedächtniseinrichtungen Archiv und Museum".[6] Diese Verknüpfungen analoger Bibliotheksarbeit und analoger Bibliotheksräume in den verschiedenen Standorten der SLUB mit – davon erst einmal unabhängigen – digitalen Projekten und Text- und Datenproduktionen in Wikipedia, Wikisource, Wikidata sowie darüber hinaus in Stadt- und Regiowikis und in anderen Gedächtnisinstitutionen ist das Ergebnis mehrjähriger Netzwerkarbeit, Kommunikation und Anbahnung[7]: prozess- und ressourcenorientiert, ergebnisoffen, interessengeleitet und kollaborativ über die institutionellen Grenzen der SLUB Dresden hinweg. Seinen Ausdruck gefunden hat dieser Ansatz auch im Leitbild des 2019 veröffentlichten Strategiepapiers der SLUB: „Wissen teilen – Menschen verbinden".[8]

Bürgerwissenschaftlicher Umgang mit offenen Kulturdaten und die zur Nachnutzung und zur weiteren Bearbeitung offenen Präsentation der Ergebnis-

4 Vgl. dazu auch Audunson et al. 2019.
5 https://de.wikisource.org/wiki/Kataloge_der_Jahresausstellungen_der_Kurfurstl./Königl. _Sächsischen_Akademie_der_Künste (09.01.2020).
6 Das Akronym GLAM steht für die Kulturinstitutionen **G**alleries, **L**ibraries, **A**rchives, **Mus**eums. Für die Möglichkeiten, die die Digitalisierung für eine vertiefte Zusammenarbeit dieser Institutionen bietet, vgl. Marcum 2014. Das Zitat bei T. Bürger 2015, hier: S. 69.
7 Munke & Bemme 2019, bes. S. 191–194.
8 Bonte & Muschalek (Hrsg.) 2019.

se, hier als *Open Citizen Science*[9] bezeichnet, verändert das Verhältnis zwischen Bibliotheksnutzer/-innen, Bibliothekspersonal sowie Dritten – Akteuren, die erst aufgrund der Kooperationsbeziehung von Bürgerwissenschaftler/-innen und Bibliotheksmitarbeiter/-innen in offene Forschungsprozesse involviert werden. Schließlich geht mit den aktuellen gesellschaftlichen Prozessen im Kontext der Digitalisierung, „geht mit der Transformation in eine Wissensgesellschaft und der technologischen Entwicklung ein neues Kompetenzportfolio für Bürgerinnen einher"[10], das gerade von (Wissenschaftlichen wie Öffentlichen) Bibliotheken unterstützt werden kann.

Die Unterscheidung zwischen den genannten Gruppen und ihren Rollen ist dabei nicht immer trennscharf möglich, wenn z. B. an Citizen Science interessierte Bibliotheksmitarbeiter/-innen zugleich bzw. alternierend auch als Bürgerwissenschaftler/-innen denken und handeln. Für die Betrachtung kuratorischer Rollen, Entscheidungen und Praktiken in Forschungsprozessen in Bibliotheken ist folgende Beobachtung grundlegend: *Openness*[11] als Haltungs- und Handlungsprinzip in Kooperationen prägt die betreffenden Projekte, deren Forschungsprozesse, die Forschungsergebnisse, die Selbstwirksamkeitserfahrungen der Beteiligten und den individuellen Wissensgewinn.

Möglicherweise ist der Begriff der „Programmierschnittstelle" (oder: API[12]) auch für das Verständnis professioneller und ehrenamtlicher Forschungskooperationen in Bibliotheken verwendbar und hilfreich – über etwaige Übersetzungs- und Vermittlungsleistungen zwischen verschiedenen Fachkulturen und Gesellschaftsbereichen hinaus.[13] Der Geschichtsmarkt Dresden[14], das TextLab der SLUB[15], Wikisource-Sprechstunden und Kultur-Hackathons sind Formate, in denen Menschen und Themen in „analogen" Räumen – also in der umbauten Infrastruktur der Bibliothek – und in digitalen Arbeitsumgebungen zusammenkommen. Schnittstellen zwischen technischen Systemen funktionieren auch dort als Analogie für Verbindungen zwischen Menschen, Räumen und digitalen

---

9 Bemme & Munke 2019; Vohland & Göbel 2017.
10 Tiepmar, Dobeleit & Mittelbach 2019, hier: S. 95.
11 Zu „Offenheit" als Handlungsprinzip für den Bibliotheksbereich vgl. Lohmeier & Mittelbach 2014; eine allgemeine Einführung bietet Wikimedia Deutschland e. V./Open Knowledge Foundation Deutschland e. V.: ABC der Offenheit, Berlin 2019, URL: https://commons.wikimedia.org/wiki/File:ABC_der_Offenheit_-_Broschüre_(2019).pdf (09.01.2020).
12 Vgl. Art. Programmierschnittstelle, in: Wikipedia. Die freie Enzyklopädie, https://de.wikipedia.org/wiki/Programmierschnittstelle (03.02.2019).
13 In begrifflicher Anlehnung an Nassehi 2016.
14 https://www.geschichtsmarkt-dresden.de (09.01.2020).
15 „Das SLUB TextLab ist der gemeinsame Schreibraum von SLUB, Schreibzentrum und Graduiertenakademie der TU Dresden: eine offene Werkstatt für sämtliche Arbeiten am Text. Ein Makerspace der Worte ...". URL: https://www.slub-dresden.de/service/textlab/ (09.01.2020).

Arbeitsumgebungen: Menschen und Bibliotheken, die beide sammeln und forschen und mit diesen Ressourcen anhand von offenen Kulturdaten digitale und reale Räume oder Kommunikation gestalten, um bestehendes Wissen auszutauschen, und neues Wissen schaffen.[16]

Beeinflusst wird die Wirkung dieser kuratorischen Praktiken in Bibliotheken außerdem durch den Faktor Zeit: Programmiersprints im Rahmen von Kulturhackathons verdeutlichen zum Beispiel den Zusammenhang zwischen Zeit (im Sinne von z. B. Dauer und Zeitpunkten) und Wirkung kuratorischer Entscheidungen in Citizen-Science-Projekten. Gewünschte Wirkungen neu entwickelter – in der Regel pilothafter – Software- und Hardwarelösungen mit Daten ausgewählter Kulturgüter bzw. ihrer Metadaten treten in Hackathons deutlich zu Tage, insbesondere durch gezielt verkürzte Entwicklungszeiträume und -zyklen, z. B. bei *Coding da Vinci*.[17] Große Innovationsgeschwindigkeit und ein hoher Innovationsgrad, steigende Sichtbarkeit, Reichweite und Nutzung von Projektergebnissen in *GLAM*-Institutionen sind beispielsweise solche angestrebten Wirkungen und Ziele.

Im Rahmen von Coding da Vinci wählen Kultureinrichtungen aus, welche Themen, Werke und Daten als Gegenstände für Projekte angeboten werden. Nötig ist häufig eine weitere Aufbereitung dieser Daten, was einen entsprechenden Aufwand mit sich bringt. Bürger/-innen (Hacker/-innen, Designer/-innen u. a.) wählen erst im nächsten Schritt aus den angebotenen Datensätzen. Nicht jeder angebotene Datenbestand weckt Interesse, wird ausgewählt und verwendet.[18] Darüber hinaus existieren unabhängige Projektportale wie Wikisource und Wikidata, in denen selbstständig digitalisierte Werke oder selbst erhobene Forschungsdaten verwendet werden. Institutionelle *OpenGLAM*-Strategien, mit denen beide Ansätze i. S. v. *Linked Open Data*[19] – also mit persistenten Identifiern versehene, maschinenlesbare, frei verfüg- und nutzbare Daten – verknüpft werden können, bieten zugleich einen hohen Grad an Freiheit für die Aktiven (die hackenden bzw. forschenden Bürger/-innen) wie auch eine jeweils höhere Nutzungswahrscheinlichkeit für die von Kultureinrichtungen angebotenen Datenbestände. Wie nun die Konzepte *Citizen Science* und *Kuratieren* in diesem Kontext verstanden werden können, wollen wir im Folgenden versuchen aufzuschlüsseln.

---

16 Den Möglichkeiten und Herausforderungen bei der Verbindung physischer und virtueller Angebote von Bibliotheken v. a. mit Blick auf Informationsrecherche und -zugang haben sich unter dem Begriff der *Blended Library* zuletzt einige Studien gewidmet; vgl. Reiterer 2016.
17 Zwischen Auftaktveranstaltung und Ergebnispräsentation liegen durchschnittlich sechs Wochen. Vgl. zur Hackathon-Reihe Fischer 2019; Bartholmei 2014; Bartholmei 2019.
18 Kluttig 2018, S. 23–24.
19 Vgl. für den Bibliothekskontext Pohl & Danowski 2014, S. 392–409; Neubert 2014.

2 Begriffe

2.1 Citizen Science in Wissenschaftlichen Bibliotheken

Noch ist *Citizen Science* nicht nur für Wissenschaftliche Bibliotheken in Deutschland im Detail ein unbestimmter Begriff. Prototypisch lassen sich mit Peter Finke zwei Ausprägungen unterscheiden:

> „eine, die Citizen Science als eine nichtselbständige Form von Wissenschaft auffasst, bei der die Beiträge der Laien letztlich einer Auswertung und Kontrolle durch die Experten bedürfen (meist auch bereits einer Planung durch diese), und eine andere, die sie als eine selbständige, solcher Kontrolle nicht bedürftige Form[,] breit in der Gesellschaft verankerter Wissensbeschaffung versteht.“[20]

Jenseits dieser Gegenüberstellung, zwischen der viele Abstufungen existieren, erscheint es für Wissenschaftliche Bibliotheken sinnvoll, einem möglichst breiten Ansatz zu folgen. So kann es gelingen, viele Akteure und Akteurinnen anzusprechen – je nach deren eigenen Interessen an einer Beteiligung an bestehenden Projekten oder der Verfolgung eigener Forschungsinteressen. Ein aktueller Beitrag in einer österreichischen Fachzeitschrift definiert entsprechend wie folgt: „Citizen science is a developing method for enhancing the scientific endeavour increasing scientific literacy, supporting education, and better addressing societal needs through scientific evidence.“[21] Die genannten Pole werden dabei nicht aufgegriffen, stattdessen verschiedene Aspekte von Wissenschaftlichkeit betont. Ähnlich sieht auch Peter Finke *Citizen Science* an anderer Stelle als ein „Modell einer ausschließlich auf Sachinteressen und Fähigkeiten gegründeten Form von Wissenschaft“[22]. Oder, wie es das *Grünbuch Citizen Science Strategie 2020 für Deutschland* von der Online-Plattform *Bürger schaffen Wissen* formuliert:

> Citizen Science beschreibt die Beteiligung von Personen an wissenschaftlichen Prozessen, die nicht in diesem Wissenschaftsbereich institutionell angebunden sind. [...] Wichtig ist [...] die Einhaltung wissenschaftlicher Standards, wozu vor allem Transparenz im Hinblick auf die Methode der Datenerhebung und die öffentliche Diskussion der Ergebnisse gehören.[23]

---

20 Finke 2014, S. 42.
21 Ignat, Cavalier & Nickerson 2019, hier: S. 329.
22 Finke (Hrsg.) 2015, S. 18.
23 Bonn, Richter & Vohland 2016, S. 13.

Bei allen Definitions- und Abgrenzungsfragen steht fest: Bürgerwissenschaft findet statt – auch ohne, dass Bibliotheken explizit etwas dafür tun. Bürgerinnen und Bürger forschen und finden als Nutzer/-innen in Bibliotheken dafür Medien, Werkzeuge und Unterstützung. Konzeptionelles strategisches Handeln in Bibliotheken für diese Nutzergruppen ist noch selten. Welche spezifischen Bewertungskriterien werden Citizen-Science-Services in Bibliotheken zugrunde gelegt?[24] Da sich Bibliotheks- und Sammlungsprofile unterscheiden, dürften sich auch Citizen-Science-Strategien dementsprechend voneinander unterscheiden. Bibliotheken im Gebiet der Biodiversitätsforschung werden naheliegenderweise anders mit Citizen-Science-Projekten kooperieren als Bibliotheken mit wachsenden digitalisierten Sammlungen landeskundlicher, nationaler und internationaler Quellen z. B. in der Kunstgeschichte. Neben den explizit als Citizen Science benannten Aktivitäten ist auch die Forschung aus den deutschen Bibliotheken heraus noch sehr überschaubar – obwohl das Engagement zumindest für Felder wie die Heimat- oder die Familienforschung, die in diesem Kontext gesehen werden können, schon eine lange Tradition aufweist.[25] Bisherige Studien wie die grundlegenden Arbeiten von Eva Bunge haben hauptsächlich internationale Beispiele für den Vergleich gewählt.[26] Für einen Teilaspekt wie das Crowdsourcing ist die Literatur auch zu Beispielen aus dem DACH-Raum bedeutend umfangreicher.[27] Allerdings meint (Open) Citizen Science für uns viel mehr als den hier oft verfolgten Ansatz, mithilfe der Crowd „eigene Datenbestände suchbar und online verfügbar zu machen"[28] und damit eigene Wissens- und Ressourcenlücken auszugleichen, mithin die „Auslagerung von Aufgaben durch Unternehmen oder Institutionen an eine nicht näher definierte Masse an Menschen"[29].

Zugleich ist die Rolle, die Bibliotheken für die Bürgerforschung spielen oder spielen könnten, selbst für die professionellen Akteure der Bürgerwissenschaften offenbar noch nicht deutlich genug formuliert und adressiert, als dass Bibliotheken als an Bürgerforschungsprozessen beteiligte Akteure bewusst wahrgenommen werden.[30] Dies folgt einerseits aus Unkenntnis klassisch bibliothekarischer Aufgaben, Arbeitsweisen und Werkzeuge, z. B. der Formal- und Sacherschließung, der Bedeutung von Metadaten für die Katalogisierung und

---

24 Munke & Bemme 2019, S. 183–185.

25 Für die Aktivitäten der SLUB sind zuletzt einige Darstellungen erschienen. Vgl. neben Munke & Bemme 2019 v. a. Munke 2019a und Munke 2018.

26 Vgl. für die wissenschaftlichen Bibliotheken Bunge 2017, für die öffentlichen Bibliotheken Bunge 2019.

27 Vgl. v. a. die Arbeiten von Graf und Georgy, zuletzt z. B. Graf 2016; Georgy 2019.

28 Georgy 2019, S. 96.

29 Georgy 2018, hier: S. 189.

30 Bemme & Munke 2019a.

deren Wirkung für die Auffindbarkeit und die Sichtbarkeit von Wissen. Open Citizen Science eröffnet die Chance durch offene Werkzeuge, die nun für klassische Bibliotheksaufgaben ergänzend zur Verfügung stehen, Nutzer/-innen zu sensibilisieren und zu befähigen, beispielsweise Metadaten als Produkte der eigenen Forschung selbst, schneller und genauer zu erzeugen, Daten zu beschreiben, zu pflegen und bewusster von ihnen zu profitieren.

Offene Methoden und Werkzeuge i. S. v. *Open* Citizen Science können also helfen, das öffentliche Verständnis kuratorischer sowie an Daten und an Metadaten orientierter Arbeitsweisen in Bibliotheken zu steigern, den *Linked-Open-Data*-Ansatz vieler GLAM-Institutionen zu popularisieren und, allgemein gesprochen, Nutzerteilhabe zu erhöhen.[31] Selbstständiges Forschen, Datenerheben und bei der Pflege von Forschungsdaten zu helfen, sind Praktiken kreativen und kuratorischen Handelns, das nicht auf das Bibliotheksteam beschränkt bleibt. Der Entwicklung und Programmierung von Abfragen mit dem Wikidata Query Service[32] und systematischer Skripte für die Datenpflege mit dem Tool Quick-Statements[33] ebenda wohnt in hohem Maße ein selbstständiges Momentum inne – über die zur Bedienung nötigen grundlegenden Programmierkenntnisse hinaus.

2.2 Kuratieren in Wissenschaftlichen Bibliotheken

Noch schwieriger wird es begrifflich, wenn von *Kuratieren* im Kontext von Wissenschaftlichen Bibliotheken die Rede ist – wovon nicht zuletzt der Sammelband zeugt. Im Kontext der digitalen Transformation hat dabei zuletzt das Konzept der *Digital Curation* an Bedeutung gewonnen. Es bezeichnet nach einer grundlegenden Definition „actions needed to maintain digital research data and other digital materials over their entire life-cycle and over time for current and future generations of users"[34], also Fragen von Langzeitverfügbarkeit, Metadatenstandards, Lizenzmodellen u. ä. Damit erscheint es zunächst als ein technologiegetriebener Ansatz, den Herausforderungen des digitalen Zeitalters zu begegnen.[35] Es dürfte unbestritten sein, dass angesichts wachsender Datenmengen

---

31 Zum Ansatz, die Geschichte von Bibliothek als beständiger Erweiterung von Offenheit und Teilhabe zu schreiben, vgl. knapp Bürger 2015, bes. S. 64–67.
32 https://query.wikidata.org (09.01.2020).
33 https://tools.wmflabs.org/wikidata-todo/quick_statements.php (09.01.2020).
34 Beagrie 2006, hier: S. 4.
35 Vgl. Kuwalik 2016.

und Informationszusammenhänge[36] sowohl aus quantitativer wie aus qualitativer Perspektive im Sinne von *Data Curation* nur ein technologiegestütztes Vorgehen helfen kann, klassische bibliothekarische Aufgaben wie Erschließung, Dokumentation und Kontextualisierung zu bewältigen. Zu den entsprechenden Anwendungen und Verfahren liegen auch mit Bezug auf den Kuratierungsbegriff Untersuchungen vor.[37]

Wir verfolgen demgegenüber eher einen akteurs- und raumzentrierten Ansatz, der natürlich nicht losgelöst von den technologischen Grundlagen ist. Dafür gehen wir von den Überlegungen von Hans Ulrich Obrist aus, die sich zunächst auf das Kuratieren zeitgenössischer Kunst beziehen, die aber auch für den Bibliotheksbereich Anknüpfungspunkte bieten. Obrist sieht für den Kurator bzw. die Kuratorin vier Funktionen: 1. das Bewahren von Werken als Artefakte, „die gemeinsam die Geschichte eines Landes [oder einer Region, einer Stadt etc.; Anm. d. Verf.] erzählen", 2. die Auswahl neuer Werke für eine Sammlung, 3. die wissenschaftliche Erforschung dieser Werke und 4. ihre Präsentation in Form von Ausstellungen.[38] Während im zeitgenössischen Gebrauch des Wortes *Kuratieren* dieses eher auf den vierten Aspekt konzentriert wird[39], gerät mit Obrists Ansatz ein klassisches Paradigma der Bibliothekswelt wieder in den Blick: das Konzept der Sammlung.

Mit Thomas Stäcker lässt sich die bibliothekarische Sammlung grob auf ein „geordnetes und strukturiertes Ganzes"[40] herunterbrechen. Die Prinzipien Ordnung und Strukturierung gelten für einen traditionellen wie für einen aktualisierten Sammlungsbegriff, der den Medienwandel berücksichtigt und digitale Objekte – textueller sowie zunehmend nicht-textlicher Art[41] – inkludiert. Vorgenommen werden sie in der „vereinheitlichenden formalen Beschreibung" und der „inhaltlichen (Sach-)Erschließung"[42]. Beide Elemente gilt es nun, in maschinenlesbarer Form und in standardisierten Formaten vorzunehmen und vorzuhalten; mit Stäcker: „Sammeln bedeutet in diesem Sinn Transformieren und Homogenisieren nach etablierten Dokumentenstandards"[43].

---

36 Vgl. aus bibliothekarischer Perspektive und zu den Implikationen für „Bestand" und „Sammlung" Kempf 2014, hier: S. 369–371.

37 Vgl. z. B. Neudecker & Rehm 2016. Eine ausführlichere Einführung am Beispiel der sogenannten Digital Humanities bietet Sabharwal 2015.

38 Obrist & Raza 2015, S. 38.

39 Bismarck 2004, S. 108. Für uns steht dagegen die klassische Ausstellungskuratierung, wie sie an der SLUB im hauseigenen Buchmuseum mit integrierter „Schatzkammer" betrieben wird, nicht im Mittelpunkt des Interesses.

40 Stäcker 2019, hier: S. 306.

41 Kempf 2014, S. 385 f.; Ceynowa 2015, hier: S. 269, 270, 274–275.

42 Stäcker 2019, S. 306.

43 Stäcker 2019, S. 307.

Das *Ganze*, zu dem diese Tätigkeiten führen sollen, war bisher zumeist auf eine einzelne Institution bezogen. Aktuell zeigt sich, dass der Sammlungsbegriff viel stärker als ein die bibliothekarischen Institutionen[44] wie auch die anderen Sparten der Gedächtniseinrichtungen[45] übergreifendes, arbeitsteiliges, teilweise auch kollaboratives Konzept zu denken ist – ein Ansatz, der durchaus einige Bezüge zum Citizen-Science-Gedanken aufweist. Zugleich ändert sich die Gewichtung der damit verbundenen Prozesse: „Sammeln dient nicht mehr vorrangig dem Behalten und Bewahren" – die ersten beiden Aspekte der Obrist'schen Definition von Kuratieren, die gleichwohl wichtig bleiben –, „sondern vor allem dem erschließenden Aufbereiten, Ordnen und Teilen"[46] als Voraussetzung und als Teil der nunmehr zunehmend datengetriebenen wissenschaftlichen Bearbeitung auch im Bereich qualitativer Forschung[47] als drittem kuratorischen Aspekt nach Obrist. Entsprechend müssen nun auch „die in der Arbeit mit digitalen Inhalten entstehenden Annotationen, Kommentare, Anreicherungen, Veränderungen und Neukontextualisierungen"[48] im Kontext des Sammelns als bewusste kuratorische Entscheidung mitbedacht werden. *Wer* im Rahmen des Konzeptes Open Citizen Science nun diese Arbeit leistet (also welche Akteure), und *wo* sie geleistet wird (also in welchen Räumen), soll im weiteren Verlauf des Textes näher bestimmt werden. Zunächst gilt es jedoch, die Konzepte *Citizen Science* und *Kuratieren* direkt aufeinander zu beziehen.

2.3 Mit Citizen Science in Wissenschaftlichen Bibliotheken kuratieren

Mit Bezug auf den Sammlungsbegriff lässt sich das Kuratieren zusammenfassend beschreiben als ein

> komplexer zeit- und wissensintensiver Prozess, in dem Experten – z. B. Redakteure, Wissenschaftler oder interdisziplinäre, verteilte Teams – aus einer thematisch typischerweise homogenen, oft aber auch heterogenen Sammlung von Quellen ein neues, in sich kohärentes und abgestimmtes Gesamtwerk entwickeln, das auf einen spezifischen Fokus ausgerichtet ist, also eine spezielle kommunikative Funktion besitzt.[49]

---

44 Kempf 2014, S. 386–389.
45 Kempf 2014, S. 389–391.
46 Stäcker 2019, S. 309.
47 Koch 2019.
48 Ceynowa 2015, S. 275.
49 Neudecker & Rehm 2016, S. 104.

Im Zusammenspiel mit Citizen Science wird deutlich, dass die Beschränkung auf sog. Experten nicht greift bzw. Experten hier nicht als Personen gedeutet werden können, die sich professionell im Sinne von beruflich mit einem Thema auseinandersetzen. Wir reden daher bewusst von *kuratorischen Praktiken* als einer offeneren Form, die Teilaspekte aus *Kuratieren* bzw. *Kurator* herauszieht, ohne das gesamte Bedeutungsfeld mitdenken zu müssen.

Abstrakt formuliert sind kuratorische Entscheidungen in partizipativen Forschungsprojekten von und mit Laien an Bibliotheken Kernelemente der Co-Produktion von neuem Wissen mit Bibliotheksnutzern: Bürgerwissenschaftler/-innen gestalten Forschungsfragen, Recherchen, Wissens- und Objektsammlungen – teils angeleitet und beraten durch Dritte, teils völlig selbstständig. Ein „kohärentes und abgestimmtes Gesamtwerk" ist dabei nicht in jedem Fall das Ziel der Forschung bzw. von Kuratierung, beispielsweise wenn ein Forschungsanliegen im Sinne einer Freizeitbeschäftigung zwar dauerhaft stattfindet, aber einen unbefristeten Charakter hat oder innerhalb eines gleichwohl erkennbar umrissenen Themenfeldes – persönlicher Neugier und persönlichen Interessen folgend – mäandert. Aktivierende Wissenschaftskommunikation kann in beiden Szenarien – Bürgerforschung wie professionelle Forschung – geradezu ansteckend wirken, fachliche Unterstützung ermöglichen oder weitergehende Recherchen anregen. Unwissenschaftlich ausgedrückt: Sie kann Leidenschaften wecken für Forschung und die damit verbundenen Entscheidungen – für und gegen inhärente Optionen: Themen, Forschungsfragen, Quellen, Methoden und Kooperationen.

Die Wirkungen kuratorischer Entscheidungen in Bibliotheken, in privaten Sammlungen und in Citizen-Science-Projekten werden beispielsweise beeinflusst durch:

- Zeit: die Zeitpunkte des Zugangs und der Nutzung von Medien, Daten und anderer Objekte, Zeitverläufe i. S. v. Dauer, gesellschaftlichen Dynamiken, Redaktions-, Publikations- und Embargofristen[50],
- Methoden und den Stand der Technik in Bezug auf das Sammeln und die Nutzung,
- Konjunkturentwicklungen und Paradigmen der Fachwissenschaften,

---

50 Dieser Text über Open Citizen Science erscheint in einer Closed-Access-Publikation und kann gemäß den Verlagsrichtlinien erst nach zwölf Monaten frei(er) zugänglich zweitveröffentlicht werden – es sei denn, die Autoren entscheiden sich für einen Freikauf des Artikels, womit er dann im „Hybrid Open Access" erscheinen kann, in der Regel unter der vergleichsweise restriktiven Lizenz CC BY-NC-ND. Uns ist die Diskrepanz zwischen Titel und Modus der Erstpublikation bewusst. Vgl. die Angaben auf der Verlagshomepage: https://www.degruyter.com/dg/page/rights-permissions/rechte-lizenzen. Zu den Unterschieden und zur Verwendung der Creative Commons-Lizenzmodelle vgl. Kreutzer 2016.

- Ressourcen (z. B. Personal, Know-how und Finanzen) der sammelnden und nutzenden Akteure,
- den Grad der Offenheit von Sammlungen, Objekten und ihrer Metadaten – technisch wie rechtlich,
- Präsenz und ggf. herausgehobene Präsentation durch Kommunikationsmaßnahmen wie begleitende Social-Media-Aktivitäten[51],
- Vorlieben unmittelbar und mittelbar beteiligter Akteure und
- auch Zufälle in Sammlungs- und Forschungsprozessen.

Etwas konkreter formuliert gewinnen wir durch das Paradigma der Offenheit in der Bürgerwissenschaft – über vergleichsweise „unprofessionelle Beiträge" von Bibliotheksnutzer/-innen zum wissenschaftlichen Fortschritt hinaus – potenziell Zugänge bzw. Zugewinne zu den Sammlungen einer Bibliothek:
- Themen- und Nutzungswünsche werden von Nutzern und Nutzerinnen induziert sichtbar.
- Die Sichtbarkeit von Bibliotheks- und Wissensbeständen, von Methoden und Dienstleistungen einer Bibliothek und die Reichweite ihrer Wirkung können wachsen.
- Die Relevanz und der gestiftete Nutzen von gesammelten Beständen, Objekten, Forschungsfragen und Nutzungsszenarien der Metadaten durch Benutzung und Verwendung in neuen Anwendungen und Produkten steigen.
- Wissen entsteht neu durch und mit Dritten auf Basis von institutionell gebundenem Sammlungswissen: dazu gehören das inhärente Wissen von GLAM-Mitarbeiterinnen und -Mitarbeitern und die Metadaten der Bestände zzgl. neuer Verknüpfungen mit anderen Objekten und anderen Sammlungen.
- Nicht zuletzt versprechen sich GLAM-Institutionen Imagegewinne durch intensive Beziehungspflege und Interaktion mit Nutzergruppen.
- Internationale Kooperationen werden wahrscheinlicher, wenn Datenbestände leicht verknüpft werden können.
- Projekt- und Fördermittelakquise können profitieren.

Das bedeutet für Bibliotheken, ihre Nutzer/-innen stärker nicht mehr nur als Konsumenten/Konsumentinnen und Produzenten/Produzentinnen zu verstehen, wenn deren Möglichkeiten und Fähigkeiten wachsen, die verschiedenen Facetten des forschenden Sammelns – durch das Wissenschaftliche Bibliotheken sich auszeichnen – mitzugestalten, vor Ort und räumlich entgrenzt. Sie denken und handeln dann „bibliothekarischer" als je zuvor und verbinden diese

---

51 Vgl. zu diesem Aspekt Matzke & Munke 2020.

Sicht gleichzeitig mit ihrer Nutzerperspektive als Bürgerwissenschaftler/-innen. Für diesen Wissensaustausch – oder: wechselseitigen Lernprozess – sind spezifische Strategien für die Wissensvermittlung, Beratung der Nutzer/-innen und betriebliche Weiterbildung notwendig. Lernen *auf Augenhöhe* schließt dann u. U. deutliche Wissensvorteile der Nutzer/-innen gegenüber ihrer Bibliothek bzw. ihrem Personal mit ein. Das ist keine grundsätzlich neue Situation für Forschungsbibliotheken, die schon immer mit und insbesondere für Experten und Expertinnen Fachwissen kuratieren. Professionelle wissenschaftsorientierte Informationsvermittlung muss nun auf größere Nutzergruppen bezogen werden, bei gleichzeitiger Offenheit für wissenschaftliche Methoden und Forschungsergebnisse, die nicht genuin aus dem professionellen Wissenschaftsbetrieb stammen: im Sinne von lebenslangem forschenden Lernen auf beiden Seiten der *Wissensbar*[52]. Im Falle einer Universitäts- und Landesbibliothek gilt diese Diagnose in beiderlei Hinsicht: landes- und universitätsbibliothekarisch. Die Aufgabenfelder können sich noch stärker aufeinander beziehen, um auch bei der datenorientierten Koproduktion mit den Bürgerwissenschaften voneinander zu profitieren.

3 Thesen

Folgende Thesen gründen auf Beobachtungen in der eigenen Bürgerforschung und bibliothekarischen Arbeit der Autoren und ergänzen verallgemeinert eine erste Thesensammlung aus dem Jahr 2018[53]:

Der professionellen Wissenschaft fehlt oft das Verständnis für Citizen Science – es sei denn, eigene individuelle Forschungsinteressen sind ggf. betroffen: „Das ist etwas ganz anderes!" – heißt es dann.

Grenzbereiche zwischen wissenschaftlichem Arbeiten – methodisch begründet und zielgerichtet – und interessengeleiteter, aber dennoch vor allem am eigenen Vergnügen orientierter Recherche sowie eher journalistische Arbeitsweisen mit der Neugier am Geschichtenerzählen – diese Grauzonen sind die Felder bürgerwissenschaftlichen Engagements.

Bibliotheken und ihre Verbünde lieben das Paradigma *Führendes System*. Dieses Leitbild stößt im Kontext offener Daten in Verbindung mit verteilten Infrastrukturen, Akteuren und partizipativen Methoden an Grenzen. OpenGLAM-Strategien erfordern als alternatives Paradigma stattdessen Standards und offe-

---

52 Unter dem Label *Wissensbar* betreibt die SLUB ihre Expertenberatung, angelehnt an das Genius Bar-Konzept der Firma Apple. Vgl. Mittelbach & Muschalek 2015; Mittelbach 2013.
53 Munke & Bemme 2019a.

ne dokumentierte Schnittstellen für die Verknüpfung von Sammlungen und Metadaten, um Datenbestände wirksam zu vernetzen. Zugleich kann das für Bibliotheken auch bedeuten, sich zumindest in Teilen vom Gedanken einer „Hoheit" über die eigenen Daten verabschieden zu müssen.

Vorausgesetzt die Prinzipien und Methoden von Open Science sind die Basis wissenschaftlicher Arbeit, sollten die akademische Beurteilung der wissenschaftlichen Qualität von Forschungsergebnissen und die vergleichende Bewertung von professioneller Forschung und Citizen Science einfacher sein als in anderen, nicht offenen Szenarien. Zugleich bleibt die Frage, ob bürgerwissenschaftlichen Projekten in Bezug auf eigene Handlungsweisen und Rationalitäten ein je eigener Charakter zugestanden werden muss – ohne den Rahmen von Wissenschaftlichkeit zu verlassen? Die Bedürfnisse von und die Erwartungen an forschende Laien unterscheiden sich teilweise von denen der Profis. Darauf können Bibliotheken reagieren, um solche Diskrepanzen zu berücksichtigen.

Denn: Universitäts- und Landesbibliotheken können einen Campus mit der Stadt und der Region vernetzen, in der er sich befindet. Sie wirken dann als Scharnier für Citizen Science, indem sie wissenschaftliche Methoden und bürgerschaftliches Engagement in der Forschung mit dem Paradigma der offenen Wissenschaft verknüpfen und eine Annäherung der verschiedenen Fach- und Forschungskulturen ermöglichen. Bibliotheksmitarbeiter/-innen, die wie Bürgerwissenschaftler/-innen denken und handeln, sind in sehr verschiedenen Rollen unterwegs: kuratierend, als Moderatorinnen/Moderatoren, *information professionals*, Co-Initiatorinnen und -Initiatoren und Forscher/-innen.

Mehr Investitionen in Ideen und Infrastruktur für forschende Bürger/-innen sind notwendig, um die Wirkung öffentlicher (Retro-)Digitalisierungsprogramme zu maximieren. Nötig wären mehr Bürgerwissen zu digitalen Forschungsmethoden und offenen Werkzeugen und Treffpunkte, an denen dieses Wissen vermittelt wird: analoge und digitale in öffentlichen Bildungs-, Forschungs-, und Kultureinrichtungen sowie im Privaten.

Die Aufgabe von Wissenschaftlichen Bibliotheken liegt dann weniger in Übersetzungsleistungen zwischen forschenden Teilsystemen der Gesellschaft, sondern vielmehr in Vermittlungen zwischen ihnen. Im Idealfall arbeiten professionelle und Laienforscher/-innen mit offenen Daten, Methoden, Werkzeugen und Publikationen, so dass eine Bibliothek und ihre Mitarbeiter/-innen über Informationsvermittlung hinaus bewusst und mit Empathie für beide Ausprägungen und Bedürfnisse wissenschaftlicher Arbeit zwischen Forschenden vermitteln können: Kontakte, gemeinsame Ziele, Sprache (i. S. v. Verständnis für die Fachsprache der anderen) und Kooperationen, z. B. für auf Crowdsourcing aufbauende Forschungsprojekte.

4 Digitale Räume für forschende Bürgerinnen und Bürger

Wie sehen nun entsprechende Angebote von Bibliotheken konkret aus? Ihre digitalen Zentren sind ihre Verzeichnissysteme. Offen lizensierte Sammlungen für retrodigitalisierte Medien[54] sowie Repositorien für *born-digital*-Dokumente sind Ressourcen, einerseits. Verknüpft sind die darin enthaltenen Datenobjekte – die nicht nur gedruckte Medien repräsentieren – mittels Metadaten, Signaturen, Barcodes etc. ggf. im dreidimensionalen Gebäudemodell der Bibliothek oder mit einer Bibliothekskatalog-App[55] als Interface für die mobile Bibliotheksbenutzung. Die SLUB bietet als Landesbibliothek besonders für die auf das Land Sachsen bezogene Forschung digitale Angebote,[56] in denen kuratorische Praktiken zur Anwendung kommen und die teilweise in Kooperation von Bibliotheksangestellten und Bürgerinnen/Bürgern ausgebaut werden. Andererseits bilden Bibliothekskataloge und darin verzeichnete digitale Bestände mittlerweile nur ein Angebot unter vielen miteinander verbundenen – einige sollen im Folgenden beispielhaft vorgestellt werden. Open Citizen Science ermöglicht hier nicht nur zusätzliche Nutzungen, Anreicherungen und Verknüpfungen. Schließlich besteht für Laien inzwischen – nicht nur theoretisch – die Möglichkeit, selbstständig eigene, offene Nachweissysteme für digitale und nicht digitale Medien und Objekte zu kreieren, zum Beispiel mit Wikidata.

4.1 Sächsische Bibliografie

In der Landeskunde bietet die Sächsische Bibliografie Orientierung. Als Regionalbibliografie verzeichnet sie Publikationen nahezu aller Medienarten, die sich inhaltlich auf Sachsen beziehen (Saxonica)[57]. Erarbeitet wird sie in der Hauptsache von Mitarbeiterinnen und Mitarbeitern der SLUB, die Titeldaten erfassen und sie über eine verbale und klassifikatorische Inhaltserschließung mit weiteren Metadaten anreichern. So werden über diese kuratorische Tätigkeit inhaltliche Schwerpunkte wie auch thematische Cluster vor allem der aktuellen, aber

---

54 In der SLUB kommen aktuell in der Hauptsache die Public Domain Mark und die Creative Commons Lizenz CC BY-SA 4.0 zum Einsatz. Vgl. die Nutzungsbestimmungen für die Digitalen Sammlungen mit Stand vom 1. Oktober 2019, URL: https://nutzungshinweis.slub-dresden.de.
55 URL: https://www.slub-dresden.de/recherche/slub-app/ (09.01.2020).
56 Vgl. einführend Meyer & Munke 2018.
57 URL: http://swb.bsz-bw.de/DB=2.304/ (09.01.2020). Vgl. Letocha 2006; Letocha 2003/2004, jeweils mit Verweisen auf die ältere Literatur.

auch der historischen Forschung deutlich: Über die Vorhaben der Massendigita-
lisierung – in Sachsen v. a. im Rahmen des Landesdigitalisierungsprogramms
(LDP)[58] des Freistaates – werden auch ältere wissenschaftliche Beiträge nachträglich erschlossen und der professionellen wie der ehrenamtlichen Forschung
neu zugänglich gemacht.

Abb. 2: Titelmeldeformular für die Sächsische Bibliografie im Regionalportal Saxorum: Screenshot.[59]

Ausgehend von der Arbeit an den eigenen Themen können von Nutzerinnen
und Nutzern Änderungs- und Korrekturbedarfe an der Regionalbibliografie vorgeschlagen werden[60] – mittels eines Meldeformulars auf dem Regionalportal Saxorum[61] oder der Diskussionsseite des Gemeinschaftsaccounts der Bibliografie-
mitarbeiter/-innen der SLUB in der Wikipedia.[62] Genutzt werden diese Möglichkeiten von professionellen wie von ehrenamtlichen Forschern: zum Nachweis
eigener einschlägiger Publikationen und im Ergebnis der thematischen Litera-
turrecherche für diese Veröffentlichungen wie für Wikipedia-Artikel. Darüber

---

58 An der SLUB koordiniert, bezieht das LDP in seiner Programmlinie zur Retrodigitalisierung
Kultureinrichtungen aus dem ganzen Freistaat ein. Die Projektergebnisse werden auf dem Portal Sachsen.digital veröffentlicht, https://sachsen.digital. Vgl. Bonte 2016; Meyer & Munke
2018, hier S. 108–111.
59 https://www.saxorum.de/index.php?id=10207 (31.05.2020).
60 Vgl. Munke 2019a, hier: S. 200–202, 206–207; Munke 2018, hier: S. 309–311.
61 https://www.saxorum.de (09.01.2020).
62 https://de.wikipedia.org/wiki/Benutzer_Diskussion:SäBi_SLUBDD (09.01.2020).

hinaus erhalten wir auch Unterstützung bei der Arbeit an Metadaten, wenn etwa Personen wie der Wikipedia-Nutzer Miebner[63] regelmäßig Hinweise auf im Verbundkatalog falsch verknüpfte Autoren geben oder Informationen zur Anreicherung von Normdatensätzen beisteuern. Für historische Texte, die beispielsweise in Wikisource transkribiert werden, ist es zudem für alle möglich, die Sächsische Bibliografie als Aussage in Wikidata-Items hinzuzufügen und damit durch Wikidata-Abfragen auffindbar und produktiv – im Sinne einer Weiterverarbeitung – zu machen.[64]

4.2 Digitale Sammlungen in Sachsen

Die SLUB Dresden betreibt für die unterschiedlichen Medienarten – Monografien, Fotos, Grafik, Webseiten – digitale Sammlungen für retro-digitalisierte Medien sowie für *born-digital*-Publikationen.[65] Eine Vision lautet, diese – bisher technisch bedingt – unterschiedlichen digitalen Präsentationsräume langfristig zu vereinheitlichen, woran aktuell im Rahmen eines gemeinsam mit der Universitätsbibliothek Leipzig betriebenen, EU-finanzierten Drittmittelprojektes gearbeitet wird.[66] Durch das bereits genannte Landesdigitalisierungsprogramm LDP wird seit 2015 mit Kultur- und Wissenschaftseinrichtungen ein möglichst umfassender Online-Zugang zu Informationen und Objekten der kulturellen und wissenschaftlichen Überlieferung des Freistaates für Zwecke der Lehre und Forschung sowie für die breite Öffentlichkeit eröffnet. Die Auswahl erfolgt durch Mitarbeiterinnen und Mitarbeiter in den jeweiligen Kultureinrichtungen in Abstimmung mit dem Projektteam der SLUB. Über sporadische Nutzerwünsche wird von Fall zu Fall entschieden. Digitale Werkzeuge für selbstständige Korrekturen digitalisierter Volltexte und für Annotationen stehen bisher in der SLUB noch nicht zur Verfügung. Ihre Entwicklung im Rahmen der für die Digitalisierung und Präsentation verwendeten Softwaresuite Kitodo[67] ist aber im Kontext des gemeinsam mit der Philipps-Universität Marburg und dem Trier Center for Digital Humanities durchgeführten DFG-finanzierten Drittmittelprojektes zur Di-

---

63 https://de.wikipedia.org/wiki/Benutzer:Miebner (09.01.2020).

64 Sächsische Bibliografie, Item in Wikidata: (Q61729277).

65 https://digital.slub-dresden.de/, http://www.deutschefotothek.de/, http://mediathek.slub-dresden.de, http://www.qucosa.de (09.01.2020).

66 Cross Media Repository. Erweiterung des sächsischen Dokumentenservers Qucosa zu einem Medienübergreifenden Repository, https://slubdd.de/cmr (09.01.2020).

67 https://www.kitodo.org/ (09.01.2020).

gitalen Edition der Korrespondenz August Wilhelm Schlegels (1767–1845)[68] vorgesehen.

Abb. 3: „Festschrift zum 14. Sächsischen Feuerwehrtage in Grimma vom 24. bis 27. Juli 1896", Grimma 1896 – ein Beispiel für die Kollektion „Feuerwehrwesen in Sachsen" der SLUB.[69]

---

68 https://august-wilhelm-schlegel.de/ (mit Verweisen auf projektbezogene Publikationen) (09.01.2020).

69 https://digital.slub-dresden.de/id399585656/3 (31.05.2020).

Letztgenanntes Vorhaben richtet sich in der Hauptsache an ein spezialisiertes wissenschaftliches Publikum. Ein anderes Beispiel mit einem eher weiten Publikum zeigt, welche Wirkung diese digitalen Bestände entfalten können: die Kollektion *Feuerwehrwesen in Sachsen* in den Digitalen Sammlungen der SLUB.[70] Die Sektion Feuerwehrhistorik ist eine in diesem Zusammenhang relevante Gruppe innerhalb des Sächsischen Landesfeuerwehrverbandes, der 2019 sein 150jähriges Jubiläum feierte. Der Verband verfügt über ein Referat *Feuerwehrhistorik* und die Berufsfeuerwehr Dresden besitzt eine Abteilung für Traditionspflege. Die Digitalisate der SLUB – deren Auswahl initial durch die Mitarbeiter des Saxonica-Referates erfolgte[71] – wurden durch diese Gruppen bereits für Publikationen verwendet. Ergänzungen durch Nutzerverweise auf weitere relevante Titel im Bibliotheksbestand, durch Abgabe bisher nicht vorhandener Veröffentlichungen an die Bibliothek sowie durch zusätzliche Forschungsarbeiten konnten im Rahmen der regionalen Fachmesse für Brand- und Katastrophenschutz *Florian* angeregt werden.

4.3 SXRM@hypotheses

Das Weblog *Saxorum. Blog für interdisziplinäre Landeskunde in Sachsen* ist ein Themenblog im nicht-kommerziellen Blogportal *Hypotheses* für die Geistes- und Sozialwissenschaften.[72] Das Portal erleichtert den Betrieb von Wissenschaftsblogs unter einem Dach und sorgt damit für eine größere Sichtbarkeit und Archivierung der Inhalte. Ausgewählte Artikel der verschiedenen Themenportale werden auf der Startseite und in den Social-Media-Kanälen des Portals präsentiert. Saxorum publiziert mit *Hypotheses.org* Buchrezensionen, Projektberichte und Analysen professioneller Historiker/-innen, Archivarinnen und Archivare, Laien und Autorinnen/Autoren mit landeskundlicher Expertise aus Grenzbereichen der verschiedenen Fach- und Bürgerwissenschaften. Die Ansprache erfolgte zunächst hauptsächlich durch die Redaktion im Referat der Saxonica der SLUB. Mittlerweile erreichen uns auch Themenvorschläge von außen. Artikel von Bürgerwissenschaftlern und -wissenschaftlerinnen (z. B. zu Wikisource-Projekten) und zu Citizen-Science-Themen (z. B. Mobilitätsgeschichte) wurden so bereits publiziert. Die Erschließung der Beiträge erfolgt in der Sächsischen Bibliografie

---

70 https://digital.slub-dresden.de/kollektionen/1150/ (09.01.2020). Vgl. Hermann & Munke 2018.

71 Ergänzend zu den Retrodigitalisaten wurde innerhalb der Sächsischen Bibliografie eine Zusammenstellung relevanter aktueller Literatur zur Verfügung gestellt. https://slubdd.de/feuerwehrbibliografie (09.01.2020).

72 https://saxorum.hypotheses.org/ (09.01.2020).

und ergänzend in Wikidata in offenen Datenobjekten, die durch jeden bearbeitet werden können.

4.4 Wikis als kollaborative Gemeinschaften: Wikipedia, Wikisource, Wikidata, Wiki-Commons und Schwesterprojekte

Wikipedia startete im Jahr 2001.[73] Das Vorläuferportal der heutigen Sprachversionen von Wikisource wurde 2003 gegründet.[74] Wikidata, die ergänzende multilinguale offene Datenbank, wurde 2019 bereits sieben Jahre alt. Bibliotheken beginnen, die Daten aus Wikidata für ihre Kataloge zu nutzen[75] – für die Herstellung von Normdatenkonkordanzen, für die Visualisierung raumbezogener Informationen und um mit Bürgerwissenschaftlerinnen und -wissenschaftlern Anwendungen zu entwickeln. Ein Beispiel aus dem Bereich der sächsischen Landeskunde ist die Verknüpfung bisher getrennter Ortsdatenbestände aus dem Historischen Ortsverzeichnis von Sachsen und der Gemeinsamen Normdatei GND via Wikidata.[76] Nimmt man den gegenwärtigen Stellenwert von Wikipedia für den Erwerb und die Vermittlung von Wissen als Maßstab,[77] dann steht Wikidata – „die Datenbank, die jeder bearbeiten kann" – erst am Anfang einer dynamischen Entwicklung.[78] Wikidata und die zugrundeliegende Softwaresammlung Wikibase[79] sind grundlegende Technologien, die die Arbeit in Bibliotheken, die Arbeit mit Metadaten und die Kooperation mit Citizen-Science-Projekten bereits verändert hat und zukünftig noch stärker beeinflussen wird.[80]

Offen lizenzierte Daten, beispielsweise von Texten, Dokumenten, Bildern und Klängen zum Thema Sachsen in den Portalen von Wikimedia, werden zunehmend durch strukturierte Datenobjekte in Wikidata beschrieben: Wikipedia-Verfasser/-innen schaffen enzyklopädische Texte samt ergänzender Medienelemente, Wikisource-Mitarbeiter/-innen transkribieren historische Werke über

---

73 Vgl. Art. Wikipedia, in: Wikipedia. Die freie Enzyklopädie. https://de.wikipedia.org/wiki/Wikipedia (09.01.2020).

74 Vgl. Art. Wikisource, in: Wikipedia. Die freie Enzyklopädie. https://de.wikipedia.org/wiki/Wikisource (15.12.2019).

75 Vgl. z. B. Allison-Cassin & Scott 2018; Neubert 2017.

76 Munke 2019; Erlinger 2019.

77 Zum Charakter der Wikipedia als Citizen-Science-Projekt vgl. Munke 2018, S. 304–306; Munke 2019a, S. 112 f.

78 Bemme 2019.

79 https://wikiba.se/ (09.01.2020).

80 Vgl. Mietchen 2018.

Sachsen und erschließen diese mit Wikidata formal und inhaltlich, um die Daten mit Wikidata-Abfragen (Queries) auswerten, verarbeiten und visualisieren zu können. Durch skriptbasierte weitgehend automatisierte Verfahren können zusammenhängende Daten gegenüber händischer Bearbeitung zudem in großen Mengen vergleichsweise schnell angereichert werden. Als Saxonica sind diese Informationen und Metadaten grundsätzlich relevant für die Arbeit der SLUB als Landesbibliothek.

Kuratorische Fragen können dabei explizit oder implizit zu entscheiden sein, z. B.:

- Welche Wikisource-Texte werden in welchem Umfang und mit welchen Datenschemata erschlossen?
- Welche Wikidata-Queries werden auf welche Weise abgefragt und visualisiert?
- Wo werden diese Abfragen in anderen Kontexten, wie Webseiten und Anwendungen Dritter, eingebunden oder verarbeitet?
- Welche Themen und Projekte werden in eigenen Social-Media-Kanälen – hier: Saxorum, die offiziellen Accounts der SLUB oder in privaten Kommunikationskanälen von Mitarbeitern und Mitarbeiterinnen – hervorgehoben?
- Welche Datenbestände werden auf welche Weise verknüpft?
- Welche Werkzeuge werden für die Anreicherungen genutzt und ggf. weiterentwickelt?

Strategiegeleitete Antworten auf diese Fragen im Kontext von Saxonica sind die Aufgabe einer Landesbibliothek. Sie können sich jedoch zugleich allen stellen, die selbstständig und laienhaft zu landeskundlichen Themen forschen. Beispiel Wikisource: die Jahrgänge 1853 bis 1899 der illustrierten Zeitschrift *Die Gartenlaube* werden in dem Portal vollständig transkribiert oder auf Basis der OCR korrigiert und mit Wikidata erschlossen.[81]

---

81 Vgl. Bemme 2019a.

Abb. 4: Ausschnitt des Titelblattes von „Die Gartenlaube", Nr. 7/1875.[82]

Abb. 5: Logo des Projekts „Die Datenlaube", basierend auf dem Titelbild von „Die Gartenlaube", Nr. 1/1853.[83]

Ist dieser Aufwand gerechtfertigt? Finden dabei redundante Arbeiten statt, weil Artikeldaten möglicherweise bereits in der Landesbibliografie enthalten sind? Gemäß etablierter Regeln für die regionalbibliografische Erschließung von Texten und Werken ist die Sächsische Bibliografie gegenüber einer zukünftigen Kompletterschließung der Gartenlaube lückenhaft. Demgegenüber ist es trotzdem naheliegend, die dann ohnehin vorhandenen, durch Bürgerinnen und Bürger erstellten historischen Volltexte, die Sachsen betreffen, regional auch zu verzeichnen und damit besser zugänglich zu machen. Wikidata ist als strukturiertes

---

82 https://commons.wikimedia.org/wiki/File:Gartenlaube_top.png (31.05.2020).
83 https://commons.wikimedia.org/wiki/File:Die_Datenlaube.xcf. (31.05.2020).

Datenrückgrat der Wikimediaportale dafür besonders gut geeignet. Ziel ist nun, diese offenen Daten durch definierte Schnittstellen möglichst automatisiert in der traditionellen Sächsischen Bibliografie anzureichern. Der zweite entscheidende Vorteil der Erschließung in Wikidata liegt in den überlegenen Möglichkeiten, solche Daten durch SPARQL-Abfragen ohne großen Aufwand attraktiv zu visualisieren.[84] Der dritte Vorteil ist die offene Nutzbarkeit von Metadaten der Artikel und Illustrationen aus der *Gartenlaube* in allen erdenklichen anderen Anwendungen. Ein solcher Anwendungsfall ist die Erstellung von *Open Educational Resources (OER)* durch Studierende der Universität Leipzig auf Basis von Themen und Texten der *Gartenlaube*.[85] Die Rolle der Bibliotheksmitarbeiter ist dabei eine vermittelnde: Idee, informationstechnische Zusammenhänge, Kontakte (z. B. zur Wikisource-Community), Feedback und Öffentlichkeitsarbeit.

4.5 Stadt-, Regio- und Themen-Wikis

Drei Stadtwikis gibt es in Sachsen: in Dresden, Freital und Görlitz.[86] Diese Wikis zeichnen sich insbesondere durch spezifisches Ortswissen aus, das aufgrund der Relevanzkriterien in der Wikipedia[87] dort möglicherweise nur bedingt oder gar nicht dauerhaft Bestand hätte. Die Auswahl der Themen, die Artikel- und Datenpflege erfolgt ehrenamtlich und ist offen für jeden. Anhand des Stadtwikis Dresden lassen sich Arbeit, Charakter und Selbstbild dieser Bürgerwissenschaftler/-innen neuen Typs i. S. v. Open Citizen Science skizzieren. Diese können mit folgenden Eigenschaften und Themen beispielhaft charakterisiert werden:
– Interesse an Stadt- und Stadtteilgeschichte,
– sammelndes Forschen und Publizieren unter offenen Creative-Commons-Lizenzen,
– individuelles, intrinsisch motiviertes Arbeiten an eigenen offenen Wiki-Artikeln in einem gemeinsamen Wiki, das die institutionelle Klammer bildet, jedoch offenbar ohne ein starkes Bedürfnis an Gemeinschaftserlebnisse vor Ort,

---

84 Vgl. z. B. die Abfrage-basierten Visualisierungen in Erlinger 2019; Munke 2019; Nitzke 2019.
85 Universität Leipzig, Geschichtsdidaktik/HistoDigitaLE im Wintersemester 2019/20, vgl. Wikisource: OER, https://de.wikisource.org/wiki/Wikisource:OER (09.01.2020). Zu den Potenzialen von OER zum Ausbau der didaktischen Rolle von Bibliotheken in der Lehre vgl. Stummeyer 2018.
86 Vgl. Stadtwiki Dresden, Stadtwiki Freital (seit 2015 keine Neuanmeldungen möglich), Stadtwiki Görlitz.
87 Vgl. Art. Relevanzkriterien, in: Wikipedia. Die freie Enzyklopädie. https://de.wikipedia.org/wiki/Wikipedia:Relevanzkriterien (02.01.2020).

– IT- und Datenbankaffinität mit Interesse an Wikidata und der Entwicklung von SPARQL-Abfragen.

Das *umweltWIKI Sachsen* dokumentierte laut Selbstdarstellung das sächsische Umwelt-Engagement seit der friedlichen Revolution im Jahr 1989. Inzwischen ist das Umweltwiki nicht mehr erreichbar, wurde aber wohl teilweise archiviert.[88]

Außerhalb Sachsens ist an Wiki-Vorhaben mit Citizen-Science-Bezug vor allem das GenWiki des Vereins für Computergenealogie zu nennen.[89] Familienforscher stellen dort einerseits relevante Informationen über ihre Arbeit zur Verfügung, andererseits werden einschlägige Bestände serieller Daten wie Adressbücher, Ortsfamilienbücher oder Familienanzeigen transkribiert. In Kooperation mit dem Verein für Computergenealogie[90] und dem Dresdner Verein für Genealogie[91] wird ein gemeinsames Projekt durchgeführt: die Digitalisierung und Erschließung des Dresdner Totengedenkbuchs zum Ersten Weltkrieg, das Informationen zu bis zu 18 000 Gefallenen und an Kriegseinwirkungen Gestorbenen enthalten sollte, aber nie publiziert wurde.[92] Neben den persönlichen Daten wurden u. a. auch Berufswege, Angaben zu militärischen Dienstgraden und zum Einsatz im Ersten Weltkrieg inklusive Auszeichnungen und Verwundungen sowie der Sterbeort, die Todesursache und das Todesdatum abgefragt. Dazu werden die Angehörigen aufgeführt, was den Bestand auch zu einer wichtigen genealogischen Quelle macht – einem zentralen Betätigungsfeld bürgerwissenschaftlichen Forschens. Die Daten sind auf Karteikarten im Sächsischen Staatsarchiv (Hauptstaatsarchiv Dresden – Bestand 11248 Sächsisches Kriegsministerium) und in Angehörigenbriefen im Stadtarchiv Dresden überliefert. Die SLUB hat den Bestand aus dem Hauptstaatsarchiv digitalisiert. Nun werden die Digitalisate in das Datenerfassungssystem des GenWiki übertragen, um anschließend in einem kollaborativen, offenen Projekt transkribiert zu werden.[93] Das Vorhaben zeigt zum Abschluss beispielhaft, wie die Arbeit von Bibliotheken in Kontexten von Open Citizen Science auch aussehen kann: Digitalisierung von Beständen anderer Gedächtniseinrichtungen, Erschließung dieser Bestände im System eines bürgerschaftlichen Vereins bei gleichzeitiger Präsentation in den

---

88 Archive.org: https://web.archive.org/web/20161024110204/http://www.umweltwiki-sachsen.de/wiki/themen/, nachgewiesen auf https://www.buergerschaffenwissen.de/projekt/umweltwiki-sachsen (06.10.2019).
89 http://wiki-de.genealogy.net/Hauptseite (09.01.2020).
90 https://www.compgen.de/ (09.01.2020).
91 https://www.dresdner-verein-fuer-genealogie.de/ (09.01.2020).
92 Hermann 2014.
93 Vgl. Munke 2019a, S. 115–117, auch mit Verweisen auf ähnliche Projekte z. B. des Sächsischen Staatsarchivs – Staatsarchiv Leipzigs.

eigenen Digitalen Sammlungen[94], gemeinsame Netzwerkarbeit im offenen digitalen Raum als Auf- und Ausbau von Kontakten für weitere Vorhaben auch in analogen Räumen.

5 Offene Räume in Bibliotheken

Dieser analoge Raum gewinnt für Bibliotheken gerade im Kontext der digitalen Transformation neue Bedeutung. So werden Bibliotheken im Rahmen aktueller Konzepte zur Informationskompetenz „gerade auch als physischer Ort im Bereich der informellen, offenen und vor allem der selbstgesteuerten Lern- und Arbeits-Settings lokalisiert"[95]. Mitglieder des genannten Dresdner Vereins für Genealogie etwa sind in vielfacher Hinsicht in der SLUB präsent: als Ansprechpartner im Rahmen der Wissensbar-Beratung, als Organisatoren und Referenten von öffentlichen Einführungsvorträgen zur Familienforschung, als Aussteller auf dem jährlichen Markt für Dresdner Geschichte und Geschichten[96] an einem Gemeinschaftsstand mit SLUB-Angestellten und schließlich – neben Wissenschaftlern, Wissenschaftlerinnen und Studierenden – als Beteiligte an internen Workshops zur Ideenfindung für den Relaunch des Internetauftritts der SLUB. Diese Präsenz ist ein Beispiel für den Versuch, den in der SLUB-Strategie verankerten Leitsatz „Menschen machen Bibliotheken. Die SLUB als interaktiver Lern- und Erlebnisraum" mit Leben zu füllen; auch die Bürgerwissenschaften werden im zugehörigen Abschnitt explizit adressiert.[97] So kann im Anschluss an Bocklage, Rübenstahl und Siems „die Bibliothek als Fläche dar[gestellt werden], wo auch andere Akteure Themen bespielen können, die sich mit dem Spektrum der Bibliothek vernetzen lassen und dadurch Mehrwerte generieren"[98].

Bibliotheken bieten öffentlichen Raum in durchaus ganz heterogener Ausprägung: sogenannte Dritte Orte[99] mit Räumen für Begegnungen, Ruhezonen, Raum für individuelle Beratung z. B. in der Wissensbar, Sonderlesesäle, Infotheken, Informationspunkte, Ausstellungsflächen, Carrels, bis zu, nicht unwichtig, Sanitärbereichen. Dieser umbaute Raum definiert Bibliotheken alltagssprach-

---

94 urn:nbn:de:bsz:14-db-id16628617962 (09.01.2020).

95 Bocklage, Rübenstahl & Siems 2016, hier: S. 430. Den titelgebenden Begriff des Kuratierens verwenden die Autor/-innen, ohne ihn im Weiteren näher zu bestimmen.

96 Siehe dazu Kap. 5.2 „Dresdner Geschichtsmarkt".

97 Bonte & Muschalek 2019, S. 14–17, bes. S. 16.

98 Bocklage, Rübenstahl & Siems 2016, S. 433.

99 Art. Dritter Ort, in: Wikipedia. Die freie Enzyklopädie: https://de.wikipedia.org/wiki/Dritter_Ort (09.01.2020).

lich als physische Orte, auch wenn diese klassische Sicht Änderungen erfährt. Und auch aus der Perspektive von Open Citizen Science bieten umbaute Bibliotheksräume dabei Analogien und Verbindungen für datenbasierte Handlungsfelder.

5.1 SLUB-Buchmuseum

Ein Raum innerhalb der SLUB, für den man eine solche Verbindung vielleicht nicht vermuten würde, ist das Buchmuseum. Das Kuratieren von Ausstellungen in klassischer Form, um den vierten Aspekt des Kuratierens nach Obrist zumindest anzureißen, wird in der Bibliothek bereits seit 1935 betrieben.[100] Nicht nur für die SLUB bzw. die Sächsische Landesbibliothek als ihre Vorgängerinstitution handelt(e) es sich hier um ein traditionelles Thema. Auch für andere Bibliotheken war und ist die Ausstellungstätigkeit ein wichtiges Mittel, um Aufmerksamkeit zu generieren.[101] Im Kontext der SLUB-Strategie soll nun dieser Raum geöffnet werden, und zwar als „Experimentierraum für Nutzende für mindestens drei Ausstellungsprojekte bis 2025"[102]. Aktuell geschieht das bereits für die Nutzergruppe der Wissenschaftlerinnen und Wissenschaftler mit einer Ausstellung des Dresdner *Sonderforschungsbereiches 1285 Invektivität*.[103] An der Folgeausstellung im Rahmen des sächsischen *Jahres der Industriekultur* zu den Verbindungen von technischer Bildung ist mit dem Verein für Wissenschaftler und ingenieurtechnische Mitarbeiter Dresden WIMAD e. V. wiederum eine bürgerschaftliche Vereinigung beteiligt. Darüber hinaus bieten die Tätigkeiten in den digitalen Räumen Anknüpfungspunkte – etwa in der Präsentation offener Daten aus Transkriptionsprojekten zur sächsischen Industriekultur wie von Andreas Wagner, der Anreicherung der zugehörigen Datensätze in Wikidata durch interessierte Besucher/-innen oder im interaktiven Einbezug von multimedialen Formaten über Hilfsmittel wie die *Magic Box*[104]. Jenseits des (bürger)wissenschaftlichen Arbeitens bestand am Rande der Ausstellung „Geteilte Erinnerungen: Das Fotoalbum – Gesteckt, geklebt, gepostet" die Möglichkeit, sog. Selfies vor durch die Kuratoren bereitgestellten Hintergründen anzufertigen, die Bilder mit einem festgelegten Hashtag in Sozialen Medien zu posten und damit selbst Teil der

---

100 Zu Geschichte und Perspektiven vgl. zuletzt Bürger 2009; Nitzschke 2009.
101 Zur Ausstellungspraxis in Bibliotheken vgl. grundlegend Hauke 2016.
102 Bonte & Muschalek 2019, S. 25.
103 Ellerbrock 2017.
104 Vgl. Stern 2016 und 2018.

Ausstellung zu werden, da sie im Anschluss als virtuelles Album innerhalb der Ausstellungsräume gezeigt wurden.[105]

5.2 Dresdner Geschichtsmarkt

Eine der sichtbarsten Veranstaltungen in Dresden im Bereich Citizen Science ist der jährlich im Winter stattfindende *Markt für Dresdner Geschichte und Geschichten* als einer „Veranstaltung, bei der ehrenamtliche Historiker die Ergebnisse ihrer Erforschung von Heimatgeschichte vorstellen"[106]. Seit 2018 wird er an der SLUB durchgeführt, zuvor war er neunmal in der Fakultät Informatik der TU Dresden zu Gast. Beide Veranstaltungsorte sind zunächst durch persönliches Engagement der veranstaltenden Vereinsmitglieder begründet. Für die SLUB ist der Markt darüber hinaus von strategischem Interesse, so dass er 2020 zum dritten Mal als Kooperationsveranstaltung stattfindet und die Bibliothek räumliche wie personelle Ressourcen investiert. In der Hauptsache handelt es sich – neben der Begleitung durch SLUB-Mitarbeiter wie durch Teilnehmer in den Sozialen Medien unter dem Hashtag #geschichtsmarkt – noch um eine rein analoge Veranstaltung. Nur wenige der gezeigten Poster finden bisher den Weg an die digitale Öffentlichkeit, was auch am Zuschnitt des aktiven Publikums liegen mag: in der Hauptsache ältere Männer. Hier fehlen noch Konzepte, wie die Beratung des SLUB-Teams zu elektronischem Publizieren stärker wirksam werden kann.

5.3 Makerspace = Citizen Science

Dass Wissen durch selbstständiges Handeln und Forschen entsteht, greift die SLUB seit 2015 mit dem Motto *Wissen kommt von machen!* auf. Es steht seitdem für den SLUB-Makerspace[107] und darüber hinaus für weitere Angebote nicht-textueller Wissensvermittlung, wobei sich die Bibliothek hier „nicht als Dienstleister, sondern als Ort des selbstständigen Arbeitens und der Wissensvermittlung [sieht]"[108]. Über Formate wie Meetups wird auch ein Publikum außerhalb der

---

105 Bove 2018.
106 https://www.geschichtsmarkt-dresden.de/ (09.01.2020). Vgl. knapp Munke & Bemme 2019, S. 190.
107 https://slubdd.de/makerspace (09.01.2020); Vgl. Tiepmar, Mittelbach & Kaiser 2018; Bonte 2016a, S. 85–94. Bisher bleibt die SLUB die einzige wissenschaftliche Bibliothek in Deutschland, die einen solchen Makerspace – hier in Kooperation mit der Technischen Universität Dresden – betreibt; Späth, Seidl & Heinzel 2019, hier: S. 40–41.
108 Tiepmar, Dobeleit & Mittelbach 2019, S. 97.

Universität angesprochen. Daneben greift das 2018 gegründete SLUB TextLab in seiner Selbstbeschreibung die Formel *Makerspace der Worte* auf und sieht sich als „offene Werkstatt für sämtliche Arbeiten am Text"[109], bezieht den Aspekt des Machens also auch auf textuelle Daten zurück – etwa mit Workshops zu in den Digital Humanities verbreiteten Programmiersprachen wie Python und R oder mit Seminarangeboten zur digitalen Edition über XML-basierte Auszeichnungssprachen wie TEI. Den Ausgangspunkt bildeten die kooperativen Angebote von SLUB und Technischer Universität Dresden zur Schreibberatung, die in der Zweigbibliothek Erziehungswissenschaften der Bibliothek eine gemeinsame räumliche Konkretion fanden.[110]

Solche Makerspaces sind Raumangebote. Citizen Science benennt hier eher die Software-Komponenten F&E-orientierter Bürgerwissenschaften. Beide Handlungssphären – Campusbibliothek für Forschung mit Texten und Daten einerseits sowie für Entwicklungen mit Materialien und Daten andererseits – lassen sich als Komplementäre verstehen. Wissen entsteht in beiden Handlungsfeldern z. T. unabhängig und außerhalb akademischer Fachkulturen und tradierter Hierarchien selbstständig durch bürgerwissenschaftliche Fragen, Entwürfe, Prototypen und Produkte. Makerspaces in Bibliotheken bieten insbesondere technische Möglichkeiten, von denen Citizen-Science-Projekte profitieren können. Im Umkehrschluss: Methoden der Bürgerwissenschaften bereichern Makerspaces; beide Handlungsfelder können sich ergänzen, bspw. durch Verbindungen zwischen Campus-Communities und Bürgergesellschaft, durch Selbstorganisation, kollaborative Arbeitsweisen und Strategien des Crowdsourcing. Deutlich wird hier beispielhaft: Die Rolle von Bibliotheken und ihre Beiträge zu bürgerwissenschaftlichen Projekten sind vielfältiger geworden.

6 Leitbild: Open Citizen Science

6.1 Herausforderungen

Eingangs erörterten wir für das Leitbild Open Citizen Science, dass Herausforderungen für Bibliotheken insbesondere darin bestehen, für die Bürgerwissenschaften reale und digitale Räume zu verknüpfen und diverse Zugänge zu ermöglichen. Offenheit und Kollaboration sind Voraussetzung und zugleich Ziel

---

109 Vgl. auch das Blog „SLUB TextLab. Schreiben und Digital Humanities" auf der Plattform Hypotheses, https://textlab.hypotheses.org/ (09.01.2020).
110 Meyer 2018; Santner 2020.

für Forschungsprozesse in der Bürgerwissenschaft. Idealerweise sollten Bibliotheksmitarbeiter/-innen deshalb zugleich Bürgerwissenschaftler/-innen sein, um Wissen für Citizen Science und für offene Bibliotheks- und digitale Arbeitsumgebungen zu vermitteln.

Offene Bürgerwissenschaft, verstanden als handlungsleitendes Paradigma der Bibliotheksarbeit, bewirkt Veränderungen hinsichtlich der Wahrnehmung und Gestaltung der

- Tätigkeitsfelder und Berufsbilder in Bibliotheken,
- Ausbildungsmöglichkeiten und Zusatzqualifikationen,
- interdisziplinären Zugänge von Einsteigern und Einsteigerinnen,
- institutionellen Vernetzung und der Verbindungen zwischen Wissenschaftsinstitutionen, Bildungsträgern und Vereinen der Bürgergesellschaft,
- administrativen Schnittstellen für die Verknüpfung von kommunalen Aufgaben (z. B. OpenGLAM mit städtischen Kulturinstitutionen) und bürgerwissenschaftsnahem Verwaltungshandeln über amts- und institutionelle Grenzen hinweg
- und damit verknüpften Ressourcenkonflikten.

Grundlegend für offene Bürgerwissenschaft sind Bewusstsein und Sensibilität für Openness und die offene digitale Archivierung von Forschungsergebnissen bzw. Forschungsdaten aus Citizen-Science-Projekten. Wissensverluste durch verlorengegangene Wiki-Projekte schwächen über den Datenverlust hinaus das Vertrauen in kollaborative Werkzeuge. Die Bandbreite der digitalen Fähigkeiten in den Bürgerwissenschaften ist groß, sie sind nicht berechenbar verteilt und reichen von Schülern, Schülerinnen und Studierenden als (meist) Digital Natives bis zu Menschen im hohen Alter, die als Digital Immigrants Zugang suchen zu zeitgenössischen Datenquellen. Diese Zuschreibungen sind nicht universell, d. h. in jeder Gruppe finden sich variantenreiche Ausprägungen von Digital Information Literacy. Für die Bibliotheken kann dies bedeuten, sehr individualisiert vorgehen zu müssen, um Bürgerwissenschaftler/-innen zu erreichen und zu begleiten.

6.2 Chancen

Eine Landesbibliothek kann als Vorbild wirken. Das Leitbild *Offene Bürgerwissenschaft* dient dabei als *role model*, für eigene Projekte sowie verstärkend und reflektierend bezüglich offener Methoden und Strategien anderer Akteure in der Landeskunde und darüber hinaus in benachbarten Forschungsgebieten. Wir nutzen Open Citizen Science als programmatischen Ansatz im Referat Saxonica für kuratorische Entscheidungen der Bestandsentwicklung, für die Netzwerkarbeit mit Akteuren der Bürgerwissenschaften, in der Zusammenarbeit mit akademischen Kooperationspartnern, für eigene Publikationen und in der Beratung.

Als Leitbild wurde dieses Paradigma nachträglich formuliert, auf Basis längst beobachtbarer Trends im Bibliotheksbereich und eigener Projekterfahrungen. Offene Kulturdaten, deren Nutzung und Pflege bspw. in Wikidata-Anwendungen, sind rückblickend auf diese Weise für uns in der SLUB zu einem neuen landesbibliothekarischen Handlungsfeld geworden, das die Zusammenarbeit mit Bibliotheksnutzern vertieft, die unsere Bibliothek digital bisher z. B. nur von Zuhause aus nutzen. Wissenschaftskommunikation sehen wir als integrales Element dieses Paradigmas. Dazu gehören Webseiten, Social Media, Ausstellungsposter in Open-Access-Repositorien, Vorträge, persönliche Präsenz in relevanten Fachdiskussionen der genutzten Wikimedia-Portale und auf externen Veranstaltungen, eigene Blogposts und Gastbeiträge in Publikationen Dritter, Aufsätze und populärwissenschaftliche Artikel.

Als formuliertes Leitbild vermuten wir über die Landeskunde hinaus, dass andere Kultur- und Gedächtnisinstitutionen sich an Strategien auf Basis von Open Citizen Science orientieren werden. Fokus unserer Arbeit ist es, Open-Science-Methoden in Verbindung mit Saxonica landesweit zu stärken. Als Partner dienen uns dabei Menschen wie Andreas Wagner, deren Enthusiasmus andere anstecken kann:

> Durch Zufall hier gelandet, denn meine Freundin hat eine ganze Stange alte Gesetzbücher vor der Vernichtung bewahrt. Diese wurden im Rahmen einer Gemeindereform aussortiert und sollten weggeworfen werden. Nun stehen sie in einem Schrank und sie stellten eine Herausforderung dar, denn das muss ja einen Sinn gehabt haben, diese Bücher zu retten. Vor zwei Jahren begann ich damit, die Bücher einzuscannen, ich dachte mir, vielleicht kann ich die Scans irgendwie verwerten. [...] Vor einiger Zeit dann bin ich durch Zufall auf die Wikisource gestoßen, und die ganze Sache bekam einen Sinn. [...] Jeder kommt an alte Bücher ran, jeder hat einen Rechner zu Hause, mit Prozessoren, irre schnell und mit gigantischen Speichern. Scannt ein wie die Teufel, transkribiert und korrigiert, was das Zeug hält![111]

Ein Aufruf, dem wir uns als Bibliotheksmitarbeiter wie als (Bürger-)Wissenschaftler gern anschließen.

---

111 Vgl. Wikisource: Benutzer: A. Wagner, https://de.wikisource.org/w/index.php?title=Benutzer:A._Wagner&oldid=203709 (05.09.2007).

Literatur

Allison-Cassin, Stacy & Scott, Dan (2018). Wikidata: a platform for your library's linked open data. Code4Lib Journal, 2018(40). https://journal.code4lib.org/articles/13424

Audunson, Ragnar, Hobohm, Hans-Christoph & Tóth, Maté (2019): ALM in the public sphere: how do archivists, librarians and museum professionals conceive the respective roles of their institutions in the public sphere? Information Research 24(4). http://informationr.net/ir/24-4/colis/colis1917.html

Bartholmei, Stephan (2019). Fünf Jahre zurück, vier Jahre im Blick – Coding da Vinci entwickelt sich. Dialog mit Bibliotheken 31(1), 10–13. urn:nbn:de:101-2019021827

Bartholmei, Stephan (2014). Der erste deutsche Kultur-Hackathon *Coding da Vinci*. Dialog mit Bibliotheken 26(2), 9–15. urn:nbn:de:101-2015030914

Beagrie, Neil (2006). Digital Curation for Science, Digital Libraries, and Individuals. The International Journal of Digital Curation 1(1), 3–16. DOI:10.2218/ijdc.v1i1.2

Bemme, Jens (2019). ¡Feliz cumpleaños! Wikidata wird 7 – mit Geschenken „made by the community". SLUBlog, 29. Oktober 2019. https://blog.slub-dresden.de/beitrag/2019/10/29/feliz-cumpleanos-wikidata-wird-7-mit-geschenken-made-by-the-community/

Bemme, Jens (2019a). Hilfe für die Datenlaube: mit [[Wikisource+Wikidata]] die freie Quellensammlung verbessern. In: Wikimedia Deutschland Blog, 16. Oktober 2019. https://blog.wikimedia.de/2019/10/16/hilfe-fuer-die-datenlaube-mit-wikisourcewikidata-die-freie-quellensammlung-verbessern/

Bemme, Jens & Munke, Martin (2019). Offene Daten und die Zukunft der Bürgerforschung in Wissenschaftlichen Bibliotheken. In: Thomas Bartoschek, Daniel Nüst & Mario Pesch (Hrsg.), Forum Citizen Science 2019. Die Zukunft der Bürgerforschung (S. 27–39). Münster. DOI: 10.17605/OSF.IO/QHRC4

Bemme, Jens & Munke, Martin (2019a). Die Zukunft der Bürgerforschung – Rückblick auf das Forum Citizen Science 2019. In: Saxorum. Blog für interdisziplinäre Landeskunde in Sachsen, 11. Oktober 2019. https://saxorum.hypotheses.org/2905

Bismarck, Beatrice von (2004). Curating. In: Christoph Tannert & Ute Tischler (Hrsg.), Men in Black. Handbuch der kuratorischen Praxis (S. 108.–110). Berlin.

Bocklage, Thorsten, Rübenstahl, Julia & Siems, Renke (2016). Informationskompetenz als Kuratieren von Wissensräumen. In: Wilfried Sühl-Strohmenger (Hrsg.), Handbuch Informationskompetenz (S. 427–438), 2., überarb. Aufl. Berlin. DOI: 10.1515/9783110403367-041

Bonn, Aletta, Richter, Anett, Vohland Kathrin et al. (2016). Grünbuch Citizen Science Strategie 2020 für Deutschland. Berlin. urn:nbn:de:101:1-20160621985

Bonte, Achim (2016). Aus Sachsen in die Welt – das sächsische Landesdigitalisierungsprogramm. In: Andreas Degkwitz (Hrsg.), Bibliothek der Zukunft – Zukunft der Bibliothek (S. 10–23). Festschrift für Elmar Mittler. Berlin/Boston. DOI:10.1515/9783110464016-003

Bonte, Achim (2016a): Vorstoß in neue Wissensräume. Makerspaces im Leistungsangebot wissenschaftlicher Bibliotheken. In: Konrad Umlauf, Klaus Ulrich Werner & Andrea Kaufmann (Hrsg.), Strategien für die Bibliothek als Ort (S. 85–94). Festschrift für Petra Hauke. Berlin. DOI:10.1515/9783110481037-006

Bonte, Achim & Muschalek, Antonie (Hrsg.) (2019). Wissen teilen – Menschen verbinden. SLUB 2025. Strategie der Sächsischen Landesbibliothek – Staats- und Universitätsbibliothek Dresden. Dresden. urn:nbn:de:bsz:14-qucosa2-357501

Bove, Jens (2018). Ausstellungseröffnung „Geteilte Erinnerungen: Das Fotoalbum – Gesteckt, geklebt, gepostet". In: SLUBlog, 11. Oktober 2018. https://blog.slub-dresden.de/beitrag/2018/10/11/ausstellungseroeffnung-geteilte-erinnerungen-das-fotoalbum-gesteckt-geklebt-gepostet/

Bunge, Eva (2019). Wie viel Naturwissenschaft braucht die Bibliothek? Scientific Literacy und Citizen Science in Öffentlichen Bibliotheken. In: Petra Hauke (Hrsg.): Öffentliche Bibliothek 2030. Herausforderungen – Konzepte – Visionen (S. 241–250). Bad Honnef DOI:10.18452/20190

Bunge, Eva (2017). Citizen Science in der Bibliotheksarbeit. Möglichkeiten und Chancen. Wiesbaden.

Bürger, Thomas (2015). Von der Schatzkammer zur digitalen Informationsinfrastruktur. Herausforderungen an die Bibliotheken. In: Katharina Hoins & Felicitas von Mallinckrodt (Hrsg.), Macht. Wissen. Teilhabe. Sammlungsinstitutionen im 21. Jahrhundert (S. 63–70). Bielefeld. DOI:10.14361/9783839432556-004

Bürger, Thomas (2009). Das Buchmuseum im Google-Zeitalter. Entwicklungen und Möglichkeiten. In: Stephanie Jacobs (Hrsg.), Zeichen – Bücher – Wissensnetze. 125 Jahre Deutsches Buch- und Schriftmuseum der Deutschen Nationalbibliothek (S. 214–220). Göttingen.

Ceynowa, Klaus (2015). Vom Wert des Sammelns und vom Mehrwert des Digitalen. Verstreute Bemerkungen zur gegenwärtigen Lage der Bibliothek. Bibliothek. Forschung und Praxis 39(3), 268–276. DOI:10.1515/bfp-2015-0042

Ellerbrock, Dagmar et al. (2017). Invektivität – Perspektiven eines neuen Forschungsprogramms in den Kultur- und Sozialwissenschaften. Kulturwissenschaftliche Zeitschrift 2(1), 2–24. DOI:10.2478/kwg-2017-0001

Erlinger, Christian (2019). Sächsische Ortsdaten in der Linked Open Data Cloud: Teilautomatisierte Anreicherung und Analyse der HOV-ID in Wikidata, In: Saxorum. Blog für interdisziplinäre Landeskunde in Sachsen, 5. Oktober 2019. https://saxorum.hypotheses.org/2917

Finke, Peter (Hrsg.) (2015). Freie Bürger, freie Forschung. Die Wissenschaft verlässt den Elfenbeinturm, München.

Finke, Peter (2014). Citizen Science. Das unterschätzte Wissen der Laien. Mit einem Nachwort von Ervin Laszlo, München.

Fischer, Barbara (2019). Coding da Vinci oder für eine Renaissance der Allmendekultur mit digitalen Mitteln. In: Lorenz Pöllmann & Clara Herrmann (Hrsg.), Der digitale Kulturbetrieb. Strategien, Handlungsfelder und Best Practices des digitalen Kulturmanagements (S. 415–430). Wiesbaden. DOI: 10.1007/978-3-658-24030-1_19

Führendes System, in: Wikipedia. Die freie Enzyklopädie. https://de.wikipedia.org/wiki/Führendes_System

Georgy, Ursula (2019). Möglichkeiten des Crowdsourcings in Bibliotheken durch Digitalisierung. In: Stephan Büttner (Hrsg.), Die digitale Transformation in Institutionen des kulturellen Gedächtnisses. Antworten aus der Informationswissenschaft (S. 95–110). Berlin.

Georgy, Ursula (2018). Open Innovation und Crowdsourcing. Das Management von Offenheit. In: Frauke Schade & Ursula Georgy (Hrsg.), Praxishandbuch Informationsmarketing: Konvergente Strategien, Methoden und Konzepte (S. 183–198), Berlin/Boston. DOI:10.1515/9783110539011-013

Graf, Nicole (2016). Sie wussten mehr! Vielen Dank! „Offenes" Crowdsourcing im Bildarchiv der ETH-Bibliothek. In: Andreas Bienert & Benjamin Flesser (Hrsg.), Konferenzband EVA Berlin 2016. Elektronische Medien & Kunst, Kultur und Historie (S. 163–168). Berlin.

Hauke, Petra (Hrsg.) (2016). Praxishandbuch Ausstellungen in Bibliotheken, Berlin. DOI:10.1515/9783110475043

Hermann, Konstantin (2014). Das Dresdner Totengedenkbuch 1914–1918. Mitteilungen des Vereins für Sächsische Landesgeschichte e. V. 12(2014), S. 28–45.

Hermann, Konstantin & Munke, Martin (2018). „Retten – bergen – helfen!" Historische Quellen zur Geschichte der sächsischen Feuerwehren digital. In: SLUBlog, 10. November 2018. https://blog.slub-dresden.de/beitrag/2018/11/10/retten-bergen-helfen-historische-quellen-zur-geschichte-der-saechsischen-feuerwehren-digital/

Ignat, Tiberius, Cavalier, Darlene & Nickerson, Caroline. (2019). Citizen Science and Libraries: Waltzing towards a collaboration. Mitteilungen der Vereinigung Österreichischer Bibliothekarinnen und Bibliothekare 72(2), 328–336. DOI: 10.31263/voebm.v72i2.304

Kempf, Klaus (2014). Bibliotheken ohne Bestand? Bestandsaufbau unter digitalen Vorzeichen. Bibliothek. Forschung und Praxis 38(3), 365–397. DOI:10.1515/bfp-2014-0057

Kluttig, Thekla (2018). Zur Beteiligung von Archiven am Kultur-Hackathon Coding da Vinci. Ein Bericht und sechs Anmerkungen. Sächsisches Archivblatt. Mitteilungen des Sächsischen Staatsarchivs 2018(2), 23–24.

Koch, Gertraud (2019). Zur *Datafication* der Wissensproduktion in der qualitativen Forschung. In: Jens Klingner & Merve Lühr (Hrsg.), Forschungsdesign 4.0. Datengenerierung und Wissenstransfer in interdisziplinärer Perspektive (S. 180–195). Dresden. DOI:10.25366/2019.14

Kreutzer, Till (2016). Open Content. Ein Praxisleitfaden zur Nutzung von Creative-Commons-Lizenzen, 2. Aufl., Bonn 2016. https://upload.wikimedia.org/wikipedia/commons/c/cd/Open_Content_-_Ein_Praxisleitfaden_zur_Nutzung_von_Creative-Commons-Lizenzen.pdf

Kuwalik, Bernd (2016). Digitales Kuratieren – und dann? In: Andreas Bienert & Benjamin Flesser (Hrsg.), Konferenzband EVA Berlin (S. 75–82). Elektronische Medien & Kunst, Kultur und Historie, Berlin.

Letocha, Michael (2006). Vom Versuch einer Litteratur der sächsischen Geschichte zur Sächsischen Bibliographie. Geschichte der landeskundlichen Bibliographien in Sachsen. In: Ludger Syré & Heidrun Wiesenmüller (Hrsg.), Die Regionalbibliographie im digitalen Zeitalter. Deutschland und seine Nachbarländer (S. 349–366). Frankfurt am Main.

Letocha, Michael (2003). Sächsische Bibliographie im digitalen Zeitalter. Neues Archiv für sächsische Geschichte 74/75 (2003/2004), 455–460.

Lohmeier, Felix & Jens Mittelbach (2014). Offenheit statt Bündniszwang, Zeitschrift für Bibliothekswesen und Bibliographie 61(4/5), 209–215. DOI:10.3196/1864295014614554

Marcum, Deanna (2014). Archives, Libraries, Museums: Coming Back Together? Information & Culture. A Journal of History 49(1), 74–89. DOI:10.7560/IC49105

Matzke, Judith & Munke, Martin (2020). Landesgeschichte und Soziale Medien. Eine Annäherung aus sächsischer Perspektive. In: Hessisches Jahrbuch für Landesgeschichte 70, S. 255-284.

Meyer, Julia (2018). Kafka im Makerspace. Kooperation in der akademischen Schreibberatung. In: Achim Bonte & Julia Rehnolt (Hrsg.), Kooperative Informationsinfrastrukturen als Chance und Herausforderung. Festschrift für Thomas Bürger zum 65. Geburtstag (S. 289–301), Berlin. DOI:10.1515/9783110587524-032

Meyer, Julia & Munke, Martin (2018). Digitale Landeskunde für Sachsen. Programme und Projekte an der SLUB Dresden. Bibliotheksdienst 52(2), 106–119. DOI:10.1515/bd-2018-0015

Mietchen, Daniel (2018). A wiki approach to collecting, curating and managing citizen science data, ScidataCon 2018, Gaborone, Botswana, 5.–8. November 2018. DOI:10.5281/zenodo.2560019

Mittelbach, Jens (2013). Eine Wissensbar für die SLUB Dresden. Informationsvermittlung als echte Dienstleistung, BIS 6(3), 180–183. URN: nbn:de:bsz:14-qucosa-130389

Mittelbach, Jens & Muschalek, Antonie (2015). Wissensbar. Experten beraten passgenau. SLUB Dresden bietet mit der Wissensbar ein personalisiertes Beratungsangebot. In: BuB – Forum Bibliothek und Information 67(6), 374–376.

Munke, Martin (2019). Historische Orte mit offenen Daten: HOV + Wikidata. In: Saxorum. Blog für interdisziplinäre Landeskunde in Sachsen, 16. August 2019. https://saxorum.hypotheses.org/2775

Munke, Martin (2019a). Citizen Science/Bürgerwissenschaften. Projekte, Probleme, Perspektiven am Beispiel Sachsen. In: Jens Klingner & Merve Lühr (Hrsg.), Forschungsdesign 4.0. Datengenerierung und Wissenstransfer in interdisziplinärer Perspektive (S. 107–124). Dresden. DOI:10.25366/2019.11

Munke, Martin (2019b). Landesbibliographie und Citizen Science. Kooperationsmöglichkeiten für Bibliotheken und Wiki-Communities am Beispiel der Sächsischen Bibliografie. In: Maria Elisabeth Müller, Ulrich Hagenah & Lars Jendral (Hrsg.), Regionalbibliographien: Forschungsdaten und Quellen des kulturellen Gedächtnisses. Liber amicorum für Ludger Syré (S. 195–207). Hildesheim.

Munke, Martin (2018). Gemeinsam Wissen schaffen. Vernetzte Beiträge von wissenschaftlichen Bibliotheken und Wiki-Communitys für eine digitale Landeskunde. In: Achim Bonte & Julia Rehnolt (Hrsg.), Kooperative Informationsinfrastrukturen als Chance und Herausforderung. Festschrift für Thomas Bürger zum 65. Geburtstag (S. 302–316). Berlin. DOI:10.1515/9783110587524-033

Munke, Martin & Bemme, Jens (2019). Bürgerwissenschaften in wissenschaftlichen Bibliotheken. Strategie- und kooperative Projektarbeit, Investitionen in offene Kulturdaten und in Anwenderwissen. o-bib. Das offene Bibliotheksjournal 6(4), 178–203. DOI: 10.5282/o-bib/2019H4S178-203

Munke, Martin & Bemme, Jens (2019a). Macht Citizen Science glücklich? Bürgerwissenschaft in wissenschaftlichen Bibliotheken. In: Bürger Künste Wissenschaft. Citizen Science in Kultur und Geisteswissenschaften, 12. März 2019. https://bkw.hypotheses.org/1468

Nassehi, Armin (2016). Digitalisierung der Gesellschaft oder Digitalisierung in der Gesellschaft. In: Medienkorrespondenz, 29. Oktober 2016. https://www.medienkorrespondenz.de/leitartikel/artikel/digitalisierung-der-gesellschaft-oder-digitalisierung-in-dernbspgesellschaft.html

Neubert, Joachim (2017). Wikidata as a linking hub for knowledge organization systems? Integrating an authority mapping into Wikidata and learning lessons for KOS mappings. In: Philipp Mayr et al. (Hrsg.), Proceedings of the 17th European Networked Knowledge Organization Systems Workshop (NKOS 2017), Thessaloniki, Greece, September 21st, 2017, 14–25. http://ceur-ws.org/Vol-1937/paper2.pdf

Neubert, Joachim (2014). Linked Open Data und die Bibliothekspraxis. Zeitschrift für Bibliothekswesen und Bibliographie 61 (2), 59–67. DOI:10.3196/186429501461217

Neudecker, Clemens & Rehm, Georg (2016). Digitale Kuratierungstechnologien für Bibliotheken. 027.7. Zeitschrift für Bibliothekskultur 4(2), 104–116. DOI:10.12685/027.7-4-2-158

Nitzke, Solvejg (2019). Sachsens arboreale Merkwürdigkeiten, oder: Wie man Geschichte(n) verwurzelt. In: Saxorum. Blog für interdisziplinäre Landeskunde in Sachsen, 24. Mai 2019. https://saxorum.hypotheses.org/2396

Nitzschke, Katrin (2009). Bibliotheken als Kunstsammlungen. Das Buchmuseum der SLUB gestern und heute. BIS. Das Magazin der Bibliotheken in Sachsen 2(4), 250–253, URN: nbn:de:bsz:14-qucosa-25828

Nutzungsbestimmungen für die Digitalen Sammlungen mit Stand vom 1. Oktober 2019. https://nutzungshinweis.slub-dresden.de

Obrist, Hans Ulrich & Raza, Asad (2015). Kuratieren! München.

Pohl, Adrian Pohl & Danowski, Patrick (2014). Linked Open Data in der Bibliothekswelt – Überblick und Herausforderungen. In: Rolf Griebel, Hildegard Schäffler & Konstanze Söllner (Hrsg.), Praxishandbuch Bibliotheksmanagement (S. 392–409). Berlin. DOI:10.1515/ 9783110303261.392

Programmierschnittstelle, In: Wikipedia. Die freie Enzyklopädie. https://de.wikipedia.org/ wiki/Programmierschnittstelle

Reiterer, Harald et al. (2016). Blended Library – neue Zugangswege zu den Inhalten wissenschaftlicher und öffentlicher Bibliotheken. Bibliothek. Forschung und Praxis 40 2016(1), 7–20. DOI:10.1515/bfp-2016-0010.

Relevanzkriterien. In: Wikipedia. Die freie Enzyklopädie. https://de.wikipedia.org/wiki/Wikipedia:Relevanzkriterien

Rück, Nicolas (2018). Digitalisierte Geschichte: Zurück zur Quelle mit Wikisource; Teil 1, in: Wikimedia Deutschland Blog, 24. September 2018. https://blog.wikimedia.de/2018/09/ 24/digitalisierte-geschichte-zurueck-zur-quelle-mit-wikisource-teil-1/; Teil 2, in: Ebd., 1. Oktober 2018. https://blog.wikimedia.de/2018/10/01/digitalisierte-geschichte-zurueck-zur-quelle-mit-wikisource-teil-2/

Sabharwal, Arjun (2015). Digital Curation in the Digital Humanities. Preserving and Promoting Archival and Special Collections, Waltham, MA.

Sachsen.digital. https://sachsen.digital

Santner, Anita (2020). Das SLUB TextLab: Offene Werkstatt für analoge und digitale Textarbeit. Bibliothek. Forschung und Praxis 44(2), 148-157. DOI:10.1515/bfp-2020-2092

SLUB TextLab (o.J.). Schreiben und Digital Humanities. https://textlab.hypotheses.org/

Späth, Katharina, Seidl, Tobias & Heinzel, Viktoria (2019). Verbreitung und Ausgestaltung von Makerspaces an Universitäten in Deutschland. In: o-bib. Das Offene Bibliotheksjournal 6 (3), 40–55. DOI:10.5282/o-bib/2019H3S40-55

Stäcker, Thomas (2019). Die Sammlung ist tot, es lebe die Sammlung! Die digitale Sammlung als Paradigma moderner Bibliotheksarbeit. Bibliothek. Forschung und Praxis 43(2), 304–310. DOI:10.1515/bfp-2019-2066.

Stadtwiki Dresden. http://www.stadtwikidd.de/

Stadtwiki Freital. http://stadtwiki.fuer-freital.de

Stadtwiki Görlitz. https://www.stadtwiki-goerlitz.de/

Stern, Thomas (2016). It's a kind of magic. Visualisierte Schätze im Foyer der SLUB Dresden. BIS. Das Magazin der Bibliotheken in Sachsen 9(2), 94–95. URN: nbn:de:bsz:14-qucosa2-76154

Stern, Thomas (2018). MagicBox im Buchmuseum – analog und digital auf einen Blick. In: SLUBlog, 29. September 2018. https://blog.slub-dresden.de/beitrag/2018/09/29/magicbox-im-buchmuseum-analog-und-digital-auf-einen-blick/

Stummeyer, Sabine (2018). OER – Open Educational Resources: Chancen für wissenschaftliche Bibliotheken durch den Einsatz von freien Lehr- und Lernmaterialien in der Hochschullehre. In: Frauke Schade & Ursula Georgy (Hrsg.), Praxishandbuch Informationsmarketing: Konvergente Strategien, Methoden und Konzepte (S. 303–318). Berlin. DOI:10.1515/9783110539011-020

Tiepmar, Jonas, Dobeleit, Daniela & Mittelbach, Jens (2019). Making als Bestandteil einer Smart Library. Möglichkeiten zur Weiterentwicklung von Bibliotheken. In: Linda Freyberg & Sabine Wolf (Hrsg.): Smart Libraries – Konzepte, Methoden und Strategien (S. 95–107). Wiesbaden.

Tiepmar, Jonas, Mittelbach, Jens, Kaiser, Melanie et al. (2018). Wissen kommt von Machen. Zukunftsgestaltung in wissenschaftlichen Bibliotheken im Zeitalter der Digitalisierung. Bibliothek – Forschung und Praxis 42(1), 69–82. DOI:10.1515/bfp-2018-0009

Vohland, Katrin & Göbel, Claudia (2017). Open Science und Citizen Science als symbiotische Beziehung? Eine Gegenüberstellung von Konzepten. TATuP. Zeitschrift für Technikfolgenabschätzung in Theorie und Praxis 26(1/2), 18–24. DOI:10.14512/tatup.26.1-2.18

Wikimedia Deutschland e. V./Open Knowledge Foundation Deutschland e. V. (2019). ABC der Offenheit, Berlin 2019. https://commons.wikimedia.org/wiki/File:ABC_der_Offenheit_-_Broschüre_(2019).pdf

Alle Internetquellen wurden, wenn nicht anders angegeben, zuletzt am 14.06.2020 aufgerufen.

Teil V: **Räume kuratieren**

Tim Leik

„Am Wochenende könnt ihr den Schlüssel haben!" – Die Sonntagsöffnung in der AGB

Seit dem 24. September 2017 öffnet die Amerika-Gedenkbibliothek (AGB) – einer von zwei öffentlichen Standorten der Zentral- und Landesbibliothek Berlin (ZLB) – auch sonntags die Türen. Was aber ist das Besondere daran, dass eine (öffentliche) Bibliothek sonntags öffnet? Theater und Museen als weitere Einrichtungen der kommunalen Kultur- und Bildungslandschaft haben schließlich ebenfalls am Sonntag geöffnet. Und was hat die Erwähnung dieses Umstands überhaupt mit dem Thema zu tun, Bibliotheken als Orte kuratorischer Praxis zu untersuchen?

Hierauf ließe sich als Antwort formulieren: Das Besondere, oder vielmehr das Eigentümliche, besteht zunächst darin, dass die Amerika-Gedenkbibliothek als Öffentliche Bibliothek – anders als andere öffentliche Kultureinrichtungen und auch Wissenschaftliche (Präsenz-)Bibliotheken – sonntags *per se* nicht öffnen darf. Vor diesem Hintergrund muss der Umstand, dass die AGB in Berlin die Türen sonntags trotz des geltenden Arbeitszeitgesetzes öffnet, als ein erster Anhaltspunkt für die Einlösung des kuratorischen Anspruchs gelten, die Programmatik radikal nutzerorientiert zu gestalten. Denn die Frage, ob der Bedarf überhaupt vorhanden ist und die Besucher und Besucherinnen sonntags die Bibliothek genauso stark nutzen wie unter der Woche, ist angesichts der stetig wachsenden Besucherzahlen an Sonntagen mittlerweile rein rhetorischer Natur. Wem der Verweis auf die Statistiken noch zu abstrakt sein mag, der sei dazu eingeladen, sich an einem Sonntag kurz vor Öffnung des Hauses in Berlin-Kreuzberg selbst zu überzeugen: Meistens ist die Menschentraube, die auf Einlass in die Bibliothek wartet, schon von Weitem zu erkennen.

Aber wie gelingt es der ZLB, jeden Sonntag dieses Angebot zu unterbreiten, das den allermeisten anderen Öffentlichen Bibliotheken in Deutschland aufgrund der Gesetzeslage verwehrt bleibt?[1] Der bildlich gesprochene Türöffner zur Ermöglichung dieser Praxis findet sich ebenfalls im Deutschen Arbeitszeitgesetz wieder: In Paragraph 10, Abschnitt 5 ist geregelt, dass Personal auch an Sonnta-

---

1 In der deutschen Bibliothekslandschaft haben neben der ZLB die Stadtbibliothek Mönchengladbach und die Stadtbibliothek Köln sonntags ebenfalls geöffnet. Im Oktober 2019 hat der Landtag in Nordrhein-Westfalen als erstes Bundesland ein Bibliotheksstärkungsgesetz verabschiedet, das es Öffentlichen Bibliotheken in NRW erlaubt, an Sonntagen zu öffnen. Dabei gilt jedoch weiterhin das Arbeitszeitgesetz, so dass sonntags in den Öffentlichen Bibliotheken in NRW keine bibliothekarische Beratung angeboten werden darf.

https://doi.org/10.1515/9783110673722-014

gen und Feiertagen zum Einsatz kommen darf, wenn es sich um „Musikaufführungen, Theatervorstellungen, Filmvorführungen, Schaustellungen, Darbietungen und andere ähnliche Veranstaltungen" handelt.[2] Vom Gesetzgeber ist damit das Ermöglichen von gesellschaftlicher und sozialer Teilhabe gewünscht. Konkret bedeutet dies für den allsonntäglichen Betrieb, dass die AGB lediglich wegen der Ausrichtung von Veranstaltungen öffnen darf. Damit wären wir dann auch gleich auf den sprichwörtlichen Pferdefuß dieses Modells gestoßen: Das Bibliothekspersonal darf in der Regel sonntags nicht vor Ort sein. Ein dem Zynismus zugeneigter Mensch könnte jetzt einwerfen, dass ein Partizipationskonzept doch gar nicht radikaler umzusetzen geht: An Sonntagen ist kein Bibliothekspersonal vor Ort und somit verfügen die Besucherinnen und Besucher über die vollständige Deutungshoheit, welches Veranstaltungsprogramm stattfindet!

Mit Blick auf den Stellenwert der Nutzerbeteiligung liegt die Messlatte zwar keineswegs niedriger, die Ausgangslage stellt sich aber doch etwas komplexer dar. Wir sehen uns hierbei der Ambivalenz gegenüber, dass das Arbeitszeitgesetz zugleich Ermöglicher und Verhinderer ist. Es ermöglicht einerseits, dass die AGB an Sonntagen durch die Ausrichtung von Veranstaltungen überhaupt öffnen darf, zugleich verhindert es, dass die Bibliothek mit einer bibliothekarischen Beratung den Nutzerinnen und Nutzern ein essenzielles, konturstiftendes Angebot unterbreiten kann. Nicht zuletzt deshalb ist die Anpassung des Arbeitszeitgesetzes – in der langfristigen Perspektive betrachtet – notwendig.

1 Das *sonntagsbureau* als kuratorischer Repräsentant der Bibliothek

Nachdem zu Beginn das Augenmerk eher auf die gesetzlichen Rahmenbedingungen für die Ausrichtung der Sonntagsöffnung und der daraus resultierenden Programmatik gelegt wurde, zoomen wir jetzt in der Erkenntnisperspektive eine Ebene tiefer: mitten in die Programmereignisse und hin zu den Akteurinnen und Akteuren, die das Programm gestalten.

Das Bibliothekspersonal ist, wie bereits erwähnt, sonntags nicht vor Ort. An dieser Stelle wird es Zeit, das *sonntagsbureau* vorzustellen. Hinter dem Namen verbirgt sich ein Kollektiv aus Kunst- und Kulturschaffenden aus der Freien Kunstszene Berlins. Konkret sind dies Teena Lange und Bettina Sund als leiten-

---

2 Siehe Arbeitszeitgesetz vom 6. Juni 1994 (BGBl. I, S. 1170–1171), das zuletzt durch Artikel 12a des Gesetzes vom 11. November 2016 (BGBl. I, S. 2500) geändert worden ist.

de Kuratorinnen und ein interdisziplinäres Team um diese beiden herum.[3] Als Partner kuratiert und organisiert das *sonntagsbureau* das Programm im Auftrag der ZLB. Was auf den ersten Blick als Notlösung anmutet (anstelle des Bibliothekspersonals machen nun externe Dritte das Programm), birgt bei näherem Hinsehen ein enormes Potenzial. Das Kernteam des sonntagbureaus sowie weitere Mitarbeiter/-innen bereichern das Angebot nicht nur durch ihr eigenes dichtes Kreativ-Netzwerk, sondern auch durch den interdisziplinären Blickwinkel, der dem Programm zugrunde liegt.[4]

Abb. 1: Das sonntagsbureau steht für neue Ideen zur Verfügung. Foto: ZLB, Vincent Mosch.

Die Zusammenarbeit der ZLB mit dem *sonntagsbureau* ist dabei das Resultat eines Wettbewerbsverfahrens, das 2017 stattgefunden hatte. In diesem kreativen Wettstreit mit anderen konnte das *sonntagsbureau* die Auswahljury mit seinem vorgestellten kuratorischen Konzept überzeugen. Dabei ist bemerkenswert, dass das *sonntagsbureau* anlässlich des von der ZLB ausgeschriebenen Wettbewerbs zur Sonntagsöffnung erst gegründet worden ist.

---

3 Beim Aufbau des Programms und beim Kuratieren in den ersten zwei Jahren war auch Wanda Dubrau als dritte Leitungskraft involviert. Seit Ende 2019 hat sie ihren Arbeitsschwerpunkt nach Gießen verlagert und ist lediglich noch punktuell an der Ausrichtung des Programms beteiligt.
4 Neben der Tätigkeit für das sonntagsbureau leitet Teena Lange unter anderem als freie Kuratorin die Galerie grüntaler9 für Performancekunst und ist Mitglied im Rat der Künste. Bettina Sund arbeitet außerdem als Übersetzerin und baut im Rahmen eines EU-Projekts eine alte Schule zu einer „Public School" mit auf, einem alternativen Lernort für alle Lebensalter und Kulturzentrum in Lobbese (Brandenburg).

Wie sieht der Veranstaltungsrahmen nun konkret aus? Grundsätzlich findet an 50 Sonntagen im Jahr, außer an Ostern und Pfingsten, Programm statt: je nach Jahreszeit und jeweiliger Programmstruktur zwischen sechs und zehn Veranstaltungen, darunter Workshops, Konzerte, Performances, Lesungen, Shared Reading, Kindertheater, Geschichtenerzählungen u. v. a. m. Es gibt Angebote sowohl für Erwachsene als auch für Kinder. Insbesondere Familien und Berufstätige kommen in großer Zahl explizit an Sonntagen in die Bibliothek, weil ein Besuch während der Woche oftmals schwer mit anderen Verpflichtungen vereinbar ist.

Doch welche inhaltlichen Prämissen liegen dieser Programmgestaltung im Detail zugrunde? Programmatischer Dreh- und Angelpunkt ist die partizipative Ausrichtung. Nach dem Motto „Hier habt ihr die Schlüssel zur Bibliothek – macht das Beste draus!", ist die Stadtgesellschaft eingeladen, das Programm so mitzugestalten, wie sie es sich für die Bibliothek wünscht.

Da im Folgenden der Begriff „Partizipation" im Fokus stehen wird, sei folgende Bemerkung vorausgeschickt: So unstrittig das Ziel einer beteiligungsorientierten Ausrichtung im Lichte eines zeitgemäßen Kultur- und Bildungsverständnisses sein mag, so unscharf wäre aber der Begriff Partizipation, wenn man mit ihm nicht ein dezidiertes Verständnis formulieren würde. In diesem Sinne werden hier zunächst zwei Ebenen voneinander abgegrenzt: erstens das Einbeziehen von Nutzerinnen und Nutzern im Rahmen der Programmplanung im Vorfeld und zweitens die Beteiligungsmöglichkeit für alle Besucher/-innen bei den Programmformaten sonntags vor Ort.

Zunächst zur ersten Ebene etwas konkreter: Entscheidend ist hier die Frage, mit welcher Methodik die Einladung an die Stadtgesellschaft ausgesprochen wird, sich zu beteiligen. In diesem Zusammenhang bietet das *sonntagsbureau* jeden Sonntag als Format die sogenannte „Sprechstunde" an. Das Team des sonntagsbureaus ist im Rahmen eines einladenden Settings im Foyer der Bibliothek präsent und die Bibliotheksbesucher/-innen sind dazu eingeladen, mit dem Team ins Gespräch zu kommen und ihre Ideen, Programmwünsche oder auch ganz konkrete Formatvorschläge einzubringen. Damit wird nicht nur ein hierarchisch starres Deutungsgefüge aufgebrochen, bei dem die Bibliothek bzw. hier das *sonntagsbureau* alleinige Gestalter von Inhalten wären, sondern die Besonderheit dieses Sprechstunden-Formats besteht auch darin, dass die Vertreterinnen des *sonntagsbureaus* als kuratorische Repräsentantinnen der Bibliothek *sichtbar* werden. Sie treten auf diese Weise aus der Abwesenheit hervor, in der sich traditionell Kuratorinnen oder Kuratoren von Ausstellungen und anderen Programmformaten für das Publikum befinden. Auf diesem Wege wird ein Teil des kuratorischen Prozesses transparent und die kreativen Urheber der kuratierten Inhalte werden greifbar und können etwa die Inhalte parallel auch auf der persönlichen Ebene vermitteln.[5]

Die zweite genannte Ebene der Beteiligungsorientierung zielt eher auf die Durchführung vor Ort ab. In diesem Sinne laden viele der Formate die Besucher/-innen zur aktiven Teilhabe ein, wobei die Intensität und die Form des Aktivitätsmodus je nach Format variieren.

Abb. 2: Shared Reading mitten in der Bibliothek. Foto: ZLB, Vincent Mosch.

Beispielhaft seien hier drei im Rahmen der Sonntagsöffnung bereits realisierte Formate angeführt:

Beim Workshop der MBR (MBR = *Mobile Beratung gegen Rechtsextremismus Berlin)* konnten Besucher/-innen Argumentationstechniken erlernen und in Rollenspielen einüben, um sich gegen rechtspopulistische Parolen zu stellen. Im Zuge der mittlerweile fest etablierten Programmreihe „Shared Reading" werden gemeinsam vor Ort literarische Texte gelesen und diskutiert.

Ebenfalls institutionalisiert ist inzwischen das Lachyoga-Angebot, bei dem die körperliche Aktivierung im Mittelpunkt steht.

---

5 Auf diese Weise wird auch einem Effekt entgegengewirkt, den viele kuratorische Konzepte im Museumsbereich seit dem 19. Jahrhundert bewirkt haben: Durch die Abwesenheit des Kurators/der Kuratorin während des Ausstellungsrundgangs erscheinen die Inhalte vom kuratierend Verantwortlichen losgelöst, quasi ohne Autorschaft. Es bleibt an vielen Stellen lediglich der abstrakte Verweis auf das Museum als die fachliche Autorität und Legitimität stiftende Institution, die schlechterdings für den Ausstellungsbesucher oder die -besucherin kaum greifbar scheint.

Die angeführten Beispiele verdeutlichen, dass das Spektrum der Aktivitätsmodi recht breit angelegt ist und von der Förderung von *Democratic Literacy* (hier das Beispiel: Erlernen von Argumentationstechniken gegen rechte Parolen) über die *Physical Literacy* (Lachyoga) bis hin zum (Ein-)Üben von Kulturtechniken (Shared Reading) reicht. Darüber hinaus wird an diesen Beispielen eine zentrale kuratorische Haltung ablesbar: Beteiligung soll hier nicht quasi als Selbstzweck dienen, sondern zielt auf die Schaffung von Ermächtigungsmöglichkeiten für die Beteiligten.

Bevor wir im nächsten Schritt die Blickrichtung umkehren weg von den Potenzialen einer partizipativen Programmausrichtung hin zu deren Grenzen, an die wir bei der Verfolgung des beschriebenen partizipativen Ansatzes gestoßen sind, sollen noch drei zentrale Aspekte erläutert werden, die ebenfalls wesentlicher Teil des kuratorischen Konzepts der Sonntagsöffnung sind.

2 Aspekte des kuratorischen Konzepts

2.1 Zwischenmenschliche Begegnung als Ausgangspunkt für die Entwicklung von Veranstaltungsformaten

Der erste dieser drei Aspekte hängt eng mit der Intention des sonntagsbureaus zusammen, einen Begegnungsort zu schaffen. In der Konsequenz stellt die zwischenmenschliche Begegnung ein hauptsächliches Initialmoment für die Entwicklung vieler Veranstaltungsformate dar. Beispiele dafür sind etwa das Format „Zeitbibliothek" (angelehnt an das Living-Library-Konzept) oder auch der Kurs in Gebärdensprache, der regelmäßig angeboten wird.

2.2 Vielfalt an Wissenszugängen schaffen und anbieten

Eine der drei programmatischen Säulen der ZLB besteht neben der Bereitstellung eines Arbeits- und Lernorts sowie der Schaffung einer Plattform für die Stadtgesellschaft darin, den Nutzenden ein Informations- und Wissensangebot zu unterbreiten. Dazu ist mit dem analogen und digitalen Bestand eine Möglichkeit gegeben. Aber genauso wie analoge und digitale Medien Träger von Information und Wissen sind, so ist dies auch der Mensch selbst. Konkret bedeutet das, dass diejenigen, die mit einem spezifischen Erkenntnisinteresse oder Wissensbedarf in die Bibliothek kommen, sei es um eine Sprache oder eine andere

Fertigkeit zu erlernen, die Auswahl haben, in welchem Medium sie sich dabei bewegen möchten: entweder mit Hilfe von Medien – analog oder digital – oder im persönlichen Austausch oder gar in Form einer Verknüpfung von beidem (Blended Learning).

Legt man dieses Verständnis von den Möglichkeiten vielfältiger Wissensvermittlungsformen zugrunde, erscheint die Unterscheidung zwischen einem „eigentlichen", vermeintlich klassischen Bibliotheksangebot (analoge und digitale Medien) einerseits und einem Veranstaltungsangebot als programmatischem Add-On andererseits als kaum haltbar. Vielmehr bietet die Bibliothek einen wirklichen Möglichkeitsraum zur Umsetzung eines kuratorischen Konzepts, in dem die verschiedenen Formen der Vermittlung sich ergänzen und als Teil eines umfassenden Ganzen verstanden werden.

Aus einer kritischen Distanz heraus ließe sich nun einwenden, dass viele Veranstaltungsformate wie das beispielhaft genannte Lachyoga oder ein Gebärdensprachkurs nicht zwingend in einer Bibliothek stattfinden müssten. Die Angebote könnten ebenso gut in einer anderen Kultur- oder Bildungseinrichtung wie z. B. der Volkshochschule angeboten werden. Handelt es sich nicht womöglich um eine wenig sinnvolle Doppelung, und entsteht so nicht das Risiko einer gewissen Beliebigkeit der Programmgestaltung für die Bibliothek? Dem ließe sich wie folgt mit dem dritten Aspekt begegnen:

2.3 Spezifika bibliothekarischen Kuratierens

Gesellschaftliche Veränderungsprozesse wie beispielsweise der demografische Wandel, um exemplarisch nur einen Transformationsprozess unter vielen simultan laufenden zu nennen, erfordern von Bibliotheken permanent die Fähigkeit und Bereitschaft, sich selbst auf den Prüfstand zu stellen, um die Relevanz der eigenen Ausrichtung insbesondere in Abgrenzung zu anderen Kultur- und Bildungseinrichtungen kritisch zu betrachten und neue Angebote zu entwerfen. Dementsprechend versucht das Programm der Sonntagsöffnung als Bestandteil der umfassenderen Gesamtprogrammatik der ZLB einen kuratorischen Zuschnitt vorzunehmen, der den Möglichkeitsort Bibliothek als spezifischen Programmgestaltungsraum sichtbar macht. Damit nimmt das Projekt der Sonntagsöffnung sicherlich keine singuläre Stellung in der Landschaft des Bibliothekswesens ein. Vieles ist auf dem Feld der Bibliotheksentwicklung in Bewegung, weshalb hier auch nur ein erstes – keinesfalls vollständiges – Bild skizziert werden soll zu Prinzipien des bibliotheksspezifischen Kuratierens, die sich aus den Erfahrungen der Sonntagsöffnung ableiten lassen:

Essenzieller, fest verankerter Bestandteil eines bibliotheksspezifischen Kuratierens ist die Rückbindung aller programmatischen Aktivitäten an den Auftrag der Informations- und Wissensversorgung – konkreter formuliert: an die Bereitstellung und Vermittlung von analogem und digitalem Bestand. Hier knüpft
die ZLB im Rahmen der Sonntagsöffnung beispielsweise an ein bestimmtes Format an, und zwar an die besondere Form der Medienpräsentation innerhalb des
Konzepts *Themenraum* in der AGB. So wie bei jedem spezifischen Thema des immer wieder neu bespielten Themenraumes eine passende Auswahl an Medien
aus dem Bibliotheksbestand zusammengestellt ist, so wird begleitend zu thematisch zentralen Formaten an den Sonntagen ebenfalls eine Medienauswahl erstellt und verfügbar gemacht.[6]

Neben den wenig spektakulären Bezügen zum Bibliotheksbestand und dem
Format der Medienpräsentation erscheinen zwei weitere Aspekte der Sonntagsöffnung zentral: Alle Programmangebote sind erstens kostenlos und zweitens
kann man ohne jede Voranmeldung teilnehmen. Was auf den ersten Blick als
banale Besuchs- oder Teilnahmekonditionen erscheinen mag, erweist sich bei
näherer Betrachtung als Schlüssel- bzw. Erfolgsfaktor für einen niedrigschwelli-
gen Zugang und als grundlegendes Unterscheidungskriterium im Vergleich zu
den meisten anderen Kultur- und Bildungseinrichtungen. Darüber hinaus lassen
sich Bibliotheken in ihrer Spezifik als Marktplätze des Wissens umschreiben,
auf denen Wissen und Interessen auf vergleichsweise niedrigschwelligem Niveau geteilt werden können.

3 Grenzen des Partizipationsansatzes und Hand-
lungsempfehlungen

Eines der zentralen Formate, mit denen das *sonntagsbureau* die Besucherinnen
und Besucher zur Beteiligung einlädt, ist die allsonntäglich – räumlich zentral –

---

6 Aktuelle politische, gesellschaftliche und kulturelle Fragen stehen im Zentrum des gut etablierten Formats *Themenraum* in der AGB, organisiert von der ZLB in Kooperation mit wech-
selnden Partnerinstitutionen (z.B. Goethe-Institut, Bundeszentrale für politische Bildung, Me-
dienanstalt Berlin-Brandenburg, Deutsche Kinemathek, Theater Hebbel am Ufer, Deutsches
Technik-Museum u.v.m.). Der Themenraum ist ein multimediales Informationsangebot, das
jeweils mindestens sechs Wochen zur Verfügung steht. Dabei stellt die Bibliothek eine Vielzahl
an Medien aus dem Bestand der ZLB zu einem Thema in einem Raum zusammen und präsentiert diese, angereichert durch weitere digitale Angebote. Bis auf einige Präsenzexemplare sind
alle Medien ausleihbar. Auch eine ausführliche Bibliografie zum Mitnehmen erscheint zu jedem Themenraum. Begleitet wird der Themenraum von Veranstaltungen im Salon der AGB.

stattfindende „Sprechstunde". Wie wird diese Einladung zur Beteiligung angenommen? Und führt diese Methode wirklich zum erklärten Ziel, eine Plattform für die Berliner Stadtgesellschaft zur Verfügung zu stellen?

Positiv hervorzuheben ist die Tatsache, dass die Sprechstunde als eine gute Möglichkeit, sich selbst in die Programmgestaltung einzubringen, von vielen Besuchern und Besucherinnen gut angenommen wird. Durchschnittlich kommen sonntags 10 bis 15 Menschen in die Sprechstunde. Erfreulich und von der Bibliothek gewollt ist die Entwicklung, dass inzwischen regelmäßig von Bibliotheksnutzern und -nutzerinnen eingebrachte Formatvorschläge tatsächlich auch Eingang in das Programm finden.

Was aber die grundsätzliche Gewichtung zwischen den mit der Stadtgesellschaft ko-kuratierten Programmen einerseits und den von der ZLB und dem *sonntagsbureau* kuratierten Programmen andererseits anbelangt, so ist doch noch einiges Optimierungspotenzial zugunsten des ko-kuratierten auf Partizipation beruhenden Anteils vorhanden. In Zahlen ausgedrückt bedeutet das, dass im Schnitt lediglich 2,7 Veranstaltungen pro Monat Ergebnis eines ko-kuratierten Prozesses sind.

Abb. 3: Kindertheater zum Mitmachen. Foto: ZLB, Vincent Mosch.

Abb. 4: Künstlerische Intervention „Träumbibliothek". Foto: ZLB, Vincent Mosch.

Worin liegen nun die Ursachen für den (noch) geringen Ko-Kurationsanteil? Wenngleich die Gründe vielfältiger Natur sind, besteht eine der Hauptherausforderungen darin, eine erste vorhandene Programmidee in ein in der Bibliothek funktionierendes, tragfähiges Veranstaltungskonzept zu überführen. Es fragt sich, wie dies besser gelingen kann und welche Handlungsempfehlungen sich daraus ableiten lassen.

Vielversprechend in diesem Kontext scheint eine klare Rollenverteilung zwischen den sich einbringenden Nutzerinnen und Nutzern und der Bibliothek mit jeweils eindeutigen Verantwortlichkeiten und dem Einbringen ihrer jeweiligen Kernkompetenzen im ko-kuratierten Prozess. Soll heißen: Nur wenn der für die Nutzer/-innen zur Verfügung stehende Möglichkeitsraum Bibliothek mit seinen programmatischen und organisatorischen Voraussetzungen, Bedingungen und Beschränkungen klar beschrieben ist, besteht die Chance, dass ein stimmiges Programmkonzept überhaupt realisierbar erscheint. Diese Form der Beschreibung muss die Bibliothek einbringen, um für die Nutzer/-innen ein klar abgestecktes Handlungsfeld vorzugeben. Die Nutzer/-innen hingegen verfügen ihrerseits über ein spezifisches Expertenwissen, das sie in den Prozess einbringen können.[7] Eine dezidierte Klärung dieser Rollenverteilung stellt einen wichtigen nächsten Schritt dar, um die partizipative Programmausrichtung im Rahmen des Sonntagsprogramms weiter zu qualifizieren.

Bezüglich der Fokussierung auf die Grenzen der partizipativen Ausrichtung sei betont, dass man den gewählten partizipativen Ansatz nicht als gescheitert ansehen sollte, nur weil er an die beschriebenen Grenzen stoßen kann. Vielmehr stehen wir in der ZLB in diesem Prozess noch sehr am Anfang und sehen mit dem Anerkennen sowie der Beschreibung dieser Grenzen die Chance verbunden, diese kuratorische Ausrichtung weiterzuentwickeln.

4 Ausblick

Nach nunmehr über 100 Veranstaltungssonntagen mit insgesamt mehr als 800 Veranstaltungen darf die Sonntagsöffnung bei stetig wachsenden Besucherzahlen seit Beginn im September 2017 insgesamt als Erfolg gewertet werden.

Wenngleich ko-kuratierte Programmangebote mittlerweile einen festen Bestandteil des laufenden Programms ausmachen, so besteht das mittel- bis langfristige Ziel darin, die ko-kuratierte Programmgestaltung noch weiter auszubauen. Dazu bedarf es der Weiterentwicklung der Instrumente und Methoden für eine beteiligungsorientierte Programmgestaltung und der Fortentwicklung einer Beschreibung des kuratorischen, bibliotheksspezifischen Handlungsfeldes, innerhalb dessen ko-kuratierte Prozesse erfolgen können.

Gegenwärtig befinden wir uns in der ZLB mitten im laufenden Ausschreibungsverfahren zur Fortsetzung und Neuausrichtung der Sonntagsöffnung für den Zeitraum ab Juli 2020.[8] Dabei können wir für die Feinjustierung der künftigen Ausrichtung an den gesammelten Erfahrungswerten und der hinzugewonnen kuratorischen Expertise der letzten zweieinhalb Jahre ansetzen. Neben der Weiterentwicklung beteiligungsorientierter Ansätze sollen unter anderem zwei Akzentverschiebungen vorgenommen werden: Zum einen werden die verschiedenen Abteilungen der ZLB bei der Programmgestaltung eine noch viel aktivere

---

7 Eine solch klare Rollenverteilung ist beispielsweise einer der entscheidenden Faktoren für den Erfolg des Projekts *Stadtlabor* des Historischen Museums Frankfurt am Main, bei dem die Bürgerschaft gemeinsam mit dem Mitarbeiterteam des Museums Ausstellungen ko-kuratiert. Dabei gibt das Museum seine Expertise u. a. bezüglich der Präsentation von Ausstellungsobjekten oder des Verfassens von Ausstellungstexten in den ko-kuratorischen Prozess, und die Frankfurterinnen und Frankfurter bringen ihr persönliches Wissen zu den jeweiligen Themen ein.

8 Stand Januar 2020.

Rolle spielen als bisher, vor allem auch im Hinblick auf die Konzeption von neuartigen und experimentellen Angeboten. Zweitens wird programmatisch der Akzent stärker auf der Rolle der Bibliothek als Ort der zivilgesellschaftlichen Ver-
ständigung[9] und dem Ziel liegen, eine Plattform für gesellschaftliche und politische Diskurse zu schaffen.

---

[9] Dies erfolgt unter anderem auch in historischem Rekurs auf Bibliothekskonzepte wie beispielsweise dem berühmten Entwurf von Étienne-Louis Boullée für die *Bibliothèque royale*
von 1785. Seine Skzizze zeigt ein aus Büchern bestehendes Amphitheater und Bibliotheksnutzer, die in Bewegung sind, die diskutieren – die Bibliothek als Ort des öffentlichen, kommunikativen Austausches. Vgl. Kirsten Wagner: Die architektonische Idee der modernen Bibliothek. In: Libreas Nr. 28 „Die Bibliothek als Idee". https://libreas.eu/ausgabe28/05wagner/
(07.02.2020).

Klaus Ulrich Werner

Räume kuratieren – Vom Lernort zum Coworking Space

Als eine kulturelle Quelle von Neuheit steht Kuration für eine Praxis, mit der sozial-räumliche Situationen und Umgebungen geschaffen werden, die kollaboratives Handeln wahrscheinlicher machen. Kuration als ein Mechanismus beschreibt in Coworking Spaces verschiedene Strategien des sozialen und materiellen In-Beziehung-Setzen-und-Verbindungen-Schaffens, um Menschen, Dinge und Ideen an einem konkreten Ort zusammenzubringen, um zufällige Begegnungen zu ermöglichen. Austausch anzuregen und Gelegenheit zu Engagement und Partizipation zu geben.[1]

1 Warum Räume „kuratieren"?

Räume zu gestalten, wird schon seit längerem von Bibliothekaren als eine ihrer Aufgaben wahrgenommen. Denn Raum, seine Gestaltung, seine Ausstattung, beeinflusst alles: Das Wohlbefinden der Menschen, die Motivation, kreative und soziale Prozesse, die Beteiligungsmöglichkeiten aller Individuen. Traditionell konzentrierte sich das gestalterische Engagement der Bibliotheken auf die Servicebereiche, insbesondere auf die Ausleih- und Auskunftstheken, auf Regalordnung sowie Zonierungen von Funktionsflächen, z. B. Sonderbereiche wie die Kinderbibliothek, aber auch Gliederungen nach unterschiedlichen akustischen Anforderungen wie Laut-Leise-Zonierungen. Mit den IT-Anwendungen und dem Internet kamen dann neuartige Funktionsflächen und neue Möbel in die Bibliotheken (PC-Arbeitsplätze, -Pools, Rechercheterminals). Durch die Dynamik des Digitalen sind die entstandenen charakteristischen OPAC- und PC-Nutzerarbeitsplätze wiederum fast schon Relikte, jedenfalls sinkt die Anzahl dieser so spezifisch gestalteten Plätze nicht nur in Wissenschaftlichen Bibliotheken, denn das persönliche Device, ob Notebook oder Smartphone, macht die Bibliothek dank WLAN in weiten Teilen zunehmend zur pluripotenten Fläche – Stromanschlüsse in ausreichender Zahl selbstredend vorausgesetzt.

Spätestens seit sich Öffentliche wie Wissenschaftliche Bibliotheken als Lernorte verstehen – eine Funktion, die als alle Generationen umfassend gesehen wird und die die gesellschaftliche Relevanz von Bibliotheken ebenso betont wie die als Bildungs- und Kultureinrichtung – sind Raumkonfigurationen und

---

1 Merkel 2014.

https://doi.org/10.1515/9783110673722-015

Ausstattungselemente, die Lernen unterstützen, in den Mittelpunkt der Gestaltungsbemühungen von Bibliotheken gerückt.

Bibliothekare sind zwar keine Innenarchitekten und Gestalter, sollten aber klare Vorstellungen haben von den Funktionen ihrer Räumlichkeiten und diese visualisieren und zuordnen können zu Typologien und Raumgefügen. Das wünschen sich auch Planer, Architekten, Ausstatter und Berater – einhergehend mit einer adäquaten Kommunikation, die die grundlegend andere, nämlich visuelle Herangehensweise dieser Fachleute berücksichtigt.

Was Nutzer brauchen, Stakeholder erwarten und wie man die Bibliotheksbesucher und die Öffentlichkeit überraschen kann, das wird zunehmend auch mit unterschiedlichsten Beteiligungsformen partizipativ erarbeitet: Ob „Wir basteln unsere Traum-Bibliothek" mit einer Kindergartengruppe, Schülerworkshops zur Ausstattung eines Bereichs für Hausaufgaben, Design-Thinking-Prozesse für Neu- und Umbauten oder Community-Involvement der Stadtgesellschaft – alle Wege der partizipativen Planung fordern von jeder Bibliothekarin und jedem Bibliothekar trotzdem einen eigenen Willen zur Gestaltung.

Abb. 1: Modell mit Elementen eines Coworking Space in einem Design-Thinking-Prozess der Bibliothek des MPI für Bildungsforschung, Berlin. Foto: Klaus Ulrich Werner.

Ist es nun lediglich ein neuer Begriff, irgendein neues, schickes Label, räumliche Gestaltung und Programmarbeit in der Bibliothek „kuratieren" zu nennen? Geht es darum, einem bestimmten Aufgabenbündel mittels eines trendigen Begriffs einen professionelleren Anstrich zu geben? Es gilt, von komplexen Konzepten des Kuratierens aus anderen Bereichen für die Bibliothekspraxis zu lernen und gerade für die Zusammenhänge von Bibliothekskonzeptionen, Programmarbeit und Flächen- und Raumgestaltung nutzbar zu machen. Dabei lässt sich an vielen Beispielen partizipativer Gestaltungsprozesse zeigen, dass die zunehmende Beteiligung von Bibliotheksnutzern keinen Widerspruch darstellt: Kuratieren von Bibliotheksflächen ist nicht nur die individuelle Leistung eines vermeintlich genialischen Kurators!

Für das Erkennen der Potenziale von Flächen und Räumen in Verbindung mit der Bearbeitung ihrer gestalterischen Optionen braucht es Fachleute – Architekten, Innenraumgestalter und schließlich Fachplaner. Die funktionalen Anforderungen in der Vision, im Ganzen wie im Detail, das was die Bibliotheksräume ermöglichen, unterstützen, fördern sollen, bedürfen aber auch des professionell bibliothekisch[2] kuratierenden Bibliothekars.[3] Dabei sind die Atmosphäre und das Ambiente durchaus Funktionen von Räumen, kein bloßes ästhetisches Beiwerk. Und Wohlfühlen, im Englischen viel umfassender mit dem Begriff „wellbeing" bezeichnet, ist heute mehr als ein Gefühl von Gemütlichkeit, eher ein allgemeines, inklusives „Hier bin ich richtig"-Gefühl, das alle Nutzer einschließt und trotzdem Individualität ermöglicht.

2 Lernen von und in modernen Arbeitswelten

Das Kuratieren der Bibliothek als Dritter Ort erscheint ohne die in der Bibliothekscommunity weit verbreiteten Erkenntnisse von Ray Oldenburg kaum denkbar;[4] es ist ein weltweiter Trend, Bibliotheken als Dritte Orte zu verstehen – nicht zuhause, nicht in der Arbeitswelt – als Orte der zwanglosen Kommunikation und des sozialen Austausches, der Welt der Cafés näher als den Bildungsinstitutionen.[5]

Wenn man sich aber auf die Funktion der Bibliothek als Ort des Lernens konzentriert, dann entsteht ein gewisser Widerspruch, denn Lernen ist nicht im-

---

2 Der überaus treffende, von Jonas Fansa eingeführte Begriff, hat sich in der Fachdiskussion leider immer noch nicht durchgesetzt, vgl. Fansa 2009.
3 Fansa 2017, Werner 2013, Werner 2016.
4 Oldenburg 1999.
5 Fansa 2015.

mer das spielerisch entdeckende, frühkindliche Lernen, sondern auch die eigentliche, harte Arbeit für Schüler und Studierende sowie von Menschen, die sich weiterbilden. Das Konzept des Lebenslangen Lernens ist als gesellschaftlich prägende Leitidee für die Bildungsgesellschaft mehr als der rhetorisch weichgespülte Begriff vom „Lebensbegleitenden Lernen" – Lernen und Arbeiten rücken zusammen, Lern- und Arbeitswelten konvergieren geradezu. Was wie ein Workspace eines Start-ups der Plattform-Ökonomie, eine Bürolandschaft (wenn man hier überhaupt noch von „Büros" sprechen kann) in der Digitalwirtschaft aussieht, kann heute auch ein Learning Space, Learning Center, können Learning Commons sein oder welchen Namen diese neuen Bereiche in einer Hochschulbibliothek auch immer haben mögen. Überall kollaboratives Arbeiten, ein Nebeneinander von Arbeit (Konzeptionieren, Schreiben, Recherchieren, Diskutieren, Präsentieren), Kommunikation und Entspannung. In Bibliotheken können FabLabs und Makerspaces auch einen Werkstattcharakter haben und so an die „wirkliche" Arbeitswelt gemahnen, statt „nur" spielerischer Bastelraum zu sein. Andererseits ist das Gemeinsame eben auch der Spaßfaktor, der Genuss eines als cool erlebten Ambientes, ein Grundgefühl, das zunehmend generationenübergreifend und global verbreitet ist.

Bibliotheken wollen „Lebendige Lernorte" sein und überall ist das Ziel „kollaborativ nutzbare Lernumgebungen"[6], und das sind offen gestaltete, moderne Lernlandschaften, die motivieren und inspirieren. Die Bibliothek will das Lernverhalten positiv unterstützen, Motivation, Kreativität, Kommunikation und auch die fächerübergreifende Zusammenarbeit und Vernetzung fördern. So wird die ganze Bibliothek zum Learning Space, zum „Lernort total", wie man z. B. die Universitätsbibliothek Freiburg erleben kann, wo das Café nahtlos zum „Parlatorium" expandiert (siehe Kap. 5) und sich diese Lernräume in Anmutung und Möblierung kaum noch von den Lesesaal-ähnlichen Bereichen zur „konzentrierten Arbeit" im kontrollierten Bibliotheksbereich unterscheiden.

Das Selbstverständnis von Bibliotheken als Lernort hat sich grundlegend gewandelt. Zunehmend sind Bibliotheken attraktive öffentliche Orte mit Aufenthaltsqualität, die mit neuen Raum-Ideen sehr unterschiedlichen Bedürfnissen der Nutzerinnen und Nutzer gerecht werden wollen. Zusätzlich zum traditionellen „stillen Arbeitsplatz" einerseits und kommunikativen Zonen andererseits gehören geschützte Räume für kleine Arbeitsgruppen, Schulungsräume sowie multifunktionale Flächen für kreative Aktivitäten wie z. B. auch Makerspaces zum Profil von Bibliotheken – und in allerletzter Zeit eben auch die sogenannten Coworking Spaces: Häufig gibt es Teile dieser Coworking-Angebotspalette bereits, sie sind aber nicht überall signifikant als neues Raumangebot herausgear-

---

6 Poth & Fricke 2019.

beitet, gestaltet und kommuniziert. – Aber der Coworking Space kommt als Format eigentlich aus dem kommerziellen Arbeitsleben, ist signifikanter Teil moderner (gerade auch digital-mobiler und globalisierter) Arbeitswelten und ist typologisch gerade nicht Dritter Ort. Der englischsprachige und international verwendete Begriff wird dabei interessanterweise in Großbritannien im Business-Bereich kaum verwendet, stattdessen spricht man dort meist von „shared work spaces" oder auch von „shared office".

Coworking Spaces

Der Begriff, der die Bestandteile „Zusammenarbeit" und „Raum" beinhaltet, benennt ein Konzept mit definierten Raum- und Ausstattungs-Bestandteilen: Arbeiten in einer großen Diversität von Settings mit Einzel- und Gruppenplatz-Arrangements, Lounges, Wohnzimmer mit Sofas, Bewegungsangebote, Spiel und Entspannung, Kaffee-/Tee-/Getränke-Bar und wird häufig synonym verwendet für:
–   Allgemein eine bestimmte Art zu arbeiten in Räumlichkeiten mit aus definierten Modulen zusammengesetzten Raumkonzeptionen, die erst in der Kombination aus diesen konstitutiven Modulen zum Coworking Space werden.
–   Das Angebot solcher Räumlichkeiten mit bestimmten Services als kommerzielle Einrichtung, wo man als zahlendes Mitglied arbeiten kann. Die Mitgliedschaft ist nach unterschiedlichen Kriterien differenziert, wann, wie häufig, wo, in welchen „Filialen" und mit welchen zusätzlichen Services die Räumlichkeiten und Einrichtungen genutzt werden, was zu einer differenzierten Preisstruktur führt.
–   Eine besondere Art der Bürogemeinschaft, meist längerfristiger, die mehr oder weniger viele Aspekte von kommerziellen Coworking Spaces umfasst: es sind Büroarbeitsplätze (i. d. R. fest zugewiesene Arbeitsplätze) mit einem unterschiedlichen Spektrum an gemeinsamer Infrastruktur.
–   Im übertragenen Sinne für eine am Raum- und Ausstattungskonzept orientierte firmeninterne Bürolandschaft im konzeptionellen Umfeld von „New Work", ganz besonders bei Internet-Plattformen, aber insgesamt im gesamten Feld der New Economy zu finden.
–   Als Metapher, wenn z. B. davon die Rede ist, dass der ICE Berlin-Hamburg-Berlin morgens und abends zum Coworking Space für die pendelnden Hipster werde, die hinter den angebissenen Äpfeln sitzend ihr nächstes Meeting vor- bzw. nachbereiten oder im übertragenen Sinne als „Betriebssystem", das überall gleich ist, wo immer man sein Notebook aufklappt.

Es scheint fast, als hätte sich der Coworking Space aus den Großstadtcafés ent-wickelt[7]: WLAN, Latte macchiato und die digitale Bohème an ihren Notebooks sitzend. Die Starbucks-Filialen sind weltweit eine Referenz, Arbeitsinseln für die globalisierten neuen Business-People: vertraute Atmosphäre, das stilistisch glei-che eklektizistische Mobiliar mit nur leichten regionalen oder lokalen Akzenten, dasselbe vertraute Angebot an Kaffeesorten, Brownies und Cookies sowie als conditio sine qua non ein zuverlässiges schnelles WLAN. In Gesellschaft sein, ohne sich einsam zu fühlen, sich mit Geschäftspartnern verabreden zu können, die Möglichkeit haben, interessante Leute zu treffen – und das in einem Raum, dessen Spielregeln man in jeder Filiale der Welt kennt.

Weltweit gib es über 20 000 kommerzielle Coworking Spaces. Dabei gilt Ber-lin, als unbestrittene globale Metropole der Start-ups, mit über 100 einschlägi-gen Orten gar nicht überraschend auch als Hauptstadt der Coworking Spaces.[8] Eine Erfolgsgeschichte des neuen, globalisierten Arbeitens, doch nicht nur für Start-ups und die sogenannten „Kreativen", im digitalen Bereich arbeitende Selbständige, sondern für verschiedenste digitale Nomaden, Blogger, Schrift-steller, Publizisten und auch für so manchen Doktoranden, der früher in einer Bibliothek arbeitete. Etablierte Firmen nutzen zunehmend Coworking Spaces und erwerben Mitgliedschaften für ihre Mitarbeiter, das sind kostengünstigere sowie zeitlich und räumlich flexiblere Arbeitsumgebungen als ortsgebundene, gemietete Mitarbeiterarbeitsplätze – Firmen sparen sich die Miete und Ausstat-tung klassischer Büroflächen – und haben sogar noch einen Mehrwert.

Coworking Spaces tragen Namen wie *Agora*, *Citizen Space*, *CoLab*, Enklave, auch selbsterklärende Firmennamen wie *WeWork*, oder auch etwas spaßig-iro-nisch *Fabrik*, eine selbstkritische Anspielung auf diese neue Welt des „Schöner schuften"[9].

Zunehmend entwickeln sich auch Spezialformen: Coworking Spaces mit Kinderbetreuung, nur für Frauen (z. B. *Wonder*), Mischformen wie *Digital Eatery*, oder für einen Mix aus Arbeiten und Wohnen (z. B. *Grünhof* Freiburg), unter-schiedlichste Kombinationen mit Events, Coaching und Unterstützerplattform (z. B. *Impact Hub Dresden*), bewusste Lokalisierung in der ländlichen Provinz als Ort für Rückzugsklausuren oder als Tagungsstätte (z. B. *Coconut*[10]) – ein voll-ständiger Ersatz für jede Art von Büro ist der Coworking Space aber nicht.[11]

---

7 Vergl. hierzu die Geschichte des Café St. Oberholz am Rosenheimer Platz in Berlin.
8 https://coworkingguide.de/coworking-spaces-berlin/ (14.06.2020).
9 Rövekamp 2018.
10 Siehe z. B. http://coconat-space.com/de/ (14.06.2020).
11 Engelke 2018.

Abb. 2: Coworking Space WeWork, Standort Berlin, Sony Center, Lounge mit Blick über den Tiergarten. Foto: Klaus Ulrich Werner.

Der Erfolg des Coworking Space ist kein Matthäus-Effekt, eher trifft dieses Modell passgenau die Vorstellung einer (noch) hauptsächlich jüngeren Generation von den als perfekt empfundenen Rahmenbedingungen an Raum und Ausstattung bei Bildschirm-Arbeit[12], wobei ein Gefühl von Gemeinschaft und Nicht-Allein-Sein ganz elementar wichtig ist.[13] Kann das „Look and Feel" des Coworking Space auch ein Paradigma für die kuratierten Raumangebote in Bibliotheken für jüngere Menschen heute und für morgen sein? Wird die Bibliothek der Zukunft wie die Arbeitsumgebung und die Aufenthaltsflächen der Leit-Branchen der Digital-Ökonomie gestaltet sein, nämlich die der Internet-Plattformen? Der Coworking Space kommt definitv aus der kommerziellen Welt digitaler Ökonomie (der Begriff „Berufswelt" passt nicht mehr so recht), es gilt daher durchaus kritisch zu sein bei der Frage der Übertragbarkeit auf Bibliotheken aus einer nicht-kommerziellen, selbstbestimmten Sphäre des Entdeckens, des Austausches, des Lernens und der Freien-Zeit-Gestaltung.

---

12 Welter & Olma 2011.
13 King 2017.

Es überrascht aber nicht, dass es bereits Bibliotheken als (kommerzielle) Anbieter von Coworking-Arbeitsplätzen gibt[14]: Mikrobusiness Center für Mini-Start-ups, Kleinstunternehmer und für den Bereich Aus- und Weiterbildung. Bibliotheken haben gute Voraussetzungen, nämlich eine dafür gute Infrastruktur, traditionelle Niedrigschwelligkeit und keine kommerziellen Interessen. Wobei die Grenzen fließend sein können, nicht immer müssen alle Elemente eines Coworking Space (siehe Kap. 4) in Gänze verwirklicht sein. Auch gibt es Bibliotheken, die ihre Coworking-Angebote in Kooperation mit kommerziellen Plattformen anbieten, wie die weltweit agierende Buchungsplattform *Seats2meet* „Work, meet, serendipity".[15]

Unberücksichtigt bleiben sollen hier Ansätze zur Implementierung von Coworking-Konzepten im Verwaltungsbereich von Bibliotheken, wozu es in Deutschland nur wenige zaghafte Ansätze gibt, die über eine Weiterentwicklung des klassischen Großraumbüros hinausgehen, wie z. B. die Universitätsbibliothek Freiburg, die ihr bereits seit 1978 existierendes Großraumbüro-Konzept im Neubau modifiziert fortgeschrieben hat. Die Gründe liegen sicherlich in der festgefügten Organisation und spezifischen Workflows in der Bibliotheksverwaltung, auch in einem gewissen Beharrungsvermögen gerade in Wissenschaftlichen Bibliotheken. In den Niederlanden wird dagegen schon seit vielen Jahren auch in Wissenschaftlichen Bibliotheken auf Desksharing und Coworking-Elemente gesetzt, wie z. B. jüngst in der renovierten und revitalisierten Universitätsbibliothek der Erasmus Universität Rotterdam in einem Gebäude von 1969: die Teams arbeiten in recht offenen Bereichen, selbst der Leiter hat kein eigenes Büro mehr.

3 Die Elemente des Coworking Space

Work-Life-Balance, Urbanität, Juvenilisierung, Angleichung von Arbeits- und Privatsphäre sind nach Andreas Reckwitz markante gesellschaftliche Strukturmerkmale der Spätmoderne[16], die sich genau hier im Coworking Space nicht nur finden lassen, sondern konstitutiv zusammengehören. Wohlfühlen und Agilität gehen als Ziele zusammen und sind diesem Konzept ebenfalls immanent. In der innenarchitektonischen Umsetzung ist dabei ein typisches Mobiliar eine elementare Grundvoraussetzung. Das Vernetzen der Anwesenden und ein inspirie-

---

14 Cat Johnson 2017.
15 https://www.seats2meet.com (14.06.2020).
16 Reckwitz 2017, S. 335–341. Siehe auch den Beitrag von Jan-Tilmann Rierl in diesem Band.

render Austausch untereinander soll nicht nur ermöglicht, sondern geradezu provoziert werden.

Typologisch lassen sich die folgenden Arbeitsmodi und Bereiche zusammenfassen:

- Tunnel (ganz konzentrierte Einzelarbeit)
- Allein / im Dialog (Einzelarbeit mit teilweisem Dialog)
- Team (Gruppenarbeit)
- Meeting
- Sozial (Aufenthaltsflächen für Spiel, Bewegung, Kontakte, Lounge/Wohnzimmer)
- Sonderbereiche (z. B. Café, Bar)

Abb. 3: Coworking Space WeWork, Standort Berlin, Sony Center, Barbereich. Foto: Klaus Ulrich Werner.

In Bibliotheken sind diese Modi allesamt auch bekannt und werden durch Raumangebote unterstützt, wenn auch nicht immer in dieser Vollständigkeit: Im Coworking Space ist die Gesamtheit definitorisch jedoch zwingend, die Kompilation kann graduell variieren.

Module des Coworking Space können aus planerischer Sicht typologisch auch so beschrieben werden:[17]
- einzeln, allein: Denkerzelle, Zellenbüro, Deskspace
- einzeln, nicht allein: Workbench, Langer Tisch
- zu zweit: Dialogbox, Dialogspace
- in der Gruppe: Digital Lab, Garage
- Team: Teamraum Agil, Teamraum Couch, Workshop Space, Meetingraum
- für alle: Wohnzimmer, Lounge, Marktplatz
- Bewegung: Playground / Gym

Auf die Spezifik von Bibliotheken, also auf die Möglichkeiten der Adaptation, sollen folgende Ausstattungsmerkmale etwas genauer beschrieben werden. Teilweise kennt man solche Ausstattungsmerkmale bereits jetzt:

Ausstattungselement *Wohnzimmer*

Typisch ist die Hufeisen-Anordnung von 3 Sofas mit niedrigem Couchtisch, kleineren Beistelltischen, auf einem großen Teppich (in der Optik eines „Perserteppichs" o. ä.) angeordnet mit dem Accessoire Stehleuchte. Als weitere Sitzmöbel gibt es auch niedrige Hocker (teilweise können sie kleinen Beistelltischchen ähneln oder sind sogar multifunktional), und den Pouf, der eine ganz erstaunliche Renaissance erlebt. Das Wohnzimmer funktioniert nur auf einer Fläche, die ein größeres Volumen hat, die Raumhöhen sind hier überdurchschnittlich, das Wohnzimmer hebt sich wie eine Insel aus der Fläche heraus. Das Wohnzimmer geht spielerisch mit seiner bürgerlichen Tradition um (siehe Pseudo-„Perserteppich"), das reicht manchmal bis zum Sofakissen-Knick oder der großen, auf dem Boden stehenden Topfpflanze (Renaissance des Gummibaums). – Ein Sofa und ein Couchtisch bilden vielleicht eine Sitzecke, aber sind noch kein Wohnzimmer!

Ausstattungselement *Lounge* (auch *Marktplatz*)

Die Lounge hat typologisch eine ähnliche Ausstattung, aber in größeren Dimensionen und/oder in Mehrfachanordnung, als Sofa-, Sitz- und Aufenthalts-Landschaft. Im Lounge-Bereich sind auch ungewöhnliche Einzelplätze zu finden, wie z. B. hängende Sitzgelegenheiten, Hängematten, Sitzsäcke u. a.

---

17 Dark Horse Innovation 2018.

Eine Lounge lebt i. d. R. von Ausblicken: in den (großzügigen) Raum hinein und, noch wirkungsstärker, nach draußen. Das Vorhandensein von großen Fensterfronten mit Blicken in die (urbane) Landschaft ist Ziel eines jeden Coworking Space.

Ausstattungselement *Langer Tisch*

Der Lange Tisch hat ikonografisch eine lange Tradition (lat. *Mensa*: z. B. Altar, Refektorium, Abendmahl) und ist deshalb ein fester Begriff. Er ist typologisch und funktional nicht gleichzusetzen mit der Tischreihe des traditionellen Lesesaals in einer Bibliothek, wegen entscheidender Unterschiede: Beim Langen Tisch gibt es keine Platzeinteilung, keine Einzelplatzausstattung (Anschlüsse, Arbeitsplatzleuchten), keine durch die Tischplatte oder den Unterbau definierte Unterteilung. Auch ist er kein moderner Konferenztisch mit der dafür typischen „egalitären", d. h. egalisierenden Form, der erst (voll) besetzt seine Wirkung erzielt.

Abb. 4: Bibliothek LocHal, Tilburg (Niederlande), Eingangsbereich. Foto: Klaus Ulrich Werner.

Der Lange Tisch ist eindeutig rechteckig (keine Rundungen, eher „roh" in der Anmutung), im übertragenen Sinne eher Werkbank zur Notebook-Arbeit. Die Tischplatte ist wie aus einem Stück gefertigt – oder sieht zumindest so aus. Jede Stückelung durch Aneinanderreihung von mehreren Tischen würde diese, auch ikonografisch spezifische Aussage des Langen Tisches stören. Er ist zwingend von allen Seiten begehbar, häufig auch asymmetrisch im Raum aufgestellt und mit nicht einheitlicher, sondern heterogener Bestuhlung versehen. Das sind auf keinen Fall Bürostühle, die Büro-(Schreibtisch-)Arbeitsplatz bedeuten würden. Teilweise werden in einem Mix mit Stühlen auch einfache (Festzelt-)Bänke eingesetzt.

Ausstattungselement *Dialogbox*

Dialogbox wird hier als Sammelbegriff verstanden für Settings, die für zwei (bis max. vier) Personen gedacht sind und nicht zwingend einen geschlossen Raum darstellen. Ein solcher „Dialogspace" muss auch nicht unbedingt eine gebaute 180°-Positionierung der beiden Plätze bedeuten, nämlich zwei Sitzgelegenheiten frontal zueinander mit einem Tisch dazwischen. Ein Tête-à-Tête ist auch in anderen Gestaltungen möglich. Das können Sofa-ähnliche Situationen sein mit Tisch oder kleinen Beistelltischchen (Notebook-Tischchen), offene oder halboffene Kojen; aus Bibliotheken kennt man, dass solche Arbeitsplätze auch sehr gerne von Einzelpersonen genutzt werden, das ergibt für die Einzelnutzung ein spezielles Feeling. Wichtig ist die Eignung für einen gewissen akustischen und optischen Rückzugsort in sachlicher Bequemlichkeit. Am häufigsten finden sich dafür Möbel oder Möbel-Arrangements, die drei Seiten geschlossen und eine offen haben. Es gibt eine faszinierende Vielfalt an Cubes in allen Ausformungen: mit Paravents umgebene Cocons, kleine Häuschen bis zu ausgemusterten Objekten wie Seilbahn-Kabinen.

Abb. 5: Eine Bürolandschaft für die Firma Yves Rocher, Stuttgart, geplant von designfunktion. © René Lamb Fotodesign.

Ausstattungselement *Meeting / Arbeitsgruppe / Team*

Arbeitsgruppenräume müssen keine langweiligen, weißen Räume nach einem immer gleichen Schema sein: Tische, Stühle und eine wie auch immer geartete Tafel.

Fishbowl-Verglasungen sind in Coworking Spaces sehr verbreitet, wohingegen in Bibliotheken Arbeitsgruppenräume häufig nur eine verglaste Tür haben. Die Transparenz ist gewollt, soll, wie die Sichtbarkeit von Arbeit insgesamt, motivieren und bewusst den Ein- und Ausblick ermöglichen. Die Möblierung umfasst i. d. R. Tische, die sich in andere Arrangements bringen lassen, und Stühle, die keine sogenannten Besucherstühle und auch keine Konferenzstühle sind.

Abb. 6: Bibliotheek Boekenberg, Spijkenisse (Niederlande), Gruppenarbeitsraum. Foto: Klaus Ulrich Werner.

Workshops sind in kommerziellen Coworking Spaces sichtbar. In Bibliotheken finden sie (leider!) selten im Open Space statt, was meist daran liegt, dass in Bibliotheken die nötige Ausstattung dafür meist stationär statt flexibel ist.

Abb. 7: Ein flexibles Design-Thinking- und Workshop-Set von studio.tools. Foto: Klaus Ulrich Werner.

Ausstattungselement *Einzelarbeit*

Einzelarbeit findet im Coworking Space prinzipiell an allen Plätzen statt und so finden sich auch klassische Lesesaal-Situationen aus Bibliotheken, allerdings dann meist mit übergroßen Arbeitstischen (nimmt man die DIN 67 700 zum Maßstab). Die Ausstattung beinhaltet meist nur Strom, häufig keine individuellen Arbeitsplatzleuchten. Die Stühle sind gestalterisch am Bürostuhl orientiert, mindestens in Bezug auf die Ausstattung mit Armlehnen und Rollen. Die Anordnung der Tische ist eigentlich nie im Omnibus-Stil, der ist hier mausetot und nur noch in Bibliotheken zu finden. Insbesondere bei fest vergebenen Arbeitsplätzen in Coworking-Bürogemeinschaften sieht man die Form des Einzelarbeitsplatzes als kleinere Blöcke zueinander gewandt als Standardtyp. In Bibliotheken dagegen findet sich traditionell eine breite Palette von ausdifferenzierten Einzelarbeitsplätzen, am klassischen Büroschreibtisch orientiert und am Carrel-Typ. Immer populärer sind dabei die nicht vollständig geschlossenen Waben, Cocons, Boxen – diese sind aber nie gläsern, weil sie primär als Semi-Rückzugsräume gedacht sind.

Die Atmosphäre unter Coworking-Mitgliedern ist von einem gewissen Gemeinschaftsgefühl geprägt, ohne Misstrauen: Notebooks werden nicht diebstahlgesichert. Für Persönliches sind meist Caddys, Aufbewahrungsboxen o. ä. im Angebot.

Ausstattungselement *Box*

Hier sind häufig die Funktionalitäten Telefonieren (Phonebox, Phone Booth) und Skypen intendiert. Insofern kommen sogar ausgemusterte ehemalige Telefonzellen aus dem öffentlichen Raum zum Einsatz, auch Sprechmuscheln an der Wand und diverse Arten von Boxen und Kabinen, nicht immer mit Sitzgelegenheit. Es geht dabei in erster Linie um Diskretion und um die Vermeidung von Störungen anderer.

Ausstattungselement *Spiel und Bewegung*

Die Kombination von Arbeit mit Bewegung und mit Spiel ist elementar für den Coworking Space. Auch das Sitzen muss nicht Zwang zu einer starren Position bedeuten, den viele Sitzmöbel auf den Nutzer ausüben. Bewegung kann beim Stuhl bereits durch Rollen, ergonomische Konstruktionselemente wie bewegliche Rückenlehnen und Sitzflächen erreicht werden. Es gibt Stuhlmodelle, die leichte Schaukelbewegungen ermöglichen ohne klassische Schaukelstühle zu sein, Polstermöbel unterstützen Bewegung in anderer Weise. Sessel und Sitzkörbe an Seilen, Hängematten, „Wackel-Hocker" usw., das Spektrum ist breit.

Bewegung ist auch das entscheidende Kriterium für angebotene Spiele, und hier geht das Angebot weit über den Tischfußball hinaus: Billard, Tischtennis, Xbox u. v. m., bis zum eigenen Gym oder zur Kletterwand in großen firmeneigenen Coworking-Häusern. In Bibliotheken ist die Einladung zu Bewegung in den Kinder- und Jugendbereichen konstitutiv, für Erwachsene haben Sportgeräteähnliche Installationen Einzug gehalten.

Relativ neu ist die Kombination aus dem Element Bewegung mit der Funktion der Fortsetzung der Arbeit bzw. mit der Energieerzeugung durch die eigene Bewegung (siehe Abb. 9).

Abb. 8: Geh-Arbeitsplatz Walkolution®, Universitätsbibliothek Regensburg. © Universität Regensburg.

Abb. 9: Stromerzeugendes Fahrrad-Ergometer in der Philologischen Bibliothek, Freie Universität Berlin. Foto: Janet Wagner.

Ausstattungselement *Bar*

Kaum ein Coworking Space ohne „Bar" mit Wasser, Kaffee, Tee und einem zu definierten Zeiten geöffneten Bier-Zapfhahn, alles meist als Flatrate. Kaffee bedeutet dabei aber zwingend, dass es sich um wirklich guten Kaffee handelt, wenn auch ohne Barista (zumindest ist dieses Niveau dann nicht mit einer Flatrate abgedeckt). Die Bar ist dabei immer auch ein Ort der Kommunikation, aber meist nicht als „Bar-Tresen" mit klassischen Barhockern ausgestattet.

Wasser gibt es an der Bar, hier ist die Refill-Station. In Bibliotheken ist (Leitungs-)Wasser als Flatrate natürlich kein Problem, Wassertrinken in Bibliotheken mittlerweile erlaubt, doch das komfortable, gut verortete Wiederauffüllen der Wasserflaschen vielerorts ein Problem, da Refill-Stationen fehlen[18]. Die Sanitärbereiche sollten dafür wirklich nicht der empfohlene und einzige Ort sein, wie es in den meisten Bibliotheken zumindest in Deutschland der Fall ist.

Abb. 10: Wasserspender in der Bibliothek der TU Delft (Niederlande). Foto: Klaus Ulrich Werner.

Ausstattungselement *Entspannung*

Ein Coworking Space ist per se ein Ort, der auf dem Zusammengehen von Arbeit, Kommunikation und Entspannung beruht, aber Entspannung ist nicht nur als Pausenausgleich zur Arbeit gedacht, sondern eher im Sinne eines entspannten

---

18 https://refill-deutschland.de (14.06.2020).

Arbeitens. Deshalb zieht sich das Element „relax" konzeptionell durch die gesamte Ausstattung. Trotzdem: zur Entspannung finden sich auch Daybed-artige Gelegenheiten zum Liegen (siehe auch Abb. 16).

Ausstattungselement *Accessoires*

Garderobenständer, auch im Stil alter Kaffeehäuser, finden sich immer und, was überaus erstaunlich ist, Topfpflanzen, nicht nur der Typ Gummibaum, der Ficus elastica des („spieß"-)bürgerlichen Wohnzimmers der 1960er Jahre, sondern auch teilweise kleine Tischtopfpflanzen als Deko-Elemente. Wanddekorationen sind vielfältig, häufig scheinbar unsinnige Retro-Objekte, ob Kuckucksuhren, alte Schilder, gerahmte (!) Fotografien. Deko will aber nie thematisch selbstreferenziell sein, d. h. der Coworking Space macht sich nicht illustrierend selbst zum Thema; keine Werbung, keine Aushänge, schon gar nicht als Belehrungen, Regeln o. ä. und beim Thema Kunst: echte Fotos in Rahmung, keine Foto-Poster, dabei sind lokale Bezüge sehr häufig.

Ausstattungselement *Literatur*

Zum Wohnzimmer gehören manchmal Magazine, doch das Bücherregal ist eigentlich kein Ausstattungselement. Aber es gibt Ausnahmen: so hat z. B. die *Factory Berlin*, die eine komplexere Institution als einen bloßen Coworking Space darstellt[19], auch einen Bereich „Bibliothek" benannt. Wenn Bücher vorhanden sind, dann finden sich meist keine klassischen Bücherregale, sondern ein Regalersatz als Ensemble aus zusammengesetzten Kästen und Kisten, was eine gewisse Rohheit betont und was sich vom bürgerlichen Wissensregal genauso absetzt wie vom funktionalen, „alte Bibliothek" signalisierenden Bibliotheksregal. Diese Art von Regalierung findet sich z. B. im neuesten Konzept der Hugendubel-Buchhandlungen (siehe Abb. 11) und auch im Bibliotheksbereich z. B. im „coolen", am Typ Wohnzimmer von Coworking Spaces orientierten Designkonzept der Stadtteilbibliothek Köln-Kalk (siehe Abb. 12).

---

19 https://factoryberlin.com/about/ (14.06.2020).

Abb. 11: Regale ohne Regalsystem, Buchhandlung Hugendubel, Filiale Berlin Europacenter, 2019. Foto: Klaus Ulrich Werner.

Abb. 12: Stadtteilbibliothek Köln-Kalk, 2019. Foto: Klaus Ulrich Werner.

Ausstattungselement *Raum, Materialien, Farbe, Licht*

In den verschiedenen Bereichen soll jeweils ein spezifisches Raumgefühl entstehen, das aber insgesamt eine gemeinsame, in sich konsistente Atmosphäre vermittelt. Wie man schon an den Ausstattungselementen nachvollziehen kann: Ausstattung ist (fast) alles! Materialien, Farben, Licht, Raumklima durchaus in Kontrasten: laut-gesellig und gedämpft-konzentriert, hell und dunkel, transparent und eher introvertiert, Weitblick innen und Blick nach draußen. Konstitutiv scheint der Kontrast von Rohheit (Werkstattcharakter, einzelne Backsteinwände) und Weichheit (Holz, Polstermöbel) sowie von Secondhand-Vintage und edlem Vitra-Feeling zu sein. Dabei findet sich Eklektizismus bei der Möblierung wie auch in der Dekoration.

So international und von globalem Zeitgeschmack geprägt die Anmutung von Coworking Spaces auch ist, bemerkenswert sind lokale oder regionale Bezüge. Eine der großen Anbieterfirmen erläutert auf Anfrage, dass man ganz bewusst mit lokalen Innenarchitekten zusammenarbeite, um im Rahmen des konzeptionell dichten Coworking-Designs feine, unaufdringliche Akzente des jeweiligen Ortes zu setzen.

Abb. 13: Bibliothek LocHal, Tilburg (Niederlande). Foto: Klaus Ulrich Werner.

Wenn der Rohbau es zulässt, finden sich in größeren Coworking Spaces Höhenversprünge zur Ausgestaltung verschiedener Ebenen; das Grundmuster des offenen, multifunktionalen Auditoriums erkennt man in vielen gestuften Räumen sofort. Es wird primär gar nicht für „großes Theater" und andere performative Formate genutzt, sondern die Gleichzeitigkeit kleinerer Nutzungsformen ist der Mehrwert: Sitzstufen mit Weitblick und sich unten wie auf einer großen Bühne fühlen ... Genau in dieser unvergleichlichen Mehrfunktionalität findet sich dieser Raumtyp auch in Bibliotheken, faszinierend in der neuen niederländischen Bibliothek LocHal in Tilburg.

Ausstattungselement *Technische Infrastrukturen*

Das Highlight einer jeden technischen Infrastruktur im Coworking Space ist – wie es in Englisch so schön heißt – „furiously-fast Wifi"! WLAN scheint noch wichtiger als Strom, was aber nicht heißt, dass im Coworking Space die Bedeutung einer Vielzahl von Stromanschlüssen unterschätzt wird (Adapter für internationale Nutzer sollten vorhanden sein). Gemeint ist vielmehr, dass nicht jeder Platz elektrifiziert ist, nicht sein muss, denn nicht alle Plätze sind als „permanente" Arbeitsplätze gedacht und außerdem sind die Akkus der Notebooks deutlich leistungsstärker geworden. An zweiter Stelle ist der IT-Support zu nennen, der als Hotline ein Herzstück der Dienstleistungen für die digital arbeitenden Mitglieder darstellt. Weitere Ausstattungselemente sind Druckmöglichkeiten und Info-Screen(s), d. h. zentral installierte große Displays.

Ausstattungselement *Kommunikation*

Der Coworking Space zielt auf die Unterstützung und Förderung von Kommunikation, nicht nur im Sinne des Kontakteknüpfens durch zufälliges Ins-Gespräch-Kommen, vielmehr um planvolles, aktives Vernetzen der Coworker. Der Coworking Space kann geeignete Gesprächspartner finden und diese zusammenbringen, was nicht dem Zufall überlassen, sondern mit einer Datenbank und Selbsteintragungen zu eigenen Kontakt-Interessen erreicht wird. Anwesende können sich mit ihren Kontaktwünschen auch auf einem großen Info-Bildschirm selbst präsentieren. Klassische Wege der geschäftlichen Kommunikation stehen ebenfalls offen: der Coworking Space als Firmenadresse, als Postfach, als einladender Ort, um Geschäftspartner zu treffen.

Am physischen Ort gehört die Option der persönlichen Ansprache und Betreuung im Sinne einer Ansprechperson zum Service des Betreiberunternehmens, das wäre als reine Hotline nicht vermittelbar. Und: Außer gewisser vertraglicher Bestimmungen für die Inanspruchnahme gibt es keine weiteren „bürokratischen" Regeln: Der Coworking Space erklärt sich sozusagen selbst,

Hinweis- oder gar Verbotsschilder wie in einer Bibliothek wird man nicht finden. Selbstständigkeit und Selbsttätigkeit prägen die Erwartungshaltung beider Vertragspartner. Dazu gehört auch die Online-Buchungsmöglichkeit bei festen Räumen (Meeting, Besprechung) und Plätzen. Die selbstständige Buchung im Netz ist heute in unserer Gesellschaft fast schon ein Wert an sich geworden (Reisen, Räume, Eintrittskarten, Termine, Abendessen, Verabredungen, Zeitfenster).

Diese aktive Vernetzung von Nutzern und Nutzerinteressen ist Bibliotheken prinzipiell gar nicht völlig fremd: das findet im Programmzusammenhang in Öffentlichen Bibliotheken und in Ansätzen auch in Wissenschaftlichen Bibliotheken statt: Programme in Makerspaces, Formate wie „Living Book" oder auch das Sonntagsbüro[20] der Zentral- und Landesbibliothek in Berlin sind im Grunde diesem Vernetzungs-Konzept verwandt.

Ausstattungelement „Coolness-Faktor"

Wie bei Bibliotheken ist der sogenannte 11. Faktor von Andrew McDonalds „Top Ten Qualities of Good Library Space"[21] mehr als nur erstrebenswert: Als Wow-Faktor gilt heute generell: wie eine coole Bibliothek muss auch der Coworking Space „instagrammable" sein!

4 Typologien und Abgrenzungen von Raumkonfigurationen der Zusammenarbeit

Die Bibliothek als Lernort mit ihren Raumkonfigurationen ist schon häufig dargestellt worden. Zentral sind zwei Tendenzen bei den Raum- und Aufenthaltsangeboten: einerseits die quantitative Verschiebung von der früher dominierenden Einzelarbeit hin zu mehr Flächen für Partner- bzw. Gruppenarbeit und andererseits die qualitative Weiterentwicklung von Bibliotheksflächen zu einem programmatischen Zusammengehen von Arbeit/Lernen und Entspannung/Kontemplation – sozusagen eine inhärente, raumgewordene Work-Life-Balance. Hier trifft sich der Lernort Bibliothek mit der Programmatik des Coworking Space. Die Ähnlichkeiten von Elementen des Coworking Spaces und konstitutiven Be-

---

20 Siehe hierzu den Beitrag von Tim Leik in diesem Band.
21 McDonald 2006.

standteilen des Lernorts Bibliothek sind unübersehbar,[22] konkret in den Bereichen, die man unter „Learning Spaces" zusammenfassen könnte. Wie lassen sich die Schnittmengen dieser drei „spaces" beschreiben: Learning Space, Coworking Space und Makerspace[23], drei in hohem Maße kuratierte Flächen und Räumlichkeiten, die in besonderem Maße kollaboratives Arbeiten fördern sollen?

Bei allen diesen Raumkonfigurationen geht es zentral um Aufenthaltsqualität, um die sozialen und die kommunikativen Potenziale. Es geht um digitale und analoge Vernetzung und um Individualisierung bzw. Individualisierbarkeit (temporäre Anpassung) sowie eine vielfältige Ausgestaltung und Ausstattung.

Zur Abgrenzung und begrifflichen Schärfung dient die folgende Auflistung, die gleichzeitig die Schnittmengen verdeutlicht:

Was zeichnet einen Coworking-Space aus?

- große Vielfalt mit definierten Modulen (u. a. das Wohnzimmer)
- halböffentliches, modernes „Büro"
- Austausch und Inspiration
- Schreiben und Kommunizieren
- Sozialleben und ein gewisses Zugehörigkeitsgefühl
- Arbeit und Entspannung
- Konferieren
- Gäste empfangen
- Atmosphäre, Design, „stylisch"
- Kein „Behördenpersonal", also keine pädagogisch agierenden Bibliothekare
- Flatrate für Kaffee, Wasser usw.
- Flexible Büros plus X
- Caddys, Aufbewahrungsbehältnisse
- Service-Paket (z. B. IT-Support)
- Englischsprachigkeit
- „Co-Work & Play". d. h. Familienfreundlichkeit
- Komplexe Raumkonzepte

---

22 Es gibt eine Fülle von Literatur zur Bibliothek als Drittem Ort. Siehe hierzu u. a. die Bibliografie bei Hauke & Werner 2016, S. 498 ff.
23 Siehe die Bibliografie bei Hauke & Werner 2016, S. 495 f.; Lüthi-Esposito 2016.

Was zeichnet einen Learning Space aus?

- Erleben als „Dritten Ort"[24]
- Vernetzung: „be always connected!"
- vielfältiges Mobiliar
- Unterstützung unterschiedlicher Lern- und Arbeitsstile
- Einzel-, Partner-, Gruppenarbeit
- Nutzerspezifik
- Individualisierung, Anpassungsfähigkeit
- Temporäre Veränderbarkeit
- Zonierungen
- Raumqualitäten: Licht, Klima, Atmosphäre, Barrierefreiheit
- Bibliothekspersonal ist anwesend
- Didaktisches Handeln: Lernbegleitung, -beratung
- Öffentliche, nichtkommerzielle „Büros" mit Anregung
- Caddys, Aufbewahrungsbehältnisse
- er ist „cool"
- Lounge-Elemente / sich wie in seinem Lieblingscafé fühlen
- Komplexe Raumkonzepte, Angebotskonzepte, Organisationskonzepte

Was zeichnet einen Makerspace aus?

- Werkstattcharakter (Garage, FabLab, DIY-Raum, Bastelbude)
- Lernen und Machen
- Austausch und Teilen
- Produzieren und Experimentieren
- (Sicherheits-)Regeln
- Sicherheits-Vorkehrungen (Maschinen!)
- Externes Personal
- ggf. Flatrate für bestimmtes Material
- Komplexe Ausstattungskonzepte

Der Coworking Space ist ein kuratiertes Ensemble, ein konzeptionell sehr geschlossenes Setting, der Learning Space eine bibliotheksspezifische Teilmenge, stärker fokussiert auf Einzel- und Gruppenarbeit mit Lounge-Elementen, der Makerspace die kleinste Einheit, eine Sonderform, die multifunktionale (Hobby-) Werkstatt.

---

24 Oldenburg 1999.

5 Zonierung und räumliches Multitasking

Bibliotheken haben ihre Flächen bislang deutlich nach funktionalen Kriterien (unterschiedlichen Nutzungsbereichen) zoniert und gemäß der Zweiteilung der Mediensicherung in kontrolliertem und unkontrolliertem Bereich; Wissenschaftliche Bibliotheken besonders auch nach akustischen Bedingungen von laut bis leise, wobei man von der Annahme ausgeht, dass konzentriertes Arbeiten heißt, Nutzer arbeiten alleine und Loungebereiche dienen der Kommunikation. Das Nutzungsverhalten hat sich davon allerdings deutlich entfernt, wie man z. B. in der gedämpft-ruhigen Atmosphäre von Lounges oder beispielsweise im sehr ruhigen sog. Parlatorium der Universitätsbibliothek Freiburg erleben kann: Auch die nicht als „Pssst!"-Bereiche ausgewiesenen Flächen sind häufig von konzentrierter Arbeit geprägt, allein, zu zweit, in Kleingruppen – mehr oder weniger kollaborativ.

Zonierung im Coworking Space setzt erfolgreich darauf, dass sich die jeweilige Funktion durch Raumgestaltung, Möblierung, Buchungshinweise und auch dadurch intuitiv vermittelt, dass die Nutzer das soziale Verhalten der anderen als das dem Raum angemessene erkennen. Dagegen versuchen Bibliotheken traditionell, die Nutzungsbedingungen mit Warnhinweisen, Verboten, verschriftlichten Reglementierungen durchzusetzen, wobei es dabei deutliche kulturelle Unterschiede gibt: besonders deutsche Wissenschaftliche Bibliotheken agieren hier auch in modernen Lernlandschaften unübersehbar pädagogisch intendiert, was für junge Nutzer heute häufig befremdlich wirkt.

Interessant sind zwei neuere Bibliotheken von Schweizer Architektenbüros aus dem Jahr 2015, die beide neue Strategien der Gestaltung von Learning Spaces und der Zonierung innerhalb der traditionellen Bibliothek verfolgen. Der Neubau der Universitätsbibliothek der Universität Freiburg im Breisgau und die Implementierung einer Hochschulbibliothek in einem alten Industriegebäude für die ZHAW in Winterthur im Kanton Zürich. Außerdem eine in ihrer Art mustergültige, unter Mitwirkung von Aat Vos entstandene Öffentliche Bibliothek, die 2018 eröffnete Stadtteilbibliothek Köln-Kalk.

Universitätsbibliothek Freiburg: Lernort total

Der gläserne Bau von *Degelo Architekten* schneidet die Bibliothek über alle Etagen in zwei ungleiche Hälften, die größere ist Lernort mit Büchern und die kleinere, das sog. Parlatorium, der Lernort mit Café, fast identisch möbliert, nur fehlen hier die Bereiche mit Arbeitstischen in an einen Lesesaal erinnernder Anordnung und Ausstattung. Jedoch machen alle Nutzer fast überall das Gleiche und damit nicht, was die Zonierung vorsieht; allerdings geht Getränk mit Brezel nur im Parlatorium, wo es aber keinerlei sichtbare gastronomische Exzesse gibt – auch in den Coworking Spaces bestellt man sich keine Pizza vom Lieferdienst. Auf den Etagen sind die beiden so ähnlichen, aber im Selbstverständnis der Bibliothek so grundverschiedenen Hälften, nur durch Glaswände separiert, ja man kann sogar in die Großraum-Bürolandschaft der Bibliotheksverwaltung schauen, wo die gleichen Einrichtungsarrangements moderne Coworking-Arbeitswelt suggerieren.

Die innenarchitektonische Konvergenz von Learning Space und moderner Büroarbeitswelt mit den gleichen Alkoven-Sofas und Besprechungssituationen ist jedoch überraschend wenig vom Coworking Space und seiner Vielfalt inspiriert. Es gibt die dicht gedrängten, akustisch heruntergedimmten Lesesaal-Situationen, klassisch in Ausstattung und den Anordnungsmodi einerseits, und die locker möblierte Learning-Space-Landschaft, die zeigt, dass Einzel-, Paar- und Gruppenarbeit sehr harmonisch nebeneinander funktionieren. Die weitere Zonierung schaffen die Nutzer durch ihre Vorlieben selbst, durch temporäre Anpassung an ihre Bedürfnisse: Sessel werden natürlich immer zur gläsernen Fassade mit Weitblick ausgerichtet: „seat with a view".

Abb. 14: Universitätsbibliothek Freiburg. Foto: Klaus Ulrich Werner.

ZHAW Winterthur: Lernlandschaft

Für die Hochschulbibliothek der Zürcher Hochschule für Angewandte Wissenschaften (ZHAW) am Hauptstandort Winterthur realisierten *P & P Architekten* ebenfalls eine Trennung in zwei Bereiche mit separaten Eingängen: die „eigentliche" Bibliothek, durchaus als alle traditionellen Lernformen umfassender attraktiver Lernort über 3 Ebenen, und dann auf einer Etage darüber der erste, deutlich von Coworking Spaces inspirierte Bibliotheksbereich, den der Verf. im deutschsprachigen Bereich kennt: eine „Lernlandschaft"[25] in einer ehemaligen Lehrlingswerkstatt des Industriegebäudes mit verschiedenartigen Settings. Nach dem Motto „Der erste Eindruck zählt" führt der Zutritt dieses 24/7-Bereiches nicht an einer klassischen Bibliothekszugangskontrolle vorbei: statt eines Cerberus wird ein elektronisches Zugangssystem eingesetzt, für die Beratung studentische Mitarbeiter. Das Fluidum der durch die alten Galerie-Einbauten unverwechselbaren Industrie-Etage ist mit vielen Elementen des Coworking Space gestaltet und es vermittelt sich, dass es nicht etwas ist, was ausschließlich „Learning Center" heißen könnte. Freiräume zonieren die flexiblen, pluripotenten Flächen (siehe Abb. 15). Rückzugsmöglichkeiten in verschiedenen Abstufungen bieten Flächen hinter Paravents, Chaiselongues mit Ohrensessel-Oberteil oder auch Arbeitsplätze mit Sichtblenden (siehe Abb. 16). Selbst ohne das Modul „bürgerliches Wohnzimmer" (Dreiseitensofa, Kissen, Couchtischchen, Stehlampe, Teppich) ist das Modell Coworking Space erkennbar.

---

25 https://www.zhaw.ch/de/hochschulbibliothek/arbeiten-lernen/hochschulbibliothek-winterthur/lernlandschaft/ (14.06.2020).

Abb. 15: „Lernlandschaft" in der Bibliothek der ZHAW Winterthur (Schweiz). © ZHAW Hochschulbibliothek, Sylvia Wanke.

Abb. 16: „Lernlandschaft" in der Bibliothek der ZHAW Winterthur (Schweiz). © ZHAW Hochschulbibliothek, Sylvia Wanke.

Stadtteilbibliothek Kalk: Experimentieren, Kollaborieren, Abhängen

In einem denkbar problematischen, herausfordernden Umfeld in Köln-Kalk im brutalistischen Gebäude des Bürgeramtes an einer vielbefahrenen Verkehrsstraße gelegen, hat die Stadtbibliothek Köln 2018 am alten Standort unter Mitarbeit von Aat Vos und mit Hilfe eines Design-Thinking-Prozesses ein neues Konzept realisiert, das eindrücklich Elemente verwendet, die auch für den Coworking Space typisch sind.[26]

Der Zutritt zur Stadtteilbibliothek erfolgt ohne traditionellen Thekenbereich, auch gibt es keinen klassischen Infotresen, es wird jede (bibliotheks)bürokratische Anmutung vermieden, dazu gehört aus Sicht der Bibliotheksleitung der Verzicht auf bibliothekarisches Fachpersonal. In einer neuartigen Form von Zonierung gliedern sich die beiden Etagen, die Eindeutigkeit der Funktionen ist aber nicht durchgängig generationenspezifisch, obwohl das 1. OG als Jugendbereich gedacht und Blickfang des Kinderbereiches die Hasen-Kletterlandschaft ist. Die (gleich mehrfach vorhandenen) Wohnzimmer sind wie eben Wohnzimmer in einer Familie: für alle da. Und es gibt auch: den langen Tisch, den Makerspace (auch als Pop-up), eine innovative, interaktive Screenwand, Hausaufgaben-Plätze, eine eklektizistische Vielfalt von Sitzgelegenheiten – hoch und tief, weiche Polster und Holzstühle, Bartresen-Situationen mit Blick in den Außenraum. Dieser Außenraum wirkt an allen Fassadenseiten in den Raum hinein (von der Straße und dem bespielten Hof) und Ausblicke hinaus sind aus der Innenraumgestaltung heraus entwickelt. Die Regale für Bücher und alles Gegenständliche (inkl. Dekoration) sind keine Bibliotheksregale, sondern in der Optik gestapelte, gebaute Kisten und Kästen und so auch als zonierendes Raumelement eingesetzt, um Funktionsbereiche, oder besser „Zimmer" von der offenen Marktplatzsituation gliedernd abzusetzen. Bei Kindern verschwimmen Raum-Zonierungen ja altersgemäß etwas, sie streifen umher, machen alles spontan eher wie auf einem Spielplatz, der ganze Raum als Makerspace. Die konzeptionelle Trennung zur „Jugend-Etage" ist intuitiv klar (keine Bücher!) und trotzdem multifunktional nutzbar.

---

26 Vogt 2019.

Abb. 17: Stadtteilbibliothek Köln-Kalk 2019. Foto: Klaus Ulrich Werner.

Die Kuratorinnen und Kuratoren scheuten sich nicht, Bücher durchaus auch wie Dekoration einzusetzen, und interessanterweise ergibt das nicht unbedingt eine unangemessen altbackene Bibliotheksanmutung, obwohl man in der Haupt(eingangs-)Etage unübersehbar auf das Buch als wichtigstes Medium rekurriert. Ähnlich die Wirkung gerahmter alter Fotografien mit lokalem Bezug zu Kalk: das ist nicht bildungsbürgerlich-pädagogisch intendiert, die Bezüge sind unaufdringlich, aber nicht bedeutungslos, man kann, muss sie aber nicht zur Kenntnis nehmen – und sie sind definitiv nicht bibliothekarisch selbstreferenziell.

6 Fazit

Raumkonzepte von Coworking Spaces zu entschlüsseln und die Typologien ihrer Bestandteile zu betrachten, das dient nicht einem Kopieren und schon gar nicht einem unkritischen Transfer dieser Settings aus der Arbeitswelt an den nicht-kommerziellen Dritten Ort Bibliothek. Eine Vielzahl von Elementen ist jedoch wesensverwandt mit denen des Lernorts Bibliothek, der kuratierte Coworking Space arbeitet erfolgreich mit globalen gesellschaftlichen Trends und zieht eine Vielzahl von Schlüssen aus einer grundlegenden Veränderung der Arbeitswelt. Das Paradigma Kuratieren passt auch deshalb gut, weil Kuratieren „Vernetzen" meint, ein kreatives In-Beziehung-Setzen, was in Ausstellungsräumen auch eine dreidimensionale Bedeutung hat.

Dabei ist der Gestaltungsprozess im Coworking Space mehr als Innenarchitektur und Innenraumgestaltung, es ist auch ein Produkt, eine Marke – keine schicke Kulisse, sondern ein schlüssiges Konzept. Und so wie die „Bibliothekskonzentration" als Alleinstellungsmerkmal der das Lernen unterstützenden Aufenthaltsqualität am Lernort Bibliothek gilt,[27] kreiert der Coworking Space eine spezifische, inspirierende Arbeitsatmosphäre, von der in der Bibliothekswelt lohnende Anregungen zu erwarten sind.

Der Blick in die Niederlande zeigt, wie so häufig, Wege zur Weiterentwicklung: das erfolgreiche Konzept einer Plattform zur Vermittlung von Coworking Spaces *Seat2meet* („Work together, find relevant people, events and locations") wurde bereits weltweit von den ersten Bibliotheken als tragfähig für eine Zusammenarbeit erkannt: so vermietet auch die Bibliothek LocHal in Tilburg über diese Plattform Räume für Meetings, die Bibliothek öffnet sich der Welt der Entrepreneurs und Start-ups – das ist Zusammenarbeit statt Konkurrenz.

Originell und mit viel soziologischer Theorie unterfüttert ist die jüngste Kritik von Karsten Schuldt an der Konvergenz von Raumgestaltung in Bibliotheken und Coworking Spaces, die u. a. auf eine Kritik der vermeintlichen Übernahme des wirtschaftlichen Effizienzdenkens aus der Ökonomie durch Bibliotheken zielt. Schuldt kritisiert einen angeblichen Habitus der Mittelschicht, den er in der Ästhetik der Coworking Spaces zu finden glaubt, und hält die an Coworking Spaces angelehnt gestalteten Öffentlichen Bibliotheken für gesellschaftlich ausgrenzend.[28] Dabei gerät namentlich Aat Vos als exemplarischer Design-Coach ins Zentrum der Kritik[29], welcher in letzter Zeit viele Bibliotheksprojekte berät. Solche Bibliotheken sähen aus wie „durchgestylte Cafés"[30], seien „Räume für und vom unteren Mittelstand"[31]. Aber grenzen sie bestimmte Zielgruppen der Bibliotheken wirklich aufgrund von Ästhetik aus? Schuldts These bedeutet: Der Shabby-Lock und die Used-Optik sind also Mittelschichtsgeschmack und diese Bibliotheken somit viel zu aufwendig kuratiert für sozial Benachteiligte, für diese sogar abschreckend.

Die empfohlene Alternative des Autors erweist sich allerdings als absurd und bleibt mit Blick auf Bibliotheken nur Behauptung, es gelte nämlich stattdessen „Räume, die möglichst viele Menschen aus möglichst vielen Schichten lang-

---

27 Fansa 2008, S. 36.
28 Schuldt 2020a.
29 Schuldt 2020.
30 Schuldt 2020, S. 110.
31 Schuldt 2020, S. 108.

weilig und unauffällig finden"[32] zu gestalten – diese seien erfolgversprechender und sozusagen gesellschaftlich inklusiv. Solchen Thesen würden Bibliothekare von DOKK1 in Århus oder von Oodi in Helsinki sicher heftig widersprechen und auf die nachweisbare gesamtgesellschaftliche Teilhabe in ihren überaus hochwertig „gestylten" Bibliotheken verweisen: ein Gefühl von „Hier bin ich richtig", dass sich nachweislich allen Schichten vermittelt.

Die jetzt schon zum wiederholten Male[33] publizierte Philippika ruft eine Debatte aus Frankreich ins Gedächtnis über die Öffentlichen Bibliotheken in den Jahren der großen Unruhen in den Banlieues um Paris, als zwischen 1996 und 2013 siebzig Öffentliche Bibliotheken attackiert, demoliert und sogar angezündet worden waren[34]: Die aufwendig gestaltete und gut ausgestattete französische Médiathèque wurde als Symbol empfunden für ein unglaubwürdiges Integrationsversprechen an die Jugend in diesen sozial abgehängten Gebieten. Es war jedoch nicht das „Durchgestylte", sondern das Bibliothekskonzept, das nicht adäquat war: die Künstlichkeit dieses Versuches, eine Institution der französischen Hochkultur ohne sozial-integrative Programmarbeit zu implementieren, ohne nutzerspezifisches Medien- und Veranstaltungsangebot und ohne das für diesen „Front-Job" ausgebildete, spezifische Bibliothekspersonal, war entlarvend. Eine Billig-Variante-Bibliothek im Sinne von Schuldt, ein bloßes Downgrading des Typus französischer Médiathèque als langweilige, mausgraue Bibliothek für Jugendliche in prekären Lebensverhältnissen hätte womöglich keine Aggressionen hervorgerufen, stattdessen wohl aber schlichtes Ignorieren durch die eigentliche Zielgruppe. – Bibliotheksflächen konzeptionell aufwendig zu kuratieren und (hoch)wertig auszustatten, um Bibliotheken als zeitgemäße, „coole" Orte zu gestalten, dazu gibt es keine erfolgversprechende Alternative, das belegen u. a. DOKK1, Oodi oder auch Köln-Kalk.

Literatur

100 Working Spaces (2018). Das größere Magazin für Bürokultur und Corporate Architecture. Ammerndorf: CSMM.

Arefzadeh, Sarina (2019). What libraries can learn from WeWork. https://blog.pressreader. com/news/2019/01/coworking-libraries-learn-wework (31.08.2020).

Bender, Désirée (2013). Mobile Arbeitsplätze als kreative Räume. Coworking Spaces, Cafés und andere urbane Arbeitsorte. Bielefeld: transcript.

---

32 Schuldt 2020, S. 110.
33 Schuldt 2019 als Blogbeitrag.
34 Merklen 2013.

Bergmann, Julia (2013): Co-Working – ein Konzept für Bibliotheken? Bibliotheksdienst (2013) 10, S. 762–767. https://zukunftswerkstatt.wordpress.com/2013/10/28/co-working/ (14.06.2020).

Bilandzic, Mark (2013). Libraries as coworking spaces: Understanding user motivations and perceived barriers to social learning. Library Hi Tech 31(2). https://doi.org/10.1108/073788313113290400 (31.08.2020).

Bonte, Achim (2011). Stimulierendes Umfeld für wissenschaftlichen Austausch und Gründerideen: Die SLUB kooperiert mit einem Coworking Space. BIS – Das Magazin der Bibliotheken in Sachsen, 6–8.

Coworking Library. https://coworkinglibrary.com/publications/ (14.06.2020).

Dark Horse Innovation (Hrsg.) (2018). New Workspace Playbook: das unverzichtbare Praxisbuch für neues Arbeiten in neuen Räumen. Taktiken, Strategien, Spielzüge. Hamburg: Murmann Publ.

Davies, Alixe & Tollervey, Kathryn (2013). The Style of Coworking: Contemporary Shared Workspaces. München, London, New York: Prestel.

Depping, Ralf & Mrowka, Tjana (2019). „Zustände wie bei einem Rockkonzert": Der Lernort Hochschulbibliothek als „Hype". In: Haike Meinhardt & Inka Tappenbeck (Hrsg.), Die Bibliothek im Spannungsfeld: Geschichte – Dienstleistungen – Werte. Festschrift für Hermann Rösch (S. 149–162). Bad Honnef: Bock + Herchen.

DIN, Deutsches Institut für Normung (2016). DIN 67700:2017-05, Bauen von Bibliotheken und Archiven. Anforderungen und Empfehlungen für die Planung. Berlin: Beuth.

Doorley, Scott & Witthoft, Scott (2012). Make Space. How to Set the Stage for Creative Collaboration. Hoboken: Wiley.

Engelke, Anja (2018). Co-Working. Mehr als W-Lan und Latte macchiato. FAZ v. 29.11.2018, aktualisiert am 6.12.2018. https://www.faz.net/-gym-9h5g4 (14.06.2020).

Fansa, Jonas (2017). Dritte Orte: Mehr Wille zur Gestaltung öffentlicher Räume. BuB – Forum Bibliothek und Information, 69(10), 566 f.

Fansa, Jonas (2015). Wie geht es weiter am Dritten Ort? Der enthierarchisierte Bibliotheksraum/Plattform für die Vermittlung von Kulturtechniken und gesellschaftlichen Dialog. BuB – Forum für Bibliothek und Information 67(7), 438–439.

Fansa, Jonas (2009). Bibliotheksdesign. Zur gestalterischen Verantwortung im bibliothekischen Raum. In: Petra Hauke & Klaus Ulrich Werner (Hrsg.), Bibliotheken bauen und ausstatten (S. 218–226). Bad Honnef: Bock + Herchen.

Fansa, Jonas (2008). Bibliotheksflirt: Bibliothek als öffentlicher Raum. Mit einem Vorw. v. Klaus Ulrich Werner. Bad Honnef: Bock + Herchen. https://edoc.hu-berlin.de/handle/18452/14096 (14.06.2020).

Grassin, Tim (2017). Co-working Spaces vs Coffee Shops vs Libraries. Which is the Best Workspace for a Digital Nomad? https://medium.com/@timgrassin/co-working-spaces-vs-coffee-shops-vs-libraries-which-is-the-best-workspace-for-a-digital-nomad-470fc1166e4d (31.08.2020).

Hauke, Petra & Werner, Klaus Ulrich (Hrsg.) (2016). Praxishandbuch Bibliotheksbau. Planung, Gestaltung, Betrieb. Berlin/Boston: De Gruyter Saur.

Johnson, Cat (2017). Coworking: Bibliotheken werden Vermieter und Gründerzentren. Übers. Von Helga Bergmann. b.i.t.online 20(4), 305–308. https://www.b-i-t-online.de/heft/2017-04-nachrichtenbeitrag-johnson.pdf (14.06.2020), Originalbeitrag: 5 coworking spaces and business incobators in libraries that support local workers. shareable v. 03.04.2017.

https://www.shareable.net/5-coworking-spaces-and-business-incubators-in-libraries-that-support-local-workers/

Johnson, Cat (o. J). 15 Must-Do's. Your first month in a coworking space. https://catjohnson.co/shop/content-cheatsheets/must-dos/ (14.06.2020).

Johnston, Poppy (2019). Coworking in libraries and other ways these civic spaces are evolving. The Fifth State 4 June 2019. https://www.thefifthestate.com.au/innovation/commercial/coworking-in-libraries-and-other-ways-out-civic-spaces-are-evolving/ (31.08.2020).

Kerlé, Peter & Küchler, Nathalie (2019). Planen Sie Ihren Lieblingsort in der Bibliothek! Dialog mit Bibliotheken 31(1), 43–48. https://d-nb.info/1180653319/34 (14.06.2020).

King, Steve (2017). Coworking is not about workspace – it's about feeling less lonely. Havard Business Review v. 28.12.2017. https://hbr.org/2017/12/coworking-is-not-about-workspace-its-about-feeling-less-lonely (14.06.2020).

Kinugasa-Tsui, Kenny (Hrsg.) (2018). Co-working Space Designs. Mulgrave: Images Publishing Group.

Koch, Marion (2018). Der Lesesaal als Coworking Space. b.i.t.online 21(1), 44–46.

Kohlert, Christiane & Cooper, Scott (2017). Space for Creative thinking. Design Principles for Work and Learning Environments. München.

Lüthi-Esposito, Gabriela (2016). Makerspaces – Bibliotheksräume für Macher. In: Hauke & Werner (Hrsg.). Praxishandbuch Bibliotheksbau. Planung, Gestaltung, Betrieb (S. 238–249). Berlin/Boston: De Gruyter Saur, S. 238–249.

Mathews, Brian & Soistmann, Leigh Ann (2016). Encoding space. Shaping learning environments that unlock human potential. Chicago: ALA.

McDonald, Andrew (2006). The Ten Commandments revisited. The Qualities of good library space. LIBER Quarterly, 16(2), [ohne Pag.]. https://www.liberquarterly.eu/article/10.18352/lq.7840/ (14.06.2020).

McGrath, Robert E. (2018). What is Coworking? A look at the multifaceted places where the big economy happens and workers are happy to find community. Urbana Il.

Merkel, Janet (2014). Gärtner der urbanen Arbeitswelt. Wie Coworking Spaces kuratiert werden. WZB Mitteilungen, H. 145 (September 2014). https://bibliothek.wzb.eu/artikel/2014/f-18640.pdf (14.06.2020).

Merklen, Denis (2013). Pourquoi brûle-t-on des bibliothèques? Villeurbann: Presses de l'enssib.

Metzmacher, David (2019). Wie finde ich einen passenden Coworking-Space? Frankfurter Allgemeine Zeitung v. 22.06.2019.

Müller, Agnes Katharina (2018). Coworking Spaces. Urbane Räume im Kontext flexibler Arbeitswelten. Berlin: Lit Verl.

Newport, Cal (2016). Deep work. London: Piatkus.

Oldenburg, Ray (1999). The Great Good Place. Cafés, Coffee Shops, Bookstores, Bars, Hair Salons, and other Hangouts at the Heart Community. Cambridge: Da Capo Press.

Poth, Daniela & Fricke, Fee-Saskia (2019). Experimentierfläche und Partizipationsprozess: Die weitere Entwicklung des Digital Creative Space an der SUB Göttingen. https://opus4.kobv.de/opus4-bib-info/frontdoor/index/index/start/0/rows/20/sortfield/score/sortorder/desc/searchtype/simple/query/poth/docId/16221 (14.06.2020).

Reckwitz, Andreas (2017). Die Gesellschaft der Singularitäten. Zum Strukturwandel der Moderne. Berlin: Suhrkamp.

Rövekamp, Marie (2018). Schöner schuften. Wie das Büro von morgen aussieht. Der Tagesspiegel v. 12.05.2018. https://www.tagesspiegel.de/wirtschaft/schoener-schuften-wie-das-buero-von-morgen-aussieht/21248256.html (14.06.2020).

Schreiber, Melody (2018). An Ode to Libraries, the Original Co-Working Spaces. https://bookriot.com/libraries-as-coworking-spaces/ (31.08.2020).

Schröteler-von Brandt, Hildegard et al. (Hrsg.) (2014). Raum für Bildung. Ästhetik und Architektur von lern- und Lebensorten. Bielefeld: Transcript Verlag.

Schuldt, Karsten (2020). Mit Bourdieu in der Bibliothek. Ein kritischer Blick auf aktuelle Bibliotheksräume. BuB 72(02/03), 108–110.

Schuldt, Karsten (2020a). Vom Unbehagen mit „den Bibliotheken" von Aat Vos. In: Bernhard Käpplinger (Hrsg.), Neue Häuser der Erwachsenenbildung 1959 und 2019 – bleibt alles anders? (S. 125–136). Berlin, Bern u. a.: Lang.

Schuldt, Kasten (2019). Vom Unbehagen mit „den Bibliotheken" von Aat Vos. https://bildungundguteslesen.wordpress.com/2019/06/19/vom-unbehagen-mit-den-bibliotheken-von-aat-vos/ (14.06.2020).

Schwartz Lussier, Kathy (2017). Your Library is the Perfect Coworking Space. Workfrom Magazine Feb 26 (2017). https://workfrom.co/magazine/story/library-perfect-coworking-space (31.08.2020).

Stang, Richard (2018). Lernwelten im Wandel: Entwicklungen und Anforderungen bei der Gestaltung zukünftiger Lernumgebungen. Berlin/Boston: De Gruyter Saur.

Vogt, Hannelore (2019). Wo Design Thinking Wirklichkeit wird: Bibliothek im Quartier als Dritter Ort und Open Library. Vortrag auf dem Bibliothekskongress Leipzig 2019. https://opus4.kobv.de/opus4-bib-info/frontdoor/index/index/docId/16192 (14.06.2020).

Vos, Aat (2017). How to create a relevant public space. Rotterdam: nai010 Publ.

Welter, Tonia & Olma, Sebastian (Hrsg.) (2011). Das Beta-Prinzip: Coworking und die Zukunft der Arbeit. Berlin: Blumenbar und betahaus.

Werner, Klaus Ulrich (2018). User-Curators Transform the Library. Proceedings of the 84th IFLA World Library Congress 2018. http://library.ifla.org/2160/1/162-werner-en.pdf

Werner, Klaus Ulrich (2016). Bauen im Dialog. Das Zusammenspiel von Architekt und Bibliothekar. In: Nolan Lushington u. a. (Hrsg.). Entwurfsatlas Bibliotheken (S. 62-67). Basel: Birkhäuser.

Werner, Klaus Ulrich (2016a). Lernräume der Zukunft. Perspektiven junger Gestalter. In: Petra Hauke & Klaus Ulrich Werner (Hrsg.), Praxishandbuch Bibliotheksbau. Planung, Gestaltung, Betrieb (S. 177–197). Berlin/Boston: De Gruyter Saur.

Werner, Klaus Ulrich (2015). Bibliothek als Ort. In: Rolf Griebel, Hildegard Schäffler & Konstanze Söllner, Praxishandbuch Bibliotheksmanagement, Bd. 1 (S. 95–107). Berlin, München, Boston: De Gruyter Saur.

Werner, Klaus Ulrich (2013). „Dear Architect, ..." A librarian's View. In: European Libraries Now. World Architecture 273(03), 18 f.

Anhang

Abkürzungen

3D	dreidimensional, drei Dimensionen
Abb.	Abbildung
AGB	Amerika-Gedenkbibliothek, Berlin
AKBM	Arbeitsgemeinschaft für Kunst- und Museumsbibliotheken
ALA	American Library Association
API	Application Programming Interface (Programmierschnittstelle)
App	Anwendungssoftware (application software)
Art.	Artikel
AStA	Allgemeiner Studierendenausschuss
BIB	Berufsverband Information Bibliothek e. V.
BID	Bibliothek und Information Deutschland e. V.
bspw.	beispielsweise
BuB	BuB: Forum Bibliothek und Information, Fachzeitschrift des BIB e. V.
CAS	Certificate of Advanced Studies
CC	Creative Commons
d. h.	das heißt
DACH	Deutschland, Österreich, Schweiz
dbv	Deutscher Bibliotheksverband e. V.
DDC	Dewey Decimal Classification
DEAL	Projekt DEAL – Bundesweite Lizenzierung von Angeboten großer Wissenschaftsverlage
DFG	Deutsche Forschungsgemeinschaft e. V.
DIN	Norm des Deutschen Instituts für Normung e. V.
DIY	Do-It-Yourself
DNB	Deutsche Nationalbibliothek, Leipzig und Frankfurt am Main
DOKK1	auch: DOKKEN = Öffentliche Bibliothek und Kulturzentrum Århus (Dänemark)
ETH	Eidgenössische Technische Hochschule Zürich
F&E	Forschung und Entwicklung
FabLab	Fabrication Laboratory
FB	Fachbereich
FHBD	ehem. Fachhochschule für Bibliotheks- und Dokumentationswesen, Köln
FU	Freie Universität Berlin
GBV	Gemeinsamer Bibliothekverbund
GfZK	Galerie für Zeitgenössische Kunst Leipzig
GLAM	Galleries, Libraries, Archives, Museums
GND	Gemeinsame Normdatei
Gym	Sportbereich, Sportstudio
HföD	Hochschule für den öffentlichen Dienst

https://doi.org/10.1515/9783110673722-016

i. d. R.	in der Regel
i. S. v.	im Sinne von
IBI	Institut für Bibliotheks- und Informationswissenschaft der Humboldt-Universität zu Berlin
IFLA	International Federation of Library Associations
ISBN	Internationale Standardbuchnummer
IT	Informationstechnologie
Lab	Laboratory
LGBT	Lesbian, Gay, Bisexual, Transgender
LMU	Ludwig-Maximilians-Universität München
LocHal	LocHal Library Tilburg (Niederlande)
LPD	Landesdigitalisierungsprogramm des Freistaates Sachsen
MAK	Museum für angewandte Kunst Wien
MBR	Mobile Beratung gegen Rechtsextremismus Berlin
MIT	Massachusetts Institute of Technology, Cambridge (USA)
MoMA	Museum of Modern Art, New York
MPI	Max-Planck-Institut
Mumok	Museum moderner Kunst Stiftung Ludwig Wien
NWPL	New York Public Library
NYC	New York City
NZZ	Neue Zürcher Zeitung
OA	Open Access
OBA	Openbare Bibliotheek Amsterdam
OCR	Optical Character Recognition [Texterkennung]
OER	Open Educational Resources
Oodi	Helsinki Central Library Oodi
OPAC	Online Public Access Catalogue
o. J.	ohne Jahr
PDA	Patron-Driven-Acquisition
QR-Code	Quick Response Code
RDA	Resource Description and Access
RFID	Radio Frequency Identification
ROI	Return on investment
RSWK	Regeln für die Schlagwortkatalogisierung
RVK	Regensburger Verbundklassifikation
SLUB	Sächsische Landesbibliothek – Staats- und Universitätsbibliothek Dresden
sog.	sogenannt
SPARQL	SPARQL Protocol And RDF Query Language
St.	Sankt
SWB	Südwestdeutscher Bibliotheksverbund

TEI	Text Encoding Initiative
TH	Technische Hochschule
TU	Technische Universität
u. a.	unter anderem
u. U.	unter Umständen
u. v. a. m.	und viele[s] andere mehr
UB	Universitätsbibliothek
UdK	Universität der Künste Berlin
v. a.	vor allem
Verf.	Verfasser/-in
WLAN	Wireless Local Area Network
XML	Extensible Markup Language
z. B.	zum Beispiel
ZHAW	Zürcher Hochschule für Angewandte Wissenschaften, Zürich, Wädenswil, Winterthur
ZLB	Zentral- und Landesbibliothek Berlin
zzgl.	zuzüglich

Autorinnen & Autoren

Jens Bemme studierte Verkehrswirtschaft und Lateinamerikastudien an der TU Dresden. Nach Stationen im Universitätsmarketing und als Freiberufler leitete er die Pressestelle der SLUB Dresden. 2017 wechselte er in das Referat Landeskunde/Saxonica. Seine Forschungs- und Arbeitsschwerpunkte sind Europäische Heimatforschung, historisches Radfahrerwissen und Themen der Landeskunde in Verbindung mit Citizen Science und den Werkzeugen von Wikisource, Wikidata und Wikipedia. Er wird im Fellow-Programm Freies Wissen von Wikimedia Deutschland, Stifterverband und Volkswagenstiftung gefördert.

Anke Buettner leitete bis Ende 2018 die Programm- und Öffentlichkeitsarbeit und den Direktionsstab der Münchner Stadtbibliothek. Seit 2019 ist sie als Leitung für die Moncensia im Hildebrandhaus verantwortlich, die gleichzeitig Literaturarchiv, Bibliothek und Museum ist. Als Kuratorin von Festivals, Symposien und Veranstaltungsreihen ist sie seit vielen Jahren in München tätig. Sie beschäftigt sich mit Themen der aktuellen Stadtgesellschaft und der Entwicklung von öffentlichen Räumen durch GLAM-Institutionen.

Eva Bunge studierte Physik in Zürich, bevor sie 2014–2016 das Bibliotheksreferendariat an der TU Berlin absolvierte. Seit 2016 ist sie stellvertretende Leiterin der Bibliothek des Deutschen Museums in München. Ihre Arbeitsschwerpunkte liegen im Bereich Digitalisierung, Forschungsdienstleistungen und Open Access. Ihr primäres Forschungsinteresse gilt dem Einsatz von Citizen Science in Einrichtungen des kulturellen Erbes.

Bernhard Cella ist österreichischer Multimediakünstler und Kurator. Er studierte an der Akademie für bildende Künste Wien, an der Hochschule für bildende Künste in Hamburg und an der Universität für künstlerische und industrielle Gestaltung Linz. In Wien initiierte er zwischen 2011 und 2019 die Prozess-Installation *Salon für Kunstbuch* im *Belvedere 21* der Österreichischen Galerie im Belvedere, die er weiterhin in seinem Atelier als Showroom und Labor für Ausstellung, Veranstaltung, Verlag, Buchdruck, Kunst- und Atelierraum verwendet. Er arbeitet als Künstler, Lektor, Dozent, Juror und immer wieder als Kurator von Ausstellungen mit und über Kunstbücher als eigenständiges Anschauungsmedium.

https://doi.org/10.1515/9783110673722-017

Nicole Döll ist freie Künstlerin und leitet seit 2014 die Bibliothek der Galerie für Zeitgenössische Kunst (GfZK) Leipzig. Derzeit ist sie als Vorsitzende der Arbeitsgemeinschaft für Kunst- und Museumsbibliotheken (AKBM) tätig. 2018 absolvierte sie den berufsbegleitenden Masterstudiengang Bibliotheks- und Informationswissenschaften an der TH Köln mit einer Masterarbeit zum Thema transdisziplinärer und partizipatorischer Ansätze in Kunstbibliotheken. Sie verfolgt aktuelle Fragen zu Aufgaben von Kunstbibliotheken in Ausstellungsinstitutionen.

Roland Früh ist seit September 2014 als Leiter der Kunstbibliothek für die Stiftung Sitterwerk tätig. Nach dem Abschluss des Studiums der Kunstgeschichte in Zürich schrieb er im Frühjahr 2007 im Sitterwerk das Begleitbuch zur Ausstellung Buchgestaltung in St. Gallen, arbeitete in London beim Verlag Hyphen Press und ist als Dozent für Kunst- und Designtheorie an Schulen im In- und Ausland tätig.

Dr. Friederike Hauffe ist Dozentin, Studienleiterin und Kuratorin. Sie studierte Kunstgeschichte und Geschichte an der Freien Universität Berlin. Hier lehrt sie seit 20 Jahren Kunstgeschichte. Die wissenschaftliche Leitung von Weiterbildungsstudiengängen mit Schwerpunkt Kunstbetrieb verantwortet sie an verschiedenen Universitäten, seit 2007 „Management im Kunstmarkt" an der FU Berlin (zusammen mit Barbara Mei Chun Müller), seit 2010 „Kuratieren" sowie (zusammen mit Anna Kathrin Distelkamp) seit 2016 „Kunst | Werk | Nachlass" an der Universität der Künste Berlin und seit 2019 das Certificate of Advanced Studies (CAS) „Werk- und Nachlass-Management" an der Hochschule der Künste Bern. Sie berät Künstler, Galerien, Nachlässe und Sammler in konzeptionellen, strategischen und Management-Fragen. Im Bundesverband Künstlernachlässe ist sie im Vorstand tätig.

Dr. Manuel Hora studierte Biochemie an der TU München, dort 2016 Promotion zum Dr. rer. nat. Nach einem Bibliotheksreferendariat an der Universität Stuttgart und der Bayerischen Staatsbibliothek begann er 2018 seine Tätigkeit an der Bibliothek seiner Alma Mater. Dort ist er vor allem im Bereich Forschungsdatenmanagement tätig und betreut mit dem Fachreferat Chemie die Literaturversorgung seiner früheren Fakultät. Während des Referendariats befasste er sich eingehender mit dem Ranking in Discovery-Systemen und arbeitet jetzt aktiv in der TU9 Arbeitsgruppe für Sacherschließung mit.

Dr. Vera Lauf ist derzeit Forschungskuratorin an der Galerie für Zeitgenössische Kunst Leipzig (GfZK). Zuvor leitete sie an der Hochschule für Grafik und Buchkunst Leipzig das Programm Well connected – Kuratorisches Handeln im 21. Jahrhundert, in Anbindung an den Masterstudiengang Kulturen des Kuratorischen. Im Jahr 2012 promovierte sie über „Moderne Aneignungen: Zur Kritik der Moderne in der Kunst der Gegenwart". In Forschung und kuratorischer Praxis widmet sie sich Fragen der Repräsentation, Praktiken des Sammelns im Museum und postkolonialen Formen des Zusammenlebens.

Tim Leik arbeitet bei der Zentral- und Landesbibliothek Berlin für das Team der Community-Projekte und ist dort verantwortlicher Projektmanager für die Aktion Offener Sonntag. Er arbeitet seit September 2017 am Haus und hatte für die Next Library® Conference Berlin 2018 die Programmleitung inne, bevor er zum Team der Community-Projekte dazu gestoßen ist. Davor betreute er als Kulturmanager rund zehn Jahre lang unter anderem verschiedene Programme und Formate der Stiftung Bauhaus Dessau und der Kulturstiftung des Bundes.

Martin Munke studierte 2003 bis 2011 in Chemnitz, Leipzig und Prag; Abschlüsse in Europäischer Geschichte (B. A.) und Europäischer Integration mit Schwerpunkt Ostmitteleuropa (M. A.); 2011 – 2016 Wissenschaftlicher Mitarbeiter/Wiss. Hilfskraft an der TU Chemnitz; seit 2016 Referatsleiter *Saxonica* an der Sächsischen Landesbibliothek – Staats- und Universitätsbibliothek Dresden, seit 2017 stellv. Abteilungsleiter Handschriften, Alte Drucke und Landeskunde. Forschungs- und Arbeitsschwerpunkte: Sächsische Landes- und ostmitteleuropäische Geschichte vom 18. Jh. bis in die Gegenwart, digitale Landeskunde, Citizen-Science-Prozesse in Wissenschaftlichen Bibliotheken.

Johannes Neuer studierte Musik und Kommunikation und ist seit 2019 Bibliothekarischer Direktor der ekz.bibliotheksservice GmbH. Von 2009 bis 2018 war er an der New York Public Library tätig – zuletzt als Director of Customer Experience. In dieser Rolle war er damit beauftragt, die Kundenzufriedenheit ganzheitlich zu steigern, und leitete neben dem Kundenservice, dem Buchempfehlungsdienst und der Freiwilligenarbeit Projekte wie die Einführung der E-Book-App „SimplyE", das Projekt „Catalog & Discovery" und die Initiative „Fine Forgiveness", die mit dem IFLA International Marketing Award 2018 ausgezeichnet wurde.

Jan-Tillmann Rierl studierte Englische Philologie und Ethik sowie Bibliotheks- und Informationswissenschaft (M. A. (LIS)). Er leitet seit 2018 die Bibliothek der Berlinischen Galerie, Landesmuseum für Moderne Kunst, Fotografie und Architektur. Seit 2019 ist er Vorstandsmitglied der Arbeitsgemeinschaft der Kunst- und Museumsbibliotheken.

Katrin Schuster studierte Neuere Deutsche Literatur (M. A.), gefolgt von einem Aufbaustudium Theater-, Film- und Fernsehkritik. Tätigkeit als freie Kulturkritikerin und Redakteurin. Ab 2015 verantwortlich für die digitale Kommunikation der Münchner Stadtbibliothek, seit 2020 Referentin der Direktion.

Simone Waidmann studierte Englisch und Geschichte an der Universität Stuttgart und schloss 2009 mit dem Ersten Staatsexamen und 2010 mit dem Magisterabschluss ab. Es folgten zwei Jahre der Nachlasserschließung in verschiedenen Archiven und Bibliotheken. Von 2012 bis 2014 absolvierte sie das Referendariat für den Höheren Bibliotheksdienst an der Badischen Landesbibliothek in Karlsruhe und der Bibliotheksakademie Bayern. Von Oktober 2014 bis 2019 war sie im Deutschen Literaturarchiv Marbach tätig mit Schwerpunkten im Bereich Global Archives und Digitalisierung.

Dr. Klaus Ulrich Werner studierte Germanistik und Geschichte in Freiburg i. Br. und Wien, Staatsexamen und Promotion zum Dr. phil. 1987–1989 Bibliotheksreferendariat an der UB Freiburg und an der FHBD Köln, danach wiss. Redakteur und Schriftleiter des Referentenorgans Germanistik in Tübingen. Seit 1991 Bibliothekar an der Freien Universität Berlin, zunächst am Otto-Suhr-Institut, dann als Bibliothekdirektor am John.-F.-Kennedy-Institut für Nordamerika-Studien, seit 2000 Leiter des Bibliotheksbereiches Philosophie und Geisteswissenschaften sowie der 2005 eröffneten Philologischen Bibliothek. Publikations-, Lehr- und Beratertätigkeit zu den Themen Bibliotheksbau und -ausstattung sowie Bibliotheksmanagement. Lehrbeauftragter am IBI der Humboldt-Universität zu Berlin und am FB Archiv- und Bibliothekswesen der Fachhochschule für den Öffentlichen Dienst in Bayern. Mitglied der DIN-Fachkommission Bibliotheks- und Archivbau sowie der Library Buildings and Equipment Section der IFLA.